2025年度版

兵庫県の
理科

過 去 問

協同教育研究会 編

協同出版

本書には，兵庫県の教員採用試験の過去問題を収録しています。各問題ごとに，以下のように5段階表記で，難易度，頻出度を示しています。

難 易 度

非常に難しい　☆☆☆☆☆
やや難しい　　☆☆☆☆
普通の難易度　☆☆☆
やや易しい　　☆☆
非常に易しい　☆

頻 出 度

◎　　　　　ほとんど出題されない
◎◎　　　　あまり出題されない
◎◎◎　　　普通の頻出度
◎◎◎◎　　よく出題される
◎◎◎◎◎　非常によく出題される

※本書の過去問題における資料，法令文等の取り扱いについて

　本書の過去問題で使用されている資料や法令文の表記や基準は，出題された当時の内容に準拠しているため，解答・解説も当時のものを使用しています。ご了承ください。

はじめに～「過去問」シリーズ利用に際して～

　教育を取り巻く環境は変化しつつあり，日本の公教育そのものも，教員免許更新制の廃止やGIGAスクール構想の実現などの改革が進められています。また，現行の学習指導要領では「主体的・対話的で深い学び」を実現するため，指導方法や指導体制の工夫改善により，「個に応じた指導」の充実を図るとともに，コンピュータや情報通信ネットワーク等の情報手段を活用するために必要な環境を整えることが示されています。

　一方で，いじめや体罰，不登校，暴力行為など，教育現場の問題もあいかわらず取り沙汰されており，教員に求められるスキルは，今後さらに高いものになっていくことが予想されます。

　本書の基本構成としては，出題傾向と対策，過去5年間の出題傾向分析表，過去問題，解答および解説を掲載しています。各自治体や教科によって掲載年数をはじめ，「チェックテスト」や「問題演習」を掲載するなど，内容が異なります。

　また原則的には一般受験を対象としております。特別選考等については対応していない場合があります。なお，実際に配布された問題の順番や構成を，編集の都合上，変更している場合があります。あらかじめご了承ください。

　最後に，この「過去問」シリーズは，「参考書」シリーズとの併用を前提に編集されております。参考書で要点整理を行い，過去問で実力試しを行う，セットでの活用をおすすめいたします。

　みなさまが，この書籍を徹底的に活用し，教員採用試験の合格を勝ち取って，教壇に立っていただければ，それはわたくしたちにとって最上の喜びです。

協同教育研究会

C O N T E N T S

第1部

兵庫県の
理科
出題傾向分析

兵庫県の理科　傾向と対策

　中学理科については，2024年度も例年と同様に，物理・化学・生物・地学の各科目から2問ずつ計8問で構成されている。そのうち各科目1問の計4問は高校理科との共通問題となっている。出題形式は記述式で，出題範囲に特に偏りはないが，実験器具の扱いや実験における留意点の問題は頻出である。共通問題は，基本的に中学範囲からの出題となっているが，小問単位で高校の範囲を含むことがある。中学理科の独自問題も，中学範囲からの出題が中心であるが，高校範囲からの出題もやや多くなっている。記述式とはいえ論述が必要な問題は例年少なく，問題量と試験時間は相応であり，難易度も基本的なものが中心であることから，いかに取りこぼしを避け確実に解き進めていくかが鍵となるだろう。したがって，まずは中学校教科書レベルの内容は確実に理解した上で，学習項目に抜けがないかを十分に確認しておく必要がある。高校教科書についても基礎がつく科目の内容まではしっかりと理解しておくこと。特に中学範囲の実験器具についてはきちんと整理しておこう。その上で，正確さに留意した問題演習を積んでおくことが効果的であろう。図示問題も出題されることがあるので，基本的な作図についても確認しておくこと。学習指導要領に関する出題は2024年度も見られなかった。ただし，教員として学習指導要領の内容についての理解は今後重要であるため，学習指導要領解説も含めて熟読し，理解を深めておくことは必須である。

　高校理科は，中学理科との共通問題4問と専門科目の問題4問によって構成されている。中学理科との共通問題は，記述式，だが基本的なものが中心であるため，自身の専門科目以外については，教科書レベルの理解を十分にしておけばよいだろう。専門科目の問題は，高校範囲の基本的な問題から大学入試の標準レベルの問題である。したがって，教科書の内容を十分に理解した上で，大学入試対策の問題集などを用いて学習を重ね理解を深めるとともに，正確に確実に解き進めていく姿勢を身につけておくことが望ましい。記述式ではあるが，例年，空所補充形式で

用語について問われる問題や計算を進めていく問題が全体的に多い。2024年度も計算の過程を記述させる問題はなく，論述問題は生物でのみ出題された。出題内容も，大学入試でよく見られるような頻出の内容の出題が中心である。しかし，一部の問題においては珍しい形式やテーマを扱っているものが見られることがある。例えば2021年度の物理では，地球表面から発射した物体の運動について一通り考えたのち，太陽系の全惑星・月の赤道半径・質量・密度の値が与えられ，どの星から物体を発射したときに速さが最小になるか，周期が最大になるかを答えさせる問題が出題されている。また，物理・化学だけでなく，生物においても，計算によって答えを導く設問が多く見られるので，基本的な知識に加えて，出題形式に慣れるように演習を多くこなすことが重要だろう。比較的時間に余裕がある問題量だと思われるが，年度によっては1問あたりにかけられる時間が決して多くない場合もあるので，学習を通して計算力や記述力を高めておきたい。また，実験についての内容も頻出であるため，実験の概要，留意点は自分なりに一度整理しておくとよいだろう。中学理科と同様に学習指導要領についての出題は見られないが，こちらも当然のこととして熟読，理解は必須である。

　さらに過去問には必ず当たっておこう。数年分の過去問を実際の受験のつもりで試すことにより，出題傾向を自分で分析し，出題形式に慣れ，自分の苦手な分野を知ることができる。苦手克服の対策により，自信にもつながるであろう。

過去5年間の出題傾向分析

■中学理科

科目	分類	主な出題事項	2020年度	2021年度	2022年度	2023年度	2024年度
物理	身近な物理現象	光		●	●		
		音					
		力		●		●	
	電流の働き	電流と回路	●				●
		電流と磁界	●				
	運動の規則性	運動と力		●	●		
		仕事，エネルギー，熱		●	●		
	学習指導要領	内容理解，空欄補充，正誤選択					
化学	身近な物質	物質の性質	●				
		物質の状態変化	●				
		水溶液		●	●		
		酸性・アルカリ性の水溶液			●		
		気体の性質		●			●
	化学変化と分子・原子	物質の成り立ち	●				
		化学変化と物質の質量	●	●		●	
	物質と化学変化の利用	酸化・還元	●	●		●	
		化学変化とエネルギー	●				
	学習指導要領	内容理解，空欄補充，正誤選択					
生物	植物のからだのつくりとはたらき	観察実験					
		花や葉のつくりとはたらき				●	
		植物の分類				●	
	動物のからだのつくりとはたらき	刺激と反応			●		
		食物の消化			●		
		血液の循環	●				●
		呼吸と排出	●				
	生物の細胞と生殖	生物のからだと細胞			●		
		生物の殖え方	●		●		
		環境・生態系		●			●
	学習指導要領	内容理解，空欄補充，正誤選択					
地学	大地の変化	岩石	●			●	
		地層				●	●
		地震	●				●
	天気の変化	雲のでき方・湿度		●		●	
		前線と低気圧		●	●		
		気象の変化			●		

科目	分類	主な出題事項	2020年度	2021年度	2022年度	2023年度	2024年度
地学	地球と宇宙	太陽系		●			
		地球の運動と天体の動き			●		
	学習指導要領	内容理解, 空欄補充, 正誤選択					

■高校物理

分類		主な出題事項	2020年度	2021年度	2022年度	2023年度	2024年度
力学		力	●		●	●	●
		力のモーメント			●		
		運動方程式	●	●			●
		剛体の回転運動			●		
		等加速度運動	●	●			●
		等速円運動		●		●	
		単振動					
		惑星の運動・万有引力		●			
		仕事, 衝突				●	●
波動		波動の基礎	●	●			
		音波					●
		光波	●				
電磁気		電界と電位	●	●			
		コンデンサーの基礎					
		直流回路	●	●	●		
		コンデンサー回路		●		●	
		電流と磁界		●			
		電磁誘導					●
		交流電流					
		電磁波		●			
熱と気体		熱, 状態の変化					
		状態方程式			●	●	
		分子運動			●		
		熱力学第一法則				●	
原子		光の粒子性					●
		物質の二重性					
		放射線				●	
		原子核反応			●		
その他		実験・観察に対する考察					
学習指導要領		内容理解, 空欄補充, 正誤選択					

■高校化学

分類	主な出題事項	2020年度	2021年度	2022年度	2023年度	2024年度
物質の構成	混合物と純物質					
	原子の構造と電子配置			●		
	元素の周期表				●	●
	粒子の結びつきと物質の性質			●	●	
	原子量, 物質量					●
	化学変化とその量的関係	●	●	●		
物質の変化	熱化学	●		●		●
	酸と塩基			●	●	
	酸化と還元	●	●	●		
	電池	●				●
	電気分解			●	●	
無機物質	ハロゲン					
	酸素・硫黄とその化合物					
	窒素・リンとその化合物					
	炭素・ケイ素とその化合物					
	アルカリ金属とその化合物			●		
	2族元素とその化合物					
	アルミニウム・亜鉛など					
	遷移元素					
	気体の製法と性質	●		●		●
	陽イオンの沈殿, 分離			●	●	
有機化合物	脂肪族炭化水素	●				●
	アルコール・エーテル・アルデヒド・ケトン	●				
	カルボン酸とエステル	●	●			
	芳香族炭化水素			●		●
	フェノールとその誘導体			●		
	アニリンとその誘導体					
	有機化合物の分離					
物質の構造	化学結合と結晶			●	●	
	物質の三態					
	気体の性質			●		
	溶液, 溶解度			●		
	沸点上昇, 凝固点降下, 浸透圧					
反応速度と化学平衡	反応速度					
	気相平衡	●				●
	電離平衡	●			●	●
	溶解度積				●	
	ルシャトリエの原理	●				

分類	主な出題事項	2020年度	2021年度	2022年度	2023年度	2024年度
天然高分子	糖類			●		
	アミノ酸・タンパク質			●		
	脂質	●				
合成高分子	合成繊維				●	
	合成樹脂（プラスチック）					
	ゴム					
生活と物質	食品の化学					
	衣料の化学					
	材料の化学					
生命と物質	生命を維持する反応					
	医薬品					
	肥料					
学習指導要領	内容理解, 空欄補充, 正誤選択					

■高校生物

分類	主な出題事項	2020年度	2021年度	2022年度	2023年度	2024年度
細胞・組織	顕微鏡の観察		●			
	細胞の構造		●		●	
	浸透圧					
	動物の組織					
	植物の組織					
分裂・生殖	体細胞分裂		●			
	減数分裂	●				
	重複受精			●		
発生	初期発生・卵割					
	胚葉の分化と器官形成	●		●		
	誘導					
	植物の組織培養					
感覚・神経・行動	感覚器					
	神経・興奮の伝導・伝達				●	
	神経系				●	
	動物の行動					
恒常性	体液・血液循環	●				●
	酸素解離曲線	●				●
	ホルモン		●			
	血糖量の調節		●			
	体温調節					
	腎臓・浸透圧調節		●			
	免疫			●		

分類	主な出題事項	2020年度	2021年度	2022年度	2023年度	2024年度
恒常性	器官生理					
	自律神経系					
遺伝	メンデル遺伝	●				
	相互作用の遺伝子					
	連鎖	●			●	
	伴性遺伝	●				
	染色体地図					
植物の反応	植物の反応					
	植物ホルモン					
	オーキシンによる反応					
	種子の発芽					
	花芽形成		●			
遺伝子	DNAの構造とはたらき	●	●		●	
	遺伝情報の発現とタンパク質合成				●	
	遺伝子の発現・調節					
	遺伝子工学		●			
酵素・異化	酵素反応			●		
	好気呼吸			●		
	嫌気呼吸			●		
	筋収縮				●	
同化	光合成曲線	●				●
	光合成の反応	●		●		●
	窒素同化			●		
	C4植物	●				
個体群・植物群落・生態系	成長曲線・生存曲線・生命表					
	個体群の相互作用					●
	植物群落の分布	●		●		
	植物群落の遷移			●		
	物質の循環	●	●			●
	物質生産			●		
	湖沼生態系	●				
	環境・生態系	●				
進化・系統・分類	進化の歴史				●	
	分子系統樹					●
	進化論				●	
	集団遺伝				●	
	系統・分類				●	●
学習指導要領	内容理解, 空欄補充, 正誤選択					

■高校地学

分類	主な出題事項	2020 年度	2021 年度	2022 年度	2023 年度	2024 年度
惑星としての 地球	地球の姿					
	太陽系と惑星					
大気と海洋	大気の運動					
	天候					
	海水の運動					
地球の内部	地震と地球の内部構造					●
	プレートテクトニクス					
	マグマと火成活動					
	地殻変動と変成岩					
地球の歴史	地表の変化と堆積岩					
	地球の歴史の調べ方					
	日本列島の生い立ち					
宇宙の構成	太陽の姿					
	恒星の世界					
	銀河系宇宙					
その他	実習活動の要点					
学習指導要領	内容理解，空欄補充，正誤選択					

第2部

兵庫県の
教員採用試験
実施問題

2024年度　実施問題

中 高 共 通

【1】火山と岩石について，次の問いに答えなさい。

1　次の(1)〜(3)の特徴を持つ岩石として適切なものを，以下のア〜ク
からそれぞれ1つ選んで，その符号を書きなさい。

(1)　放散虫や海綿動物などの小さな化石が海底に堆積してできた，
二酸化ケイ素を多く含む岩石

(2)　火山灰が堆積してできた岩石

(3)　岩石が高温や高圧の影響を受け，鉱物やつくりがもとの岩石か
ら変化した岩石

　　ア　れき岩　　　　イ　砂岩　　　　ウ　泥岩　　　　エ　石灰岩

　　オ　チャート　　　カ　凝灰岩　　　キ　斑れい岩　　ク　結晶片岩

2　図は，火成岩に含まれる鉱物の種類およびその割合と，火成岩の
もとになったマグマのねばりけについて表したものである。以下の
問いに答えなさい。

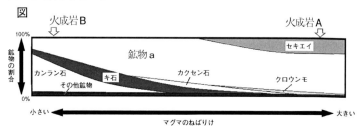

(1)　図の鉱物aの名称を書きなさい。

(2)　火成岩Aは，図中の矢印で示される鉱物の組成を持ち，地下の
深いところでゆっくり冷え固まって形成された岩石である。火成
岩Aの名称として適切なものを，次のア〜カから1つ選んで，その
符号を書きなさい。

　　ア　玄武岩　　イ　センリョク岩　　ウ　流紋岩

　　エ　安山岩　　オ　斑れい岩　　　カ　花こう岩

(3)　火成岩Bは，図中の矢印で示される鉱物の組成を持ち，地表近くで急速に冷えて固まって形成された岩石である。火成岩Bの名称を，(2)のア〜カから1つ選んで，その符号を書きなさい。

(4)　火成岩Bを多く含む火山の例として適切なものを，次のア〜ウから1つ選んで，その符号を書きなさい。

　　ア　マウナロア(ハワイ島)　　イ　桜島(鹿児島)

　　ウ　昭和新山(北海道)

　　　　　　　　　　　　　　　　　　　　(☆☆☆◎◎◎)

【2】図は，ヒトの血液循環のようすを模式的に表したものである。図のA〜Eは肺・消化管・肝臓・腎臓・脳のいずれかの臓器を，①〜⑫は血管を，矢印は血流の方向をそれぞれ示している。以下の問いに答えなさい。

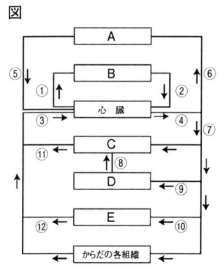

1　図の①〜⑫のうち，次の(1)〜(3)の特徴を持つ血管として適切なものを，それぞれ1つ選んで，その符号を書きなさい。

 (1)　食後，最も多くの糖質を含む血液が流れる血管

 (2)　最も老廃物の少ない血液が流れる血管

 (3)　右心室と直接つながっている血管

２　図の①～⑥のうち，静脈血が流れる血管として適切なものをすべて選んで，その符号を書きなさい。

３　血液の貯蔵や胆汁の生成を行う臓器として適切なものを，図のA～Eから1つ選んで，その符号を書くとともに，その名称を書きなさい。

(☆☆◎◎◎◎)

【３】次の8種類の気体について，以下の問いに答えなさい。

アルゴン	アンモニア	塩素	二酸化炭素	ブタン
プロパン	メタン	硫化水素		

１　収集するときに，水上置換法を用いることが適切でない気体を，すべて選んでそれぞれ化学式で書きなさい。

２　においがある気体として適切なものを，すべて選んでそれぞれ化学式で書きなさい。

３　1気圧，20℃において，同体積の質量が最も軽い気体と最も重い気体として適切なものを，それぞれ1つ選んで化学式で書きなさい。また，最も重い気体の密度は，最も軽い気体の密度の何倍か，小数第1位まで求めなさい。

４　空気に含まれる体積比の割合が高いもの上位2つを選んで，それぞれ化学式で書きなさい。

５　温室効果ガスに分類される気体として適切なものを，2つ選んでそれぞれ化学式で書きなさい。

(☆☆☆◎◎◎)

【４】図のように，10Ω，20Ω，30Ω，40Ωの抵抗を点a～dで接続している。24Vの電源を，点a～dのうちの異なる2点につないだときについて，以下の問いに答えなさい。値については，有効数字2桁で答えなさい。

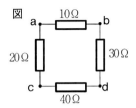

1 電源を点bと点cにつないだとき，10Ωの抵抗を流れる電流の大きさを求めなさい。

2 電源を点aと点dにつないだとき，30Ωの抵抗に加わる電圧を求めなさい。

3 電源を点aと点cにつないだとき，20Ω，40Ωの抵抗で消費される電力を，それぞれ求めなさい。

4 電源を流れる電流が最も大きくなるのは，どの2点につないだときか書きなさい。また，そのときの電流の大きさを求めなさい。

(☆☆☆◎◎◎)

中 学 理 科

【1】地震に関する次の文章について，以下の問いに答えなさい。

　地震が発生すると，まずP波が到達して(i)小さなゆれが観測され，続いてS波が到達することで(ii)大きなゆれが観測される。小さなゆれが観測されてから大きなゆれが観測されるまでの時間を（　　）という。

　いま，E点の真下120kmのところのH点で地震が発生した。E点から真北に160.0kmのところにA点があり，A点とE点を結ぶ直線上，A点から真南に70.0kmのところにB点があるとする。A，B，Eの各地点の標高は同じで，地質は均質であった。P波とS波の地殻内での伝播速度はそれぞれ6.0km/s，3.0km/sであるとする。

1 下線部(i)，(ii)のゆれをそれぞれ何というか書きなさい。

2 地震波を調べると，疎密の状態が伝わるゆれと横ゆれが伝わるゆ

れがあった。横ゆれが伝わって生じたゆれは，文中の下線部(i)，(ii)のいずれか，その符号を書きなさい。

3　文中の(　　)に入る適切な語句を書きなさい。

4　E点，H点の名称を，それぞれ書きなさい。

5　午前8時12分50秒に地震が発生したとして，B点にP波が到達する時刻を求めなさい。

6　B点において小さなゆれが観測されてから大きなゆれが観測されるまでは何秒間になるか求めなさい。

7　A点で最初のゆれが観測されるのは，B点がゆれてから何秒後か，小数第1位まで求めなさい。

(☆☆☆◎◎◎)

【2】炭素の循環に関する次の文章について，以下の問いに答えなさい。

　大気中の二酸化炭素は，生産者などの行う(i)光合成によって生態系に取り込まれて有機物となる。この有機物の一部は(ii)食う食われるの関係によって一次消費者へ，さらに高次の消費者へ移動し，最終的にはこれらの生物や分解者の行う(iii)呼吸によって二酸化炭素に戻る。近年，大気中の二酸化炭素は(iv)石油・石炭などの大量消費を背景として増加傾向にある。

1　下線部(i)によって光エネルギーは何エネルギーに変換されるか書きなさい。

2　下線部(ii)の関係は，実際の生態系の中では複雑に絡みあっている。このことを何というか書きなさい。

3　下線部(iv)のような燃料の総称を何というか書きなさい。

4　図1は，文中に示した炭素の循環を模式的に表したものである。以下の問いに答えなさい。

図1

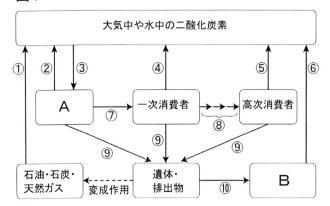

(1) 下線部(i)を示す矢印を，図1の①〜⑩から1つ選んで，その符号を書きなさい。

(2) 下線部(iii)を示す矢印を，図1の①〜⑩からすべて選んで，その符号を書きなさい。

(3) 図1のA，Bのそれぞれに当てはまる生物を次のア〜クからすべて選んで，その符号を書きなさい。

ア イシクラゲ　　　　イ ウニ　　　　　ウ 乳酸菌

エ テントウムシ　　　オ イチジク　　　カ ネコ

キ ナンバンギセル　　ク アオカビ

(4) 熱帯地域では，図1のA，Bいずれかの生物のはたらきにより，寒冷地域に比べて土壌中の有機物が少ないが，その理由は何か。図1のAまたはBのはたらきと，熱帯地域の気候の観点から，その理由を簡潔に書きなさい。

5　下線部(ii)のように，他の生物を捕食することは消費者が生きていくうえで欠かせない。しかし，この関係を通して，環境中に微量に存在する物質が，生体内に高濃度に蓄積されることがあり，物質の性質によっては生体に有害な影響を与える場合がある。図2はある物質Xが，工場排水として河川に流れた後，生物間を移動して鳥類

に高濃度に蓄積されるようすを表している。

図2

| 工場排水の流れ込む河川水 0.0001ppm | → | 植物・動物プランクトン 0.04ppm | → | 小型魚類 0.23ppm | → | 大型魚類 2.07ppm | → | 鳥類 5.58ppm |

(1) このように物質が生物体内に高濃度に蓄積される現象の名称を書きなさい。

(2) 生体内に高濃度に蓄積される物質に共通する特徴は、「体外に排出されにくい」こと以外にあと1つ何があるか、簡潔に書きなさい。

(3) 工場排水の流れ込む河川水と比べて、鳥類の体内では物質Xが何倍に濃縮されているか求めなさい。

(☆☆☆◎◎◎◎)

【3】化学電池に関する次の文章について、あとの問いに答えなさい。

　ビーカーに薄い硫酸を入れて亜鉛板を浸すと、亜鉛板の表面から(i)気体が発生する。ここでさらに、図1のように銅板も入れて亜鉛板と銅板を導線でつなぐと、(ii)銅板の表面から気体が発生するようになり、電流計に(① 左 ・ 右)向きの電流が流れる。一般に、電解質の水溶液に2種類の金属を入れて導線でつなぐと電池ができ、電流を取り出すことができる。このときの電流の向きは2種類の金属によって決まり、イオン化傾向が小さい金属が(② ＋極 ・ －極 ・ 陽極 ・ 陰極)となって、その金属付近では(③ 還元 ・ 酸化 ・ 中和 ・ 分解)反応が起きている。

　中学校理科の授業においては、電池の基本的なしくみを理解するため(④)電池を取り扱うよう定められている。この電池は、図2のように極板の金属として銅と亜鉛を使用し、2種類の水溶液を素焼き板などで仕切られたつくりをしている。

20

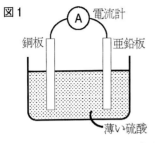

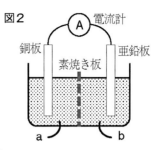

1 下線部(i)における化学反応式を書きなさい。

2 下線部(ii)のとき，銅板付近で起こる反応と亜鉛板付近で起こる反応を，それぞれ電子e^-を用いた反応式で書きなさい。

3 文中の(①)～(③)に入る適切な語句を，それぞれの選択肢から1つ選んで，書きなさい。また，文中の(④)に入る適切な語句を書きなさい。

4 図1において，次のア～エのように金属の種類を変えたとき，流れる電流の向きが変わらない条件として適切なものを，すべて選んで，その符号を書きなさい。

　ア 銅の代わりに鉄を，亜鉛の代わりにマグネシウムを用いる。

　イ 銅の代わりに鉛を，亜鉛の代わりにアルミニウムを用いる。

　ウ 銅の代わりにマグネシウムを，亜鉛の代わりに鉛を用いる。

　エ 銅の代わりにアルミニウムを，亜鉛の代わりに鉄を用いる。

5 図2における，a，bの水溶液の名称をそれぞれ書きなさい。

6 図2の電池の性能を上げるための工夫として適切なものを，次のア～エから1つ選んで，その符号を書きなさい。

　ア a，bともに濃い水溶液を用いる。

　イ aは薄い水溶液，bは濃い水溶液を用いる。

　ウ a，bともに薄い水溶液を用いる。

　エ aは濃い水溶液，bは薄い水溶液を用いる。

(☆☆☆◎◎◎◎)

【4】図1のように，台車とおもりを軽くて伸び縮みしない糸でつなぎ，糸を滑車に通して台車を斜面上の点Aに置いた。そこで台車から静かに手を離すと，台車は斜面を上昇していった。台車が点Bに達したところで糸を切ると，この台車は最高点である点Cまで達した後，斜面を下降していった。このときBC間の距離は，AB間の距離の0.60倍であった。

図2は，台車が点Cに達するまでの速さの時刻変化を表すグラフである。以下の問いに答えなさい。

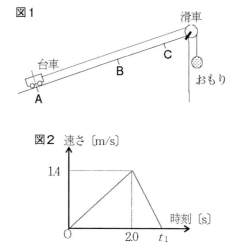

図1

図2

1　次の文章は，この台車の運動を説明したものである。以下の問いに答えなさい。

台車はAB間で，糸から（　①　）を受けて加速する。その加速度の大きさは図2から　i　m/s^{2}と求められ，またAB間の距離は　ii　mとわかる。点Bを越えると台車は減速し，点Cで速さが0となる時刻t_1は　iii　sである。また，台車が下降していき再び点Bに戻ってきたときの速さは，最初に点Bを通過したときの（　②　）。

(1)　文中の（　①　），（　②　）に入る適切な語句を，次の選択肢からそれぞれ1つ選んで，その符号を書きなさい。

(①)の選択肢：ア　少しずつ大きくなる力

イ　一定の大きさの力

ウ　少しずつ小さくなる力

(②)の選択肢：ア　速さより大きい

イ　速さと同じである

ウ　速さより小さい

(2)　文中の　i　～　iii　に入る適切な数値を，有効数字2桁で求めなさい。

2　台車がA→B→Cと動く間における，台車の運動エネルギー，位置エネルギー，力学的エネルギーの変化を表す3つのグラフを，次図にそれぞれかきなさい。ただし，点Aにおける各エネルギーを0とし，3つのグラフがどのエネルギーの変化を表すかがわかるように示しなさい。なお，縦軸のエネルギーの値は表さなくてよい。

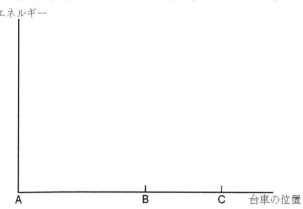

3　台車がA→B→Cと動く間における，台車の位置エネルギーの最大値が1.2Jであった。台車の運動エネルギーの最大値を，有効数字2桁で求めなさい。

(☆☆☆◎◎◎)

23

高校理科

【物理】

【1】図のように，水平と角度 α（＞0）をなす斜面上の原点Oから，斜面と角度 θ をなす方向に初速v_0で質量mの小球を投射した。原点から斜面にそって上向きにx軸を，斜面から垂直方向上向きにy軸をとる。斜面はなめらかで十分に長いものとする。重力加速度の大きさをgとし，空気抵抗は無視できるものとする。また，角度 α と θ は$0<\alpha+\theta<\dfrac{\pi}{2}$の関係を満たすものとする。

　小球を投射した時刻を$t=0$とし，小球が斜面に衝突するまでの運動について考える。以下の問いに答えなさい。

図

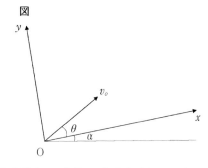

1　小球にはたらく重力のx成分，y成分をそれぞれ求めなさい。

2　時刻tにおける小球の速度のx成分，y成分をそれぞれ求めなさい。

3　時刻tにおける小球の位置のx座標，y座標をそれぞれ求めなさい。

4　小球が斜面と衝突する時刻を求めなさい。

5　小球が斜面と衝突する点の原点Oからの距離lを表す次の式の[　　]に入る適切な数式をそれぞれ書きなさい。

　　$l=[$　ア　$]\{\sin([$　イ　$])-\sin\alpha\}$

6　距離lが最大となるときの角度 θ を求めなさい。

(☆☆☆☆◎◎◎)

【2】図のO点に観測者が静止しており，直線L上を音源が振動数f_0の音波を出しながら，速さvで右向きに等速直線運動している場合を考える。音速を$V(v<V)$として，以下の文中の[　]に入る適当な数式を書きなさい。

図

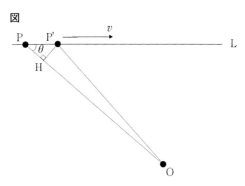

　時刻tのとき音源はP点にあり，微小時間Δt後にP'点まで移動したとする。P点およびP'点から出た波面を，観測者が時刻Tおよび$T+\Delta T$に受け取ったとすると，P点からO点までの距離lとP'点からO点までの距離l'は次の式で表すことができる。

$$l=V\times[\quad ア\quad]\quad\cdots①$$
$$l'=V\times[\quad イ\quad]\quad\cdots②$$

　また，P'点から線分POに下ろした垂線の交点をH点とし，$\angle P'PO=\theta$とすれば，$\overline{PP'}\ll\overline{PO}$とみなすことができることから，近似的に，次の式が成り立つ。

$$l-l'\fallingdotseq\overline{PH}=\overline{PP'}\cos\theta=[\quad ウ\quad]\quad\cdots③$$

　①，②，③式より，ΔTとv，V，Δt，θの間には次の関係があることがわかる。

$$\Delta T=[\quad エ\quad]\times\Delta t\quad\cdots④$$

　一方，観測者が受け取る音波の振動数をfとすれば，観測者が時間ΔTの間に受け取る波の数は[　オ　]であり，これは音源が時間Δtの間に出した波の数[　カ　]に等しい。よって，④式を用いれば，fはf_0，v，V，θを用いて次のように表されることがわかる。

$$f=[\quad キ \quad]\times f_0$$

(☆☆☆○○○)

【3】図のように，lだけ離れた十分に長い二本の平行な導線レールが，水平面に対して角度$\theta\left(0<\theta<\dfrac{\pi}{2}\right)$だけ傾いている。レールの最上端は抵抗値$R$の抵抗器で接続され，レール全体は鉛直上向きで磁束密度Bの一様な磁場の中に置かれている。このレールに質量mの導体棒PQを水平に乗せたところ，導体棒はレールにそって下向きに動き出し，やがて一定の速さvでレールと直角を保ったまま滑り落ちた。一定の速さvで滑り落ちているときについて，以下の問いに答えなさい。ただし，抵抗R以外の電気抵抗や導体棒が受ける空気抵抗，レールと導体棒の間の摩擦はすべて無視できるものとし，重力加速度の大きさをgとする。

図

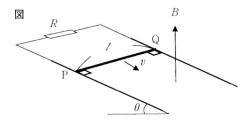

1　導体棒PQに生じる誘導起電力の大きさを求めなさい。また，電位が高いのはPかQのどちらか書きなさい。

2　導体棒PQに流れる誘導電流の大きさを求めなさい。また，誘導電流の向きはP→QあるいはQ→Pのどちらか書きなさい。

3　磁場により導体棒PQにはたらく力のレールにそった成分の大きさを求めなさい。また，力の向きはレールにそって上向きあるいは下向きのどちらか書きなさい。

4　導体棒PQに作用する重力のレールにそって下向きの成分の大きさを求めなさい。また，重力が導体棒PQに対してする仕事率を求めなさい。

5 3，4より，一定の速さvを求めなさい。

(☆☆☆◎◎◎)

【4】図1のような装置で実験をおこなった。ただし，電子の電荷を$-e$，光の速さをc，プランク定数をhとする。

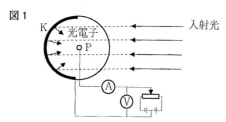

図1

金属板Kに光を当てると電極Pに向かって光電子が飛び出す。この現象を[ア]という。図2は，振動数および強さが一定の光をKに照射し，KP間の電圧を変えながら測定した電流の変化を表している。電圧が$-V_0$のときに電流が0であることから，光電子の最大運動エネルギーはV_0を用いて[イ]と求められる。

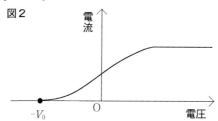

図2

次に光の振動数を変えながら実験すると，振動数がν_0以下では光電子は飛び出さなかった。このν_0を[ウ]という。ν_0より大きな振動数νの光を当てたとき放出される光電子の最大エネルギーは，[エ]と求められる。光電子が飛び出すために必要な最低エネルギーを[オ]と呼び，これをW_0で表すと$W_0=$[カ]である。

この実験で入射光の強さを増すと放出される光電子の数が増し，[キ]は大きくなる。光電子1個の最大エネルギーは入射光の[ク]にはよらず，入射光の[ケ]に依存する。

1　文の[　　]に入る適切な語句や式をそれぞれ答えなさい。

2　入射光の波長が6.4×10^{-7}m以下のとき，光電子が飛び出したとする。プランク定数を6.6×10^{-34}J・s，光の速さを3.0×10^8m/s，電子の電荷の大きさを1.6×10^{-19}Cとして，次の問いに有効数字2桁で答えなさい。

(1)　W_0〔J〕を求めなさい。

(2)　波長が5.4×10^{-7}mで，0.50Wの光を当てたとき，1秒間に金属板Kに当たる光子の数を求めなさい。

(3)　(2)のとき，流れる電流の最大値は何Aか求めなさい。

(☆☆☆◎◎◎)

【化学】

解答の際に必要ならば，次の値を使いなさい。
原子量　H＝1.0　　　C＝12.0　　　O＝16.0　　　Na＝23.0
S＝32.1

【1】次の問いに答えなさい。

1　フッ素，マグネシウム，アルミニウム，塩素が，それぞれ安定な単原子イオンになったとき，イオン半径が最も大きいものと最も小さいものを，それぞれイオン式で書きなさい。

2　次の(1)～(5)の文について，正しいものには○を，誤ったものには×を，それぞれ書きなさい。

(1)　イオン化エネルギーが大きい原子ほど，陽イオンになりやすい。

(2)　最外殻に8個の電子が配置されている原子は，化学的に安定である。

(3)　同じ周期に属する原子では，最外殻電子の数が多い原子ほど，陽イオンになりやすい。

(4)　すべての原子核は，いくつかの陽子と，それと同数の中性子で構成されている。

(5) 元素の種類は，原子核中に含まれる陽子の数で決まる。

3 次の(1)～(5)の文に関係する化学の基本法則名を書きなさい。また，その法則の提唱者として適切な人物を，以下のア～キからそれぞれ1つ選んで，その符号を書きなさい。

(1) 水分子を構成する水素と酸素の質量比は，つくり方によらず常に1：8である。

(2) 一酸化炭素と二酸化炭素を構成する炭素と酸素の質量比はそれぞれ3：4，3：8であり，一定質量の炭素と化合する酸素の質量は，一酸化炭素と二酸化炭素では1：2となる。

(3) 同温・同圧のもとで，水素と酸素が反応して水蒸気ができるときの気体の体積比は，水素：酸素：水蒸気＝2：1：2である。

(4) 一酸化炭素7gと酸素8gが反応すると二酸化炭素が15g生じ，反応前後で質量の総和は変わらない。

(5) 同温・同圧で同体積の気体には，気体の種類が異なっていても同数の分子が含まれる。

　ア　アボガドロ　　イ　ケクレ　　　ウ　ゲーリュサック
　エ　ドルトン　　　オ　ファラデー　　カ　プルースト
　キ　ラボアジエ

4 次の水溶液の濃度を，それぞれ求めなさい。

(1) 6.0mol/Lの水酸化ナトリウム水溶液(密度1.2g/cm³)の質量パーセント濃度

(2) 20.0％希硫酸(密度1.14g/cm³)のモル濃度

(☆☆☆☆◎◎◎)

【2】化学平衡について次の問いに答えなさい。

1 次の熱化学方程式で表される反応が，平衡状態に達している。

　　$C(固) + H_2O(気) = H_2(気) + CO(気) - 131kJ$

　　次の(1)～(6)の操作を行った場合，平衡はどのように移動するか。以下のア～エからそれぞれ1つ選んで，その符号を書きなさい。

(1) 圧力一定で，温度を高くする。

(2)　温度一定で，体積を小さくする。

(3)　温度・圧力ともに低くする。

(4)　温度・圧力一定で，触媒を加える。

(5)　温度・体積を一定に保ったまま，ヘリウムを加える。

(6)　温度・圧力を一定に保ったまま，ヘリウムを加える。

　　　ア　左へ移動する　　　イ　右へ移動する　　　ウ　移動しない

　　　エ　この条件では判断できない

2　水素5.00molとヨウ素3.50molを100Lの容器に入れ，ある温度で一定に保つと，次の化学反応が起こって平衡状態に達した。

　　　$H_2(気) + I_2(気) \rightleftarrows 2HI(気)$

　　平衡状態において，ヨウ化水素は6.00mol生成していた。

(1)　この反応の平衡定数Kを求めなさい。

(2)　同じ容器にヨウ化水素6.00molだけを入れて，異なる温度で一定に保った。この温度における平衡定数Kが49であるとき，水素は何mol生成するか求めなさい。

3　酢酸は弱酸の一種であり，水溶液中で一部が電離して次式の電離平衡の状態となる。

　　　$CH_3COOH \rightleftarrows CH_3COO^- + H^+$

　　ただし，酢酸の電離定数は$K_a = 2.8 \times 10^{-5}$mol/L，$\log_{10}2 = 0.30$，$\log_{10}7 = 0.85$とする。

(1)　0.070mol/Lの酢酸水溶液中の酢酸の電離度αを求めなさい。

(2)　0.070mol/Lの酢酸水溶液のpHを求めなさい。

(3)　0.10mol/Lの酢酸水溶液100mLに，0.10mol/Lの酢酸ナトリウム100mLを混合して緩衝溶液をつくった。この水溶液のpHを求めなさい。

(☆☆☆☆◎◎◎◎)

【３】無機物質について次の問いに答えなさい。

1　次の①〜⑤は，気体の実験室的製法である。

①　塩化アンモニウムに水酸化カルシウムを加えて加熱する。

② 酸化マンガン(Ⅳ)に濃塩酸を加えて加熱する。

③ ギ酸に濃硫酸を加えて加熱する。

④ 銅に濃硝酸を加える。

⑤ 硫化鉄(Ⅱ)に希硫酸を加える。

(1) ①～⑤で気体が発生する変化を，化学反応式で書きなさい。

(2) ①で発生する気体の乾燥剤として適切なものを，次のア～ウから1つ選んで，その符号を書きなさい。

　　ア　濃硫酸　　イ　ソーダ石灰　　ウ　塩化カルシウム

(3) ①～⑤で発生する気体に当てはまる性質として適切なものを，次のア～オからそれぞれ1つ選んで，その符号を書きなさい。

　　ア　空気中で塩化水素を接触させると白煙が生じる。

　　イ　酢酸鉛(Ⅱ)水溶液をしみ込ませた紙を，黒変させる。

　　ウ　赤褐色の有毒な気体で，常温では一部が会合する。

　　エ　常温でも，光を当てると水素と反応する。

　　オ　有毒な気体で，淡青色の炎を上げてよく燃える。

2　次の各文は，金属A～Fの性質を説明したものである。金属A～Fとして適切なものを，以下の選択肢からそれぞれ1つ選んで，その化学式を書きなさい。また，文中の下線部の物質の名称を書きなさい。

A　希塩酸には溶けにくいが，希硝酸には溶ける。そのイオンを含む水溶液にアンモニア水を加えると白色沈殿を生じる。

B　希塩酸に不溶だが，希硝酸に溶ける。空気中で加熱すると，黒色または赤色の酸化物になる。

C　希硫酸には溶けるが，濃硝酸には不溶である。水中または湿った空気中では，次第に赤褐色の酸化物となる。

D　希塩酸には溶けるが，濃硝酸には不溶である。そのイオンを含む水溶液に水酸化ナトリウム水溶液を加えると初めは白色のゲル状沈殿を生じ，さらに加え続けると溶解する。

E　空気中で加熱しても酸化されない。金属中で最も電気伝導性が大きい。

F　有色の金属光沢をもち，濃塩酸や濃硝酸には不溶だが，<u>濃塩酸</u>

　　と濃硝酸を3：1の体積比で混合した酸には溶ける。

　　〔選択肢〕Ag　　Al　　Au　　Cu　　Fe　　Ni　　Pb　　Pt
　　　　　　　Zn

(☆☆☆☆◎◎)

【4】有機化合物について次の問いに答えなさい。なお，構造式は例にな
　　らって書きなさい。

例　$\underset{}{\underset{}{\text{CH}_2\text{-}\overset{\displaystyle \overset{\text{O}}{\|}}{\text{C}}\text{-O-CH=CH}_2}}$

1　分子式が$C_5H_{12}O$で表される化合物A～Hは，いずれもナトリウムの
　　単体と反応して水素を発生した。A～Hを硫酸で酸性にした二クロ
　　ム酸カリウム水溶液で酸化すると，A～Dは銀鏡反応で陽性を示す
　　化合物となり，E～Gは銀鏡反応で陰性を示す化合物となった。ま
　　た，Hはこの条件では酸化されなかった。EおよびGを水酸化ナトリ
　　ウム水溶液中でヨウ素と反応させると，黄色沈殿を生成した。B，E，
　　Gには鏡像異性体が存在した。濃硫酸を用いてEを脱水して生じる
　　アルケンには，シス－トランス異性体が存在した。Dに対して濃硫
　　酸を用いて脱水反応を行うと，アルケンは生成しなかった。AとFを
　　それぞれ濃硫酸で脱水して得られるアルケンに水素を付加すると，
　　いずれからも同一の生成物が得られた。

　(1)　化合物B，D，G，Hの構造式を，それぞれ書きなさい。

　(2)　分子式$C_5H_{12}O$で表されるすべての化合物のうち，ナトリウムの
　　　単体を加えても反応しないものは，構造異性体，鏡像異性体を含
　　　め，何種類あるか書きなさい。

2　エステルAは分子式が$C_4H_8O_2$で表され，芳香をもつ。Aに希硫酸を
　　加えて加水分解するとCとDが得られた。Cは酸性の化合物で，還元
　　性を示した。Dは中性の化合物で，二クロム酸カリウムで酸化する
　　とEが生成し，Eはフェーリング液を還元した。
　　　エステルBは分子式が$C_{11}H_{14}O_2$で表される芳香族化合物で，水に溶

けにくい。Bに希硫酸を加えて加水分解するとFとGが得られた。F
はエチルベンゼンを強く酸化することによって得られる物質と同じ
であった。Gには鏡像異性体が存在した。

(1)　下線部の反応によって生じた沈殿の色と化学式を書きなさい。

(2)　化合物C, D, F, Gの物質名を，それぞれ書きなさい。

(3)　エステルA, Bの構造式を，それぞれ書きなさい。

(☆☆☆☆☆◎◎◎◎)

【生物】

【1】生物の系統と進化について次の問いに答えなさい。

1　現在の地球上には，確認されているだけで約190万種といわれる多
様な生物が生活しており，それらの生物を古代ギリシャの時代から
動物と植物に大別していた。18世紀になり，生物はその共通性をも
とにしてまとめるにあたり，（　①　）名と種小名の2つを並べて種名
を表す（　②　）法が（　③　）により考え出された。その後は，生物
はその誕生から長い時間をかけ多様な生物へと進化してきたと考え
られるようになった。これらの多様な生物どうしの類縁関係や進化
の道筋を明らかにした図が，（　④　）によって提出された。彼の図
は，動物，植物，（　⑤　）の3つの大きな分類群からなっていたが，
現在では(i)（　⑥　）が1969年に提唱し，その後マーグリスなどによ
って発展した説が広く認められ，さらに20世紀後半，ウーズらは
rRNAの遺伝情報をもとに，(ii)界の上位に（　⑦　）をおいた。

(1)　文中の空欄（　①　）～（　⑦　）に入る適切な語句や人物名を書
きなさい。

(2)　下線部(ii)の説を何と呼ぶか，その説の名称を書きなさい。

(3)　下線部(i)の説による生物の分類を表す図を描き，その図の中に，
それぞれの分類群の名称を書きなさい。

(4)　動物界の中には約30の門と呼ばれる分類群がある。次のa～dの
動物が属する門の名称を，それぞれ書きなさい。

　a　ホヤ　　　b　サンゴ　　　c　ミジンコ　　　d　チンパンジー

2　系統分類の方法として，かつては，形態や生理的な特徴，生殖・発生の類似性などによって行ってきたが，現在では，DNAやRNAの（　①　）配列，タンパク質の（　②　）配列の類似性なども用いて行っている。（　①　）配列や（　②　）配列に生じる突然変異は一定の確率で起こり蓄積している。このような，分子に生じる変化の速度の一定性を（　③　）という。（　③　）を利用することで，種間の類縁関係や種が分かれた時期などを推測できる。この（　③　）の考えにもとづき，（　①　）配列や（　②　）配列の違いを比較して作成した系統樹を（　④　）という。表は，4種の動物の間で<u>ヘモグロビンα鎖の（　②　）配列</u>を比較し，それぞれの間で異なる（　②　）の数を示したものである。また，図は，表から考えられる種A，種B，種C，種Dの（　④　）である。ただし，Pは種A，種B，種C，種Dの共通の祖先動物を表している。

表

	種A	種B	種C	種D
種A	0	38	59	28
種B	38	0	70	42
種C	59	70	0	63
種D	28	42	63	0

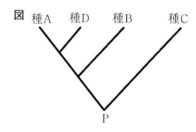

図

(1)　文中の（　①　）〜（　④　）に入る適切な語句を書きなさい。ただし，同じ記号には同じ語句が入る。

(2)　2種の動物を結んでいる線の長さは表の数値にほぼ対応しており，かつ，各動物から共通の祖先動物までの進化的距離は等しいとすると，種Aと種Dの祖先がおよそ2.1億年前に分かれた場合，

　　　文中の下線部の(　②　)が1つ変異するのに，およそ何万年必要と
　　　考えられるか求めなさい。

　(3)　(2)で得られた結果と表より，共通の祖先動物Pから，種A，種B，
　　　種C，種Dの祖先動物が分かれたのは，およそ何億年前と考えら
　　　れるか求めなさい。

　(4)　文中の(　④　)を表から作成する方法は何か，その名称を書き
　　　なさい。

　(5)　分子進化の傾向として適切でないものを次のア～エから1つ選
　　　んで，その符号で書きなさい。
　　　ア　コドンの3番目にあたるDNAの塩基の変化速度は大きい
　　　イ　イントロンの塩基配列の変化速度は小さい
　　　ウ　アミノ酸に翻訳されない塩基配列の変化速度は大きい
　　　エ　重要な機能を持つ遺伝子の塩基配列の変化速度は小さい

　　　　　　　　　　　　　　　　　　　　　　(☆☆☆☆◎◎◎)

【2】体内環境の維持の仕組みについて次の問いに答えなさい。

1　ヒトの血液は，栄養分やホルモン，酸素，二酸化炭素などの運搬
　や，体温調節や免疫に関わっている。血液の中で，液体成分を血しょ
　う，有形成分の血球を(　①　)，(　②　)，(　③　)という。血液
　の重さの約(　④　)％は血しょうが占めており，残りを有形成分の
　血球が占めている。これらの血球は，形や大きさも異なっているが，
　すべて骨髄中の(　⑤　)に由来する細胞である。(　①　)は酸素を
　運ぶ細胞として特殊化した細胞であり，(　②　)は傷口に集合して
　血液凝固を引き起こす細胞である。

　(1)　文中の(　①　)～(　⑤　)に入る適切な語句や整数を書きなさ
　　　い。ただし，同じ記号には同じ語句や整数が入る。

　(2)　文中の(　①　)のもつ色素タンパク質はヘモグロビンである
　　　が，イカの血液がもつ色素タンパク質は何か，その名称を書きな
　　　さい。

　(3)　血液凝固でフィブリノーゲンをフィブリンに変える酵素の名称

を書きなさい。

(4) 文中の(③)には多くの種類があるが，食作用のある細胞の名称を3つ書きなさい。

2 図はヒトの血液の肺胞と組織における酸素解離曲線である。

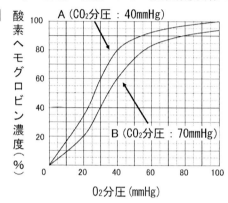

図　酸素ヘモグロビン濃度（％）
A（CO₂分圧：40mmHg）
B（CO₂分圧：70mmHg）
O₂分圧（mmHg）

(1) 肺胞における曲線は図のAとBのどちらか，書きなさい。

(2) 肺胞の酸素分圧が100mmHgで組織の酸素分圧が30mmHgとした場合，組織において放出される酸素量は血液100mL当たり何mLになるか，書きなさい。ただし，血液100mL中に飽和度100％において，酸素20mLが含まれているものとする。

(3) 酸素はわずかではあるが，血液に物理的に溶解することによっても組織まで運ばれる。この場合の溶解量は酸素分圧にのみ比例し，酸素分圧1mmHgにつき，血液100mLあたり，0.003mLとなる。肺胞と組織の酸素分圧の条件が(2)と同じであるとすると，物質的に溶解し組織に運ばれる酸素は，血液100mLあたり何mLになるか，小数第2位まで求めなさい。

(4) 胎児は胎盤を通して母体の血液から酸素を得ている。図のAの酸素解離曲線が母体のヘモグロビンのものであるとすると，同じCO₂分圧で図に示される胎児のヘモグロビンの酸素解離曲線はどのような曲線になるか。次のア～ウから1つ選んで，その符号を書きなさい。

ア　母体の解離曲線を右方に移動した曲線

イ　母体の解離曲線を左方に移動した曲線

ウ　母体の解離曲線と上下逆転させた曲線

(☆☆☆◎◎◎◎)

【3】光合成に関する次の問いに答えなさい。

1　植物の光合成は葉緑体で行われ，その反応過程は，光エネルギーを利用してATPやNADPHを合成する過程と，ATPやNADPHを利用してCO₂から有機物を合成する過程の2つに分けられる。前者は，葉緑体の(①)で行われ，その膜には(②)(③)という2種類の光化学反応系が存在する。このうち(②)では(④)が光エネルギーを吸収して活性型(④)となり，その過程で(⑤)が分解されて酸素，電子，(⑥)イオンが生じる。(②)と(③)の間には電子伝達系が存在し，(⑤)の分解によって生じた電子が電子伝達系を流れる間に，(⑥)イオンが(⑦)から(①)内部に運ばれ，(⑥)イオンの濃度勾配が形成される。(⑥)イオンは濃度勾配に従って(①)膜にある(⑧)を通って(①)の内部から(⑦)側へ移動する。このとき，(⑧)によってADPとリン酸からATPが合成される。電子伝達系を流れる電子は，(③)で吸収された光エネルギーの働きによって，最終的に(⑥)イオンやNADP⁺と結合してNADPHを生じる。後者は，ATPやNADPHを用いて二酸化炭素を還元して有機物を合成する反応が起こり，この反応をカルビン回路という。

(1)　文中の(①)～(⑧)に入る語句として適切な語句を書きなさい。ただし，同じ記号には同じ語句が入る。

(2)　文中の下線部の反応経路では，CO₂がRuBPと結合しPGAに変化する。このときCO₂の結合に関与する酵素名を書きなさい。

(3)　植物の葉は，反射光，透過光のいずれで観察してもヒトの目には緑色と認識される。これはクロロフィルなどの光合成色素がもつどのような性質によるものか，簡潔に書きなさい。

2　図は，植物Aと植物Bについて，二酸化炭素と温度を一定にした条件で，いろいろな強さの光を照射したときの二酸化炭素の吸収量を測定した結果を示している。ただし，二酸化炭素の吸収量は，1時間当たりに葉100cm²が吸収した量(mg)で示している。

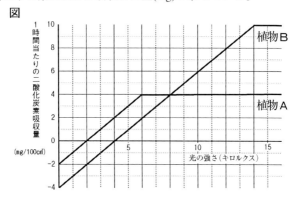

図

(1)　光の強さが10キロルクスのとき，植物Bの葉250cm²が3時間当たり吸収した二酸化炭素は何mgか，求めなさい。

(2)　植物Aの葉400cm²に7キロルクスの光を14時間照射したあと，10時間暗条件(光の強さが0)においた。同化産物をグルコースのみとした場合，この葉の質量は1日につき何mg増加するか，小数第1位まで求めなさい。ただし，この葉は呼吸によってグルコースを分解し，葉の増量はグルコースの増量だけとする。

　(原子量をH＝1.0　C＝12，O＝16　とする)

(3)　(2)と同じ光条件下で，同面積の葉をもつ植物Aと植物Bでは，どちらの方がよく成長すると考えられるか。植物A，植物Bのいずれか1つを選んで，書きなさい。

(4)　植物Bにある強さの光を8時間照射し，その後暗条件で放置すると，1日あたり葉の質量の増減はなかった。照射した光は何キロルクスと考えられるか，書きなさい。

(☆☆☆◎◎◎◎)

【4】個体群に関する次の問いに答えなさい。

1　ある個体群について，単位空間に生活している(①)を個体群密度という。個体群密度は，(①)を(②)で割った値で示され，また，個体群の成長や，個体の発育などに影響をもたらす。このように個体群や個体に影響が現れることを(③)という。特に，個体群内で，個体群密度の違いによって個体に形態や行動の著しい変化が現れる場合を(④)という。

　　たとえば，ワタリバッタでは，幼虫期の個体群密度が高まると，(i)成虫の翅の長さが相対的に(⑤)，後肢は(⑥)なるなどの形態の変化が生じる。このような型を(⑦)といい，低密度での型を(⑧)という。

　　(ii)植物では，一定の面積の区画に対し，同種の種子を数を変えて播種し栽培した場合，個体群密度の大小に関わらず，最終的な区画全体の単位面積当たりの個体群の質量はほぼ一定となる。

(1)　文中の(①)～(⑧)に入る語句として適切なものを，次のア～クからそれぞれ1つ選んで，その符号を書きなさい。ただし，同じ記号には同じ語句が入る。

　　ア　群生相　　イ　生活空間　　ウ　短く　　　エ　長く
　　オ　相変異　　カ　孤独相　　　キ　密度効果　　ク　個体数

(2)　下線部(i)の形態のワタリバッタが示す行動の特徴を，簡潔に書きなさい。

(3)　下線部(ii)の法則名を書きなさい。

2　ある3つの池，池A(面積：650m²) 池B(面積：750m²) 池C(面積：400m²)に生息する底生生物aの個体数を調べるために，池の面積に応じた数の捕獲用のわなをランダムに池の底にしかけた。すると一晩で池Aでは80匹，池Bでは75匹，池Cでは50匹の底生生物aが捕獲された。各わなで捕獲された個体数に大きな違いはなかったため，それぞれの池の底で均等に分布していることがわかった。個体数を推定するため，捕獲した底生生物aの背中に特別な蛍光塗料で標識用マークをつけて再び池に戻し，1週間後に再びわなをしかけた。その結果今度は池Aでは65匹，池Bでは50匹，池Cでは48匹の底生生

物aが捕獲され，そのうち池Aでは4匹，池Bでは3匹，池Cでは2匹にマークがついていた。このデータを用いて，それぞれの池に生息する底生生物aの個体数を推定した。

(1) このような個体数推定の方法を何と呼ぶか，その名称を書きなさい。

(2) (1)の方法によって正確な個体数を推定するためには，調査期間中に，調査地での個体の移入や移出がないことなどいくつかの条件がある。標識用のマークについては，マークの有無により生存率が変わらないことが考えられるが，この条件以外に標識用のマークについての条件を，簡潔に書きなさい。

(3) (2)の条件がすべて満たされているとき，底生生物aの推定個体数が最も多い池を，池A〜池Cから1つ選んで，書きなさい。

(4) (3)から推定される底生生物aの個体群密度が一番高い池を，池A〜池Cから1つ選んで，書きなさい。

(☆☆☆◎◎◎◎)

解答・解説

中 高 共 通

【1】1 (1)　オ　　(2)　カ　　(3)　ク　　2 (1)　チョウ石　　(2)　カ
(3)　ア　　(4)　ア

〈解説〉1　主にれき岩は小石(れき)，砂岩は砂，泥岩は泥，石灰岩はサンゴや貝類が堆積したものである。斑れい岩はマグマが冷えて固まった火成岩である。　2 (1)　鉱物aはいずれの火成岩にも含まれる造岩鉱物なので，チョウ石である。　(2)　火成岩Aは，他よりねばりけの大きなマグマから形成された深成岩なので，花こう岩である。

(3) 火成岩Bは，他よりねばりけの小さなマグマから形成された火山岩なので，玄武岩である。 (4) マウナロアは，ねばりけの小さなマグマから形成された盾状火山である。

【2】1 (1) ⑧ (2) ⑫ (3) ① 2 ①，③，⑤ 3 符号…C 名称…肝臓

〈解説〉1 (1) Dの小腸で吸収した糖質などの栄養分は，⑧の肝門脈を通りCの肝臓に運ばれる。 (2) Eの腎臓では，血液をろ過して老廃物などを体外に排出するので，⑫の血管を流れる血液が最も老廃物が少ない。 (3) 右心室と直接つながっているのは，心臓からBの肺へ血液を送る①の肺動脈である。 2 静脈血は酸素が少ない血液なので，全身から戻ってきてBの肺に送られる前の血液①，③，⑤である。 3 Dの小腸と肝門脈でつながっているCが肝臓である。

【3】1 NH₃，Cl₂，H₂S 2 NH₃，Cl₂，H₂S 3 軽い気体…CH₄ 重い気体…Cl₂ 密度…4.4〔倍〕 4 Ar，CO₂ 5 CO₂，CH₄

〈解説〉1 水に溶けやすい気体は，水上置換法で捕集するのは適切ではない。 2 いずれも刺激臭や腐乱臭をもつ気体である。 3 圧力，体積，温度が一定であれば，分子量が大きい気体ほど重いと考える。それぞれの気体のおよその分子量は，アルゴンArは40，アンモニアNH₃は17，塩素Cl₂は71，二酸化炭素CO₂は44，ブタンC₄H₁₀は58，プロパンC₃H₈は44，メタンCH₄は16，硫化水素H₂Sは34である。よって，最も重い気体の密度は最も軽い気体の密度の$\frac{71}{16}≒4.4$〔倍〕である。

4 空気中含まれる気体は多い順に，N₂＞O₂＞Ar＞CO₂である。

5 解答参照。

【4】1 0.80〔A〕 2 18〔V〕 3 20Ωの抵抗…29〔W〕 40Ωの抵抗…3.6〔W〕 4 aとb 電流の大きさ…2.7〔A〕

〈解説〉1 10Ωの抵抗と20Ωの抵抗の間にかかる電圧が24Vとなる。これらの抵抗は直列に接続されているので，合成抵抗は10＋20＝30〔Ω〕

より，10Ωの抵抗を流れる電流は$\frac{24}{30}=0.80$〔A〕となる。　2　1と同様に考えると，合成抵抗は$10+30=40$〔Ω〕より，30Ωの抵抗を流れる電流は$\frac{24}{40}=0.60$〔A〕なので，これにかかる電圧は$30\times0.60=18$〔V〕となる。　3　20Ωの抵抗にかかる電圧が24Vなので，これを流れる電流は$\frac{24}{20}=1.2$〔A〕となり，20Ωの抵抗で消費される電力は$(1.2)^2\times20=28.8≒29$〔W〕となる。一方，10Ω，30Ω，40Ωの抵抗の間にも24Vの電圧がかかるので，40Ωの抵抗を流れる電流は$\frac{24}{10+30+40}=0.30$〔A〕であり，消費される電力は$(0.30)^2\times40=3.6$〔W〕となる。　4　回路全体の合成抵抗が最小となるとき，電源を流れる電流が最大になる。したがって，並列回路の片方の抵抗が最小で，他方の抵抗が最大となるつなぎ方となる，点aと点bに電源をつないだとき，回路全体の合成抵抗は$\frac{10\times90}{10+90}=9.0$〔Ω〕で最小となる。このとき電源を流れる電流は，$\frac{24}{9.0}≒2.7$〔A〕となる。

中 学 理 科

【1】1　(i)　初期微動　　(ii)　主要動　　2　(ii)　　3　初期微動継続時間　　4　E点…震央　　H点…震源　　5　(午前)8時13分15秒

6　25〔秒間〕　　7　8.3〔秒後〕

〈解説〉1，2　先に観測される小さなゆれを初期微動，後から観測される大きなゆれを主要動という。初期微動は縦波であるP波，主要動は横波のS波が到達することで観測される。　3　解答参照。　4　H点は地震が発生した位置なので震源，E点は震源の真上にあたる地表の位置なので震央である。　5　震源の深さをEH，B点の震央距離をBE，B点の震源距離をBHとすると，三平方の定理より$BH^2=EH^2+BE^2$が成り立つので，$BH=\sqrt{120^2+(160.0-70.0)^2}=\sqrt{22500}=150$〔km〕となる。よって，伝播速度6.0km/sのP波が到達するまでに要する時間は$\frac{150}{6.0}=25$

〔s〕なので，地震が発生した時刻の25秒後の8時13分15秒である。

6　震源距離150kmのB点に伝播速度3.0km/sのS波が到達するまでに要する時間は$\frac{150}{3.0}=50$〔s〕なので，5より初期微動継続時間は$50-25=25$〔秒間〕となる。　7　$AH=\sqrt{120^2+160.0^2}=\sqrt{40000}=200$〔km〕なので，A点はB点より50km震源から離れている。よって，B点とA点でのP波が到達する時間の差は，$\frac{50}{6.0}\fallingdotseq8.3$〔s〕となるので，求める時間は8.3秒後である。

【2】1　化学エネルギー　　2　食物網　　3　化石燃料　　4　(1)　③
(2)　②，④，⑤，⑥　　(3)　A　ア，オ　　B　ウ，ク　　(4)　熱帯地域は気温が高いためBの活動が活発で，土壌中の有機物が速やかに分解されるため。　　5　(1)　生物濃縮　　(2)　体内で分解されにくい　　(3)　5.58×10^4〔倍〕
〈解説〉1～3　解答参照。　4　(1)　図1より，一次消費者(草食動物)に捕食されるAは生産者(植物)であり，生産者が大気中や水中の二酸化炭素を取り込んでいるので，③が光合成である。　(2)　生物の呼吸により，大気中や水中に二酸化炭素が放出されるので，生産者の②，一次消費者の④，高次消費者の⑤，Bの分解者の⑥が該当する。　(3)　ナンバンギセルは寄生植物であり，光合成は行えない。　(4)　解答参照。
5　(1)(2)　解答参照。　(3)　$\frac{5.58}{0.0001}=5.58\times10^4$〔倍〕となる。

【3】1　$Zn+H_2SO_4{\rightarrow}ZnSO_4+H_2$　　2　銅板付近…$2H^++2e^-{\rightarrow}H_2$　　亜鉛板付近…$Zn{\rightarrow}Zn^{2+}+2e^-$　　3　①　右　　②　＋極　　③　還元　④　ダニエル　　4　ア，イ　　5　a　硫酸銅(Ⅱ)水溶液　　b　硫酸亜鉛水溶液　　6　エ
〈解説〉1　解答参照。　2　金属のイオン化傾向の比較から，銅板が＋極，亜鉛板が－極となる。　3　電子は亜鉛板から銅板へ左向きに流れるので，電流はその逆で右向きに流れる。　4　イオン化傾向は，マグネシウムの方が鉄より大きく，アルミニウムの方が鉛より大きい。イオン化傾向の大きな金属を－極にすれば，電流の向きは変わらない。

5　解答参照。　6　ダニエル電池の－極では$Zn \rightarrow Zn^{2+} + 2e^-$，＋極では$Cu^{2+} + 2e^- \rightarrow Cu$の反応が起こる。つまり，bの－極側では亜鉛イオンが増加し，aの＋極側では銅(Ⅱ)イオンが減少するので，電池の性能を上げるためには，これらの反応が長く続くように，aの濃度を濃く，bの濃度を薄くするとよい。

【4】1　(1)　①　イ　　②　イ　　(2)　i　0.70　　ii　1.4　　iii　3.2
2

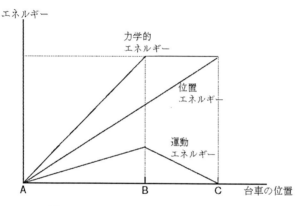

3　0.45〔J〕

〈解説〉1　(1)　①　台車は，おもりにはたらく重力の大きさと等しい大きさの張力を糸から受ける。　②　台車は点Bを通過後，台車にはたらく重力により一定の加速度で減速し，点Cで速さが0になり，そこから等しい大きさの加速度で加速して点Bに達する。よって，そのとき速さは最初に点Bを通過したときと同じである。　(2)　i　加速度は図2の$v-t$グラフの傾きから求められるので，$\dfrac{1.4}{2.0} = 0.70$〔m/s²〕となる。　ii　AB間の距離は，図2の$v-t$グラフの時刻0sから2.0sまでの面積から求められるので，$\dfrac{1}{2} \times 2.0 \times 1.4 = 1.4$〔m〕となる。　iii　BC間の距離は$1.4 \times 0.6 = 0.84$〔m〕であり，時刻2.0sから$t_1$〔s〕までの面積と等しい。よって，$\dfrac{1}{2} \times (t_1 - 2.0) \times 1.4 = 0.84$〔m〕より，$t_1 = 3.2$〔s〕となる。　2　位置エネルギーは，台車が一定の角度の斜面を上昇するので，点A

からCまで直線的に増加する。運動エネルギーについて，点Aでは台車の速さが0なので運動エネルギーは0，点Bで速さが最大なので運動エネルギーは最大，AB間では台車と糸でつながっているおもりの位置エネルギーの減少分が台車の運動エネルギーの増加分なのでグラフは直線となる。また，点Cでは台車の速さが0なので運動エネルギーは0，BC間では力学的エネルギーは保存されるので，台車の位置エネルギーの増加分が台車の運動エネルギーの減少分となる。力学的エネルギーは，位置エネルギーと運動エネルギーの和となる。　3　台車の位置エネルギーが最大値1.2Jとなるのは点Cなので，点Bでの台車の位置エネルギーは$1.2 \times \dfrac{1.4}{1.4+0.84}=0.75$〔J〕となる。運動エネルギーが最大となる点Bでの力学的エネルギーは点Cでの位置エネルギーと等しく1.2Jなので，求める運動エネルギーは$1.2-0.75=0.45$〔J〕となる。

高 校 理 科

【物理】

【1】1　x成分…$-mg\sin\alpha$　　　y成分…$-mg\cos\alpha$

2　x成分…$v_0\cos\theta - g\sin\alpha \cdot t$　　　y成分…$v_0\sin\theta - g\cos\alpha \cdot t$

3　x成分…$v_0\cos\theta \cdot t - \dfrac{1}{2}g\sin\alpha \cdot t^2$　　　y成分…$v_0\sin\theta \cdot t - \dfrac{1}{2}g\cos\alpha \cdot t^2$

4　$\dfrac{2v_0\sin\theta}{g\cos\alpha}$　　5　ア　$\dfrac{v_0^{\,2}}{g\cos^2\alpha}$　　イ　$2\theta+\alpha$　　6　$\dfrac{\pi}{4}-\dfrac{\alpha}{2}$

〈解説〉1　x軸は水平から角度αの斜面にそって上向きなので，小球にはたらく重力のx成分は$-mg\sin\alpha$，y成分は$-mg\cos\alpha$である。　2　1より，小球にはたらく加速度のx成分は$-g\sin\alpha$，y成分は$-g\cos\alpha$となるので，時刻tにおける小球の速度のx成分は$v_0\cos\theta - g\sin\alpha \cdot t$，$y$成分は$v_0\sin\theta - g\cos\alpha \cdot t$である。　3　時刻$t$における小球の位置は2の速度の時間積分なので，$x$座標は$v_0\cos\theta \cdot t - \dfrac{1}{2}g\sin\alpha \cdot t^2$，$y$座標は$v_0\sin\theta \cdot t - \dfrac{1}{2}g\cos\alpha \cdot t^2$である。　4　小球が斜面と衝突する時刻$t'$では，

小球のy座標は0なので，$v_0\sin\theta \cdot t' - \dfrac{1}{2}g\cos\alpha \cdot t'^2 = 0$より，$t' = \dfrac{2v_0\sin\theta}{g\cos\alpha}$となる。　**5**　小球が斜面と衝突する時刻$t'$で，小球の$x$座標が$l$なので，$v_0\cos\theta \cdot t' - \dfrac{1}{2}g\sin\alpha \cdot t'^2 = l$より，$l = v_0\cos\theta \cdot \dfrac{2v_0\sin\theta}{g\cos\alpha} - \dfrac{1}{2}g\sin\alpha \cdot \left(\dfrac{2v_0\sin\theta}{g\cos\alpha}\right)^2 = \dfrac{v_0^2}{g\cos^2\alpha}(2\cos\theta \sin\theta \cos\alpha - 2\sin\alpha \sin^2\theta) = \dfrac{v_0^2}{g\cos^2\alpha}\{\sin2\theta \cos\alpha - \sin\alpha \sin^2\theta - \sin\alpha (1-\cos^2\theta)\} = \dfrac{v_0^2}{g\cos^2\alpha}\{\sin2\theta \cos\alpha + \sin\alpha (\cos^2\theta - \sin^2\theta) - \sin\alpha \} = \dfrac{v_0^2}{g\cos^2\alpha}(\sin2\theta \cos\alpha + \sin\alpha \cos2\theta - \sin\alpha) = \dfrac{v_0^2}{g\cos^2\alpha}\{\sin(2\theta + \alpha)-\sin\alpha \}$となる。　**6**　5より，$l$が最大値となるのは，$\sin(2\theta + \alpha)=1$のときなので，$2\theta + \alpha = \dfrac{\pi}{2}$より，$\theta = \dfrac{\pi}{4} - \dfrac{\alpha}{2}$となる。

【２】ア　$(T-t)$　　イ　$\{(T+\Delta T)-(t+\Delta t)\}$　　ウ　$v\Delta t\cos\theta$
エ　$\dfrac{V-v\cos\theta}{V}$　　オ　$f\Delta T$　　カ　$f_0\Delta t$　　キ　$\dfrac{V}{V-v\cos\theta}$

〈解説〉ア　時刻tのときP点から出た波面が，時刻TでO点に到達したので，$l=V\times(T-t)$となる。　イ　時刻$t+\Delta t$のときP'点から出た波面が，時刻$T+\Delta T$でO点に到達したので，$l'=V\times\{(T+\Delta T)-(t+\Delta t)\}$となる。
ウ　$\overline{\mathrm{PP'}}=v\Delta t$より，$l-l'=\overline{\mathrm{PH}}=\overline{\mathrm{PP'}}\cos\theta =v\Delta t\cos\theta$となる。
エ　$l-l'=v\Delta t\cos\theta =\{V\times(T-t)\}-[V\times\{(T+\Delta T)-(t+\Delta t)\}]=-V(\Delta T-\Delta t)$より，$\Delta T=\dfrac{V-v\cos\theta}{V}\times\Delta t$となる。　オ　振動数$f$は1秒間の波の数に等しいので，観測者が時間$\Delta T$の間に受け取る波の数は$f\Delta T$となる。　カ　音源が時間$\Delta t$の間に出した波の数は$f_0\Delta t$となる。
キ　$f\Delta T=f_0\Delta t$であり，④式の$\Delta T=\dfrac{V-v\cos\theta}{V}\times\Delta t$を用いると，$f=\dfrac{f_0\Delta t}{\Delta T}=\dfrac{V}{V-v\cos\theta}\times f_0$となる。

【3】1　誘導起電力…$vBl\cos\theta$　　高い方…P　　2　誘導電流…$\dfrac{vBl\cos\theta}{R}$

向き…Q→P　　3　成分の大きさ…$\dfrac{vB^2l^2}{R}\cos^2\theta$　　向き…上向き

4　成分の大きさ…$mg\sin\theta$　　仕事率…$mgv\sin\theta$　　5　$\dfrac{mgR\sin\theta}{B^2l^2\cos^2\theta}$

〈解説〉1　誘導起電力の大きさは，磁束の時間変化の大きさなので$vBl\cos\theta$ となる。また，誘導電流は，磁束の変化を妨げる方向(鉛直下向き)に磁束が発生するように流れるので，P→抵抗器→Q→Pの向きに流れる。よって，電位が高いのはPである。　2　オームの法則より，誘導電流の大きさは$\dfrac{vBl\cos\theta}{R}$となり，その向きは1よりQ→Pである。

3　導体棒PQにはたらく水平方向の力の大きさは$B\times\dfrac{vBl\cos\theta}{R}\times l$なので，レールにそった成分の大きさは$B\times\dfrac{vBl\cos\theta}{R}\times l\times\cos\theta=\dfrac{vB^2l^2}{R}\cos^2\theta$ であり，その向きはレールにそって上向きである。　4　導体棒PQにはたらく重力の大きさはmgなので，レールにそった下向きの成分は$mg\sin\theta$ である。また，仕事率は単位時間にする仕事であり，力の大きさと単位時間あたりの移動距離の積なので，$mgv\sin\theta$ と表せる。

5　導体棒が一定の速さのとき，3で求めた力と4の重力がつり合っているので，$\dfrac{vB^2l^2}{R}\cos^2\theta=mg\sin\theta$ より，$v=\dfrac{mgR\sin\theta}{B^2l^2\cos^2\theta}$となる。

【4】1　ア　光電効果　　イ　eV_0　　ウ　限界振動数　　エ　$h\nu-h\nu_0$
オ　仕事関数　　カ　$h\nu_0$　　キ　電流(光電流)　　ク　強さ
ケ　振動数(波長)　　2　(1)　3.1×10^{-19}〔J〕　　(2)　1.4×10^{18}〔個〕
(3)　0.22〔A〕

〈解説〉1　ア　解答参照。　　イ　光電子がPに到達できなくなる阻止電圧が$-V_0$なので，光電子の最大運動エネルギーと阻止電圧による仕事eV_0が等しくなる。　　ウ　解答参照。　　エ　光電子が飛び出すために必要な最低エネルギーは$h\nu_0$となり，光の振動数νのエネルギーは$h\nu$なので，放出される光電子の最大エネルギーは$h\nu-h\nu_0$となる。

オ，カ　光電子が飛び出すために必要な最低エネルギーが仕事関数W_0なので，エの$h\nu_0$と等しく，$W_0=h\nu_0$となる。　　キ～ケ　解答参照。

2　(1)　入射光の波長が$6.4×10^{-7}$〔m〕以下で光電子が飛び出すので，入射光の振動数は$\dfrac{3.0×10^8}{6.4×10^{-7}}$〔1/s〕以上であり，このとき仕事関数$W_0=h\nu_0=(6.6×10^{-34})×\dfrac{3.0×10^8}{6.4×10^{-7}}≒3.1×10^{-19}$〔J〕となる。　(2)　波長が$5.4×10^{-7}$〔m〕の光子がもつエネルギーは，$(6.6×10^{-34})×\dfrac{3.0×10^8}{5.4×10^{-7}}$〔J〕であり，0.50Wの光のエネルギーは1秒間当たり0.50Jなので，1秒間に金属板Kに当たる光子の数は，$\dfrac{0.50}{(6.6×10^{-34})×\dfrac{3.0×10^8}{5.4×10^{-7}}}≒1.4×10^{18}$〔個〕となる。　(3)　電子1個の電荷の大きさは$1.6×10^{-19}$〔C〕であり，1秒間に流れる電荷が電流なので，流れる電流の最大値は，$(1.6×10^{-19})×\dfrac{0.50}{(6.6×10^{-34})×\dfrac{3.0×10^8}{5.4×10^{-7}}}≒0.22$〔A〕となる。

【化学】

【1】1　最も大きいもの…Cl^-　　最も小さいもの…A^{3+}　　2　(1)　×
(2)　○　　(3)　×　　(4)　×　　(5)　○　　3　(1)　定比例(の法則)，カ　　(2)　倍数比例(の法則)，エ　　(3)　気体反応(の法則)，ウ
(4)　質量保存(の法則)，キ　　(5)　アボガドロ(の法則)，ア
4　(1)　20〔％〕　　(2)　2.32〔mol/L〕

〈解説〉1　F^-，Mg^{2+}，A^{3+}はNe型の電子配置となるが，Cl^-はAr型の電子配置となるので，イオン半径が最も大きいのはCl^-である。また，同じ電子配置であれば，原子番号が大きいほど陽子の数が多く，電子が原子核に強く引き付けられるので，イオン半径が最も小さいのはA^{3+}である。　2　(1)　イオン化エネルギーが小さい原子ほど，陽イオンになりやすい。　(2)　正しい。　(3)　陽イオンではなく，陰イオンになりやすい。　(4)　陽子の数と中性子の数は，等しくない場合もある。
(5)　正しい。　3　解答参照。　4　(1)　この水酸化ナトリウム水溶液の体積を1L(1000cm³)とすると，溶液の質量は$1.2×10^3$〔g〕，溶質の水

酸化ナトリウム(式量40)の質量は$6.0×1×40=240$〔g〕なので，質量パーセント濃度は$\dfrac{240}{1.2×10^3}×100=20$〔%〕となる。　(2)　この希硫酸の体積を1L(1000cm³)とすると，溶液の質量は$1.14×10^3$〔g〕，溶質の硫酸(分子量98.1)の質量は$(1.14×10^3)×\dfrac{20.0}{100}$〔g〕より，モル濃度は

$$\dfrac{\dfrac{1.14×10^3}{98.1}×\dfrac{20.0}{100}}{1}≒2.32 \text{〔mol/L〕となる。}$$

【 2 】 1　(1)　イ　　　(2)　ア　　　(3)　エ　　　(4)　ウ　　　(5)　ウ

(6)　イ　　2　(1)　$K=36$　　　(2)　0.67〔mol〕　　3　(1)　$α=2.0×10^{-2}$

(2)　pH 2.85　　　(3)　pH 4.55

〈解説〉1　(1)　この反応は吸熱反応なので，温度を高くするとその影響を緩和するように平衡は右へ移動する。　(2)　温度一定で体積を小さくすると，圧力が高くなるので，気体分子の総数を減らすように平衡は左へ移動する。　(3)　温度を低くすると平衡は左へ移動するが，圧力を低くすると平衡は右へ移動するので，全体としてどうなるかは判断できない。　(4)　触媒を加えると反応速度は変化するが，平衡の移動には影響ない。　(5)　ヘリウムを加えても体積は変わらず，もともとあった気体の分圧は変化しないので，平衡は移動しない。　(6)　ヘリウムを加えた分だけ体積が大きくなり，もともとあった気体の分圧が低くなるので，平衡は右へ移動する。　2　(1)　平衡状態でヨウ化水素が6.00mol生成していたので，水素は$5.00-6.00×\dfrac{1}{2}=2.00$〔mol〕，ヨウ素は$3.50-6.00×\dfrac{1}{2}=0.50$〔mol〕残っている。よって，$K=$

$$\dfrac{\left(\dfrac{6.00}{100}\right)^2}{\dfrac{2.00}{100}×\dfrac{0.50}{100}}=36\text{となる。}$$

(2)　生成する水素の物質量をx〔mol〕とすると，ヨウ素もx〔mol〕生成し，ヨウ化水素は$6.00-2x$〔mol〕消費するので，$49=\dfrac{\left(\dfrac{6.00-2x}{100}\right)^2}{\dfrac{x}{100}×\dfrac{x}{100}}$より，$x≒0.67$〔mol〕となる。　3　(1)　体積が変化しないと考えると，平衡状態では，$[CH_3COOH]=0.07(1-α)$

〔mol/L〕，$[CH_3COO^-]=[H^+]=0.07\alpha$〔mol/L〕となる。$\alpha\ll0$より，$2.8\times10^{-5}=\dfrac{(0.07\alpha)^2}{0.07(1-\alpha)}\fallingdotseq0.07\alpha^2$なので，$\alpha=2.0\times10^{-2}$となる。　(2)　$[H^+]=0.07\alpha=0.07\times(2.0\times10^{-2})$より，$pH=-\log_{10}[H^+]=-\log_{10}(0.07\times2.0\times10^{-2})=-\log_{10}(7\times2\times10^{-4})=4-(0.85+0.30)=2.85$となる。

(3)　酢酸水溶液と酢酸ナトリウム水溶液を同じ体積だけ混合したので，体積は2倍となりそれぞれのモル濃度は0.050mol/Lとなる。緩衝溶液では，酢酸はほとんど電離しないため$[CH_3COOH]\fallingdotseq0.050$〔mol/L〕，酢酸ナトリウムはほとんど完全に電離するため$[CH_3COO^-]\fallingdotseq0.050$〔mol/L〕より，$2.8\times10^{-5}=\dfrac{0.050\times[H^+]}{0.050}$より，$[H^+]=2.8\times10^{-5}$〔mol/L〕となる。よって，$pH=-\log_{10}(2.8\times10^{-5})=-\log_{10}(2^2\times7\times10^{-6})=6-(2\times0.30+0.85)=4.55$となる。

【3】1　(1)　①　$2NH_4Cl+Ca(OH)_2\rightarrow CaCl_2+2NH_3+2H_2O$
②　$MnO_2+4HCl\rightarrow MnCl_2+2H_2O+Cl_2$　　③　$HCOOH\rightarrow H_2O+CO$
④　$Cu+4HNO_3\rightarrow Cu(NO_3)_2+2H_2O+2NO_2$　　⑤　$FeS+H_2SO_4\rightarrow FeSO_4+H_2S$　(2)　イ　(3)　①　ア　　②　エ　　③　オ
④　ウ　　⑤　イ　　2　A　Pb　　B　Cu　　C　Fe　　D　Al
E　Ag　　F　Au　　下線部の物質の名称…王水

〈解説〉1　(1)　解答参照。　(2)　アンモニアは塩基性なので，酸性の濃硫酸とは中和する。また，塩化カルシウムとも反応する。　(3)　①　アンモニアと塩化水素が反応すると，塩化アンモニウムの白色の固体が生成する。　②③　解答参照。　④　二酸化窒素は常温で四酸化二窒素となる。　⑤　解答参照。　2　CのFeやDのAl，およびNiは，濃硝酸には不動態を形成するため溶けないが，Znは溶ける。Niに水酸化ナトリウム水溶液を加えて生成する沈殿は緑色である。Ptは白い光沢をもつ。

【4】1 (1)

B
CH₃-CH₂-CH-CH₂-OH
　　　　|
　　　　CH₃

D
　　　　CH₃
　　　　|
CH₃-C-CH₂-OH
　　　　|
　　　　CH₃

G
CH₃-CH-CH-CH₃
　　　|　|
　　　CH₃ OH

H
　　　　　　CH₃
　　　　　　|
CH₃-CH₂-C-CH₃
　　　　　　|
　　　　　　OH

(2) 7〔種類〕　2 (1) 色…赤色　化学式…Cu₂O　(2) C ギ酸　D 1－プロパノール　F 安息香酸　G 2－ブタノール

(3)

A
　　O
　　‖
H-C-O-CH₂-CH₂-CH₃

B
　　　　　　O　CH₃
　　　　　　‖　|
〔ベンゼン環〕-C-O-CH-CH₂-CH₃

〈解説〉1 (1)　化合物A〜Hは，いずれもナトリウムの単体と反応するのでアルコールである。A〜Dを酸化すると還元性をもつアルデヒドになるので，第一級アルコールである。一方，E〜Gは酸化されるがアルデヒドにならないので第二級アルコール，Hは酸化されないので第三級アルコールである。分子式C₅H₁₂Oで表される第三級アルコールの構造は，解答のものだけである。次に，EとGはヨードホルム反応で陽性を示したので，CH₃CH(OH)－Rの部分構造をもつが，Eを脱水して生じるアルケンにはシス－トランス異性体が存在するので，Eは枝分かれ構造をもたないCH₃CH₂CH₂CH(OH)CH₃である。したがって，Gは枝分かれ構造をもつ第二級アルコールなので，解答の構造となる。残った第二級アルコールFは，CH₃CH₂CH(OH)CH₂CH₃となる。さらに，第一級アルコールのうち鏡像異性体をもつBの構造，および脱水してもアルケンが生成しないDの構造は，解答のものと決まる。なお，Fを脱水して水素を付加するとCH₃CH₂CH₂CH₂CH₃となり，これが得られるAの構造はCH₃CH₂CH₂CH₂CH₂OH，残ったCの構造は(CH₃)₂CHCH₂CH₂OH

である。　(2)　分子式C$_5$H$_{12}$Oで表され，ナトリウム単体と反応しないのはエーテルであり，CH$_3$OCH$_2$CH$_2$CH$_2$CH$_3$，CH$_3$OC*H(CH$_3$)CH$_2$CH$_3$，CH$_3$OCH$_2$CH(CH$_3$)$_2$，CH$_3$CH$_2$OCH$_2$CH$_2$CH$_3$，CH$_3$CH$_2$OCH(CH$_3$)$_2$，CH$_3$OC(CH$_3$)$_3$の構造をもつ化合物があるが，C*は不斉炭素原子なので鏡像異性体が存在するため，合計7種類である。　2　(1)　解答参照。(2)　エステルを加水分解すると，アルコールとカルボン酸が得られる。Cは酸性であり，還元性も示すのでギ酸HCOOHである。また，Dは炭素数が3のアルコールであり，酸化すると還元性を示すアルデヒドEが生成するので第一級アルコールの1－プロパノールCH$_3$CH$_2$CH$_2$OHとなる。Fはエチルベンゼンを強く酸化しても得られるので，安息香酸C$_6$H$_5$COOHである。したがって，Gは炭素数4のアルコールであり，鏡像異性体が存在するので2－ブタノールCH$_3$CH(OH)CH$_2$CH$_3$である。(3)　Aはギ酸と1－プロパノール，Bは安息香酸と2－ブタノールがエステル化した構造をもつので，それぞれ解答のようになる。

【生物】

【1】1　(1)　①　属　　②　二名　　③　リンネ　　④　ヘッケル　⑤　原生生物　　⑥　ホイッタカー(ホイタッカー)　　⑦　ドメイン
(2)　3ドメイン説
(3)

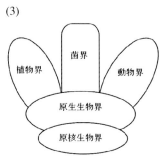

(4)　a　原索動物門　　b　刺胞動物門　　c　節足動物門　　d　脊索動物門　　2　(1)　①　塩基　　②　アミノ酸　　③　分子時計　④　分子系統樹　　(2)　1500〔万年〕　　(3)　4.8〔億年〕

(4)　平均距離法　　(5)　イ

〈解説〉1　(1)　解答参照。　(2)　3ドメイン説では，生物は細菌ドメイ
ン・古細菌ドメイン・真核生物ドメインの3つに分類される。

(3)(4)　解答参照。　　2　(1)　共通祖先から分岐してから長い時間が経
過するほど，塩基配列やアミノ酸配列の違いが多くなる。　(2)　表よ
り，種Aと種Dではアミノ酸が18個異なるので，これらの共通祖先か
らそれぞれ14個変化したと考えられる。よって，アミノ酸が1つ変異
するのにかかる時間は，$\frac{2.1}{14}=0.15$〔億年〕＝1500〔万年〕となる。

(3)　種A・種D・種Bと種Cでは，平均すると$\frac{59+63+70}{3}=64$〔個〕
のアミノ酸が異なるので，共通祖先から32個変化したと考えられる。
よって，これらの共通動物が分かれたのは，32×1500＝48000〔万
年〕＝4.8〔億年〕前となる。　(4)　解答参照。　(5)　重要なタンパ
ク質に関わる塩基配列は変化速度が小さく，イントロンはアミノ酸に
翻訳されない部分なので，塩基配列の変化速度は大きい。

【2】1　(1)　①　赤血球　　②　血小板　　③　白血球　　④　55
⑤　造血幹細胞　　(2)　ヘモシアニン　　(3)　トロンビン
(4)　好中球，マクロファージ，樹状細胞　　2　(1)　A　　(2)　12
〔mL〕　　(3)　0.21〔mL〕　　(4)　イ

〈解説〉1　(1)(2)　解答参照。　(3)　血液凝固では，フィブリンが血球に
絡まることで血ぺいを形成する。　(4)　B細胞やT細胞などは白血球
に含まれるが，食作用がない。　　2　(1)　肺胞では，組織より酸素分
圧が高く二酸化炭素分圧が低い。　(2)　図より，Aの肺胞の酸素分圧
100mmHgでは酸素ヘモグロビン濃度は100％，Bの組織の酸素分圧
30mmHgでは酸素ヘモグロビン濃度は40％と読み取れる。血液100mL
中に酸素ヘモグロビン濃度100％のときに含まれる酸素量は20mLなの
で，酸素ヘモグロビン濃度40％のときに含まれる酸素量は20×0.40＝8
〔mL〕である。よって，組織において放出される血液100mL当たりの
酸素量は，20－8＝12〔mL〕となる。　(3)　肺胞の酸素分圧は
100mmHgなので血液100mL当たりに溶解する酸素量は100×0.003＝0.3

〔mL〕，組織の酸素分圧は30mmHgなので血液100mL当たりに溶解する酸素量は30×0.003＝0.09〔mL〕となる。よって，肺胞から組織に運ばれる酸素量は，0.3－0.09＝0.21〔mL〕となる。　(4)　胎児のヘモグロビンは，母体のヘモグロビンよりも酸素と結合しやすい性質があるので，酸素分圧が低くても酸素ヘモグロビン濃度は高い。よって，胎児の酸素解離曲線は母体よりも左方に移動した形となる。

【3】1　(1)　①　チラコイド　　②　光化学系Ⅱ　　③　光化学系Ⅰ
④　クロロフィル　　⑤　水　　⑥　水素　　⑦　ストロマ
⑧　ATP合成酵素　　(2)　ルビスコ　　(3)　緑色光はあまり光合成色素に吸収されず，反射あるいは透過されてしまうため。
2　(1)　45〔mg〕　　(2)　98.2〔mg〕　　(3)　植物A　　(4)　12〔キロルクス〕

〈解説〉1　(1)(2)　解答参照。　　(3)　反対に，クロロフィルは赤色光や青色光を吸収する。　　2　(1)　図より，光の強さが10キロルクスのとき植物Bの1時間当たりの二酸化炭素吸収量は6〔mg/100cm²〕なので，葉の面積が250cm²で3時間のときは，$6 \times \dfrac{250}{100} \times 3 = 45$〔mg〕となる。
(2)　植物Aの葉に7キロルクスの光を照射したときの1時間当たりの二酸化炭素吸収量は4〔mg/100cm²〕，暗条件のときの1時間当たりの二酸化炭素放出量は2〔mg/100cm²〕なので，葉400cm²の1日当たりの二酸化炭素吸収量は，$\left(4 \times \dfrac{400}{100} \times 14\right) - \left(2 \times \dfrac{400}{100} \times 10\right) = 144$〔mg〕となる。光合成の反応式は$6CO_2 + 12H_2O \rightarrow C_6H_{12}O_6 + 6H_2O + 6O_2$なので，グルコース(分子量180)1molを生成するためには二酸化炭素(分子量44)6molが必要なので，グルコースの増量は，$\dfrac{144 \times 10^{-3}}{44} \times \dfrac{1}{6} \times 180 \fallingdotseq 98.2 \times 10^{-3}$〔g〕＝98.2〔mg〕となり，これが葉の質量の増加に等しい。　　(3)　光の強さが7キロルクスのときの1時間当たりの二酸化炭素吸収量は植物Aの方が大きく，暗条件での1時間当たりの二酸化炭素放出量は植物Aの方が小さいので，植物Aの方がよく成長すると考えられる。
(4)　植物Bにおいて，葉100cm²で考えると，16時間の暗条件での二酸化炭素放出量は4×16＝64〔mg〕なので，光を8時間照射することで

64mgの二酸化炭素を吸収する必要があり，1時間当たりの二酸化炭素吸収量は$\frac{64}{8}=8$〔mg/100cm²〕となる。このときの光の強さは，12キロルクスである。

【4】1　(1)　①　ク　　②　イ　　③　キ　　④　オ　　⑤　エ
⑥　ウ　　⑦　ア　　⑧　カ　　(2)　集団で長距離を飛翔する。
(3)　最終収量一定の法則　　2　(1)　標識再捕法　　(2)　調査期間中
に個体識別用の標識が消えてしまわないこと。　　　(3)　池A
(4)　池C

〈解説〉1　(1)　解答参照。　　(2)　群生相のバッタは周囲に競合する個体
が多いので，移動能力に長けた形態になる。　　(3)　植物の生育空間で
は，利用可能な光エネルギーや栄養塩などの量は限られているので，
低密度では植物体は大きくなり，高密度では植物体は小さくなる。
2　(1)　解答参照。　　(2)　その他にも，標識された個体とされていな
い個体で行動が変わらないことも挙げられる。　　(3)　池Aに生息する
底生生物aの個体数は，$80\times\frac{65}{4}=1300$〔匹〕となる。池Bに生息する
底生生物aの個体数は，$75\times\frac{50}{3}=1250$〔匹〕となる。池Cに生息する底
生生物aの個体数は，$50\times\frac{48}{2}=1200$〔匹〕となる。　　(4)　池Aの個体
群密度は$\frac{1300}{650}=2$〔匹/m²〕，池Bの個体群密度は$\frac{1250}{750}=1.66\cdots$〔匹/m²〕，
池Cの個体群密度は，$\frac{1200}{400}=3$〔匹/m²〕となる。

2023年度　実施問題

中 高 共 通

【1】天気と空気中の水蒸気に関する次の問いに答えなさい。

1　次の文は天気と天気記号について述べたものである。

　　天気図における各地点の天気は，①や●などの天気記号を用いて表す。天気が快晴の場合，天気記号は（　①　）でその時の雲量は（　②　）以下であり，天気が曇りの場合，天気記号は（　③　）でその時の雲量は（　④　）以上である。

(1)　文中の空欄（　①　）～（　④　）に適切な記号，または数値を書きなさい。

(2)　次の3種類の雲を，発生する高度が低いものから順に並べ，その符号を書きなさい。

　　ア　巻雲　　イ　層積雲　　ウ　高層雲

2　表は温度と飽和水蒸気量の関係を示している。以下の問いに答えなさい。

表

温度 ［℃］	0	10	20	30
飽和水蒸気量 ［g/㎥］	4.8	9.4	17.3	30.4

(1)　空気を冷やしたときに，含まれていた水蒸気が水滴に変わり始める温度を何というか，書きなさい。

(2)　温度が20℃のとき，その空気1㎥に9.4gの水蒸気が含まれていたとすると，その空気の湿度は何％になるか，整数で求めなさい。

(3)　温度30℃，湿度56％の空気1㎥に含まれる水蒸気の質量は何gか，整数で求めなさい。

(4)　ある日，室内で温度と湿度を調べたところ，温度10℃，湿度70％であった。空気中の水蒸気量を変えずに，室内の温度を20℃

56

にすると湿度は何％になるか，整数で求めなさい。

(☆☆○○○)

【2】化学変化に関する以下の問いに答えなさい。

1 マグネシウム，銅をそれぞれ加熱して完全に酸化させた。図は，加熱前の金属の質量と生成した酸化物の質量の関係を示したグラフである。

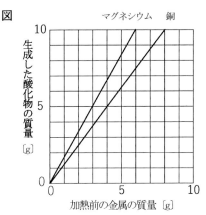

(1) マグネシウムの酸化を表す化学反応式を書きなさい。

(2) マグネシウム7.2gを完全に酸化させたとき，マグネシウムと化合する酸素の質量は何gか，求めなさい。

(3) 銅1.4gを完全に酸化させたとき，化合した酸素と同じ質量の酸素と化合するマグネシウムの質量は何gか，小数第2位まで求めなさい。

2 石灰石(主成分：炭酸カルシウム)3.0gに，ある濃度の塩酸を加えると，二酸化炭素が発生した。表は，このときに加えた塩酸の体積と，発生した二酸化炭素の質量の関係を示したものである。以下の問いに答えなさい。ただし，原子量はH＝1.0，C＝12，O＝16，Cl＝35.5，Ca＝40とし，石灰石に含まれる炭酸カルシウム以外は塩酸と反応しないものとする。

表

加えた塩酸の体積 [mL]	20	40	60	80	100
発生した二酸化炭素の質量 [g]	0.44	0.88	1.10	1.10	1.10

(1) 下線部の反応を化学反応式で書きなさい。

(2) 下線部の反応で用いた塩酸のモル濃度は何mol/Lか，小数第2位まで求めなさい。

(3) 下線部で用いた石灰石には，炭酸カルシウムは何％含まれているか，整数で求めなさい。

(☆☆◎◎)

【3】図のように，一端を閉じたじゅうぶん長いガラス管に水銀を満たし，水銀が入った容器に倒立させた。このときの大気圧はちょうど1気圧であり，ガラス管の内側の断面積は2.00cm²であったとして，以下の問いに答えなさい。

図

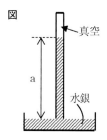

真空

a

水銀

1 1643年に図のような実験を行ったイタリアの物理学者の名前を書きなさい。

2 図のaの長さは何cmか，整数で書きなさい。

3 図のaの部分の水銀柱の重さは何Nか，小数第1位まで求めなさい。

4 水銀の密度は何g/cm³か，小数第1位まで求めなさい。

5 水銀の代わりに，揮発性が低く，密度が水銀のx倍の液体を用いて，同様にガラス管を倒立させた。このときの大気圧がy気圧であれば，図のaの長さは何倍になるか，求めなさい。

(☆☆☆◎◎)

【4】生物学の発展について，次の問いに答えなさい。

1　次の(1)～(6)の生物学上のできごとに関連する人物を，以下の人名群からそれぞれ1人選びなさい。

(1)　顕微鏡で観察した構造体を，細胞と名付けた。

(2)　生物の分類法を体系化し，二名法を確立した。

(3)　「種の起源」を著し，自然選択説を提唱した。

(4)　白鳥の首フラスコを用いた実験を行い，自然発生説を否定した。

(5)　アオカビに含まれる抗生物質であるペニシリンを発見した。

(6)　マウスを用いた実験により肺炎球菌の形質転換を発見した。

　　＜人名群＞　ガルバーニ　　　　グリフィス　　　コッホ
　　　　　　　　ダーウィン　　　　ハーシー　　　　パスツール
　　　　　　　　パブロフ　　　　　フック　　　　　フレミング
　　　　　　　　ボイヤー　　　　　モーガン　　　　リンネ
　　　　　　　　レーウェンフック　ワクスマン

2　細胞におけるオートファジーとよばれる生命現象の解明によって，ノーベル生理学・医学賞を受賞した人は誰か，次のア～エから1つ選んで，符号で書きなさい。

ア　大隅 良典　　イ　大村 智　　ウ　本庶 佑　　エ　山中 伸弥

（☆☆☆◎◎）

中 学 理 科

【1】酸と塩基の中和について，次の問いに答えなさい。

　市販の食酢に含まれる酢酸(CH_3COOH)の量を調べるために次のような実験を行った。以下の問いに答えなさい。ただし，原子量はH＝1.0，C＝12.0，O＝16.0とし，この実験で用いた食酢中の酸はすべて酢酸で，その密度は1.01g/cm³とする。

〈実験〉

操作1　水酸化ナトリウムを約1gはかりとり，純水に溶かしたあと

500mLに希釈した。

操作2　シュウ酸二水和物の結晶$(COOH)_2・2H_2O$を3.15gはかりとり，純水に溶かしたあと500mLに希釈した。

操作3　操作2において調製したシュウ酸水溶液10mLを器具Aによってコニカルビーカーに移し，指示薬Zを2～3滴加えた。このコニカルビーカーに，操作1で調製した水酸化ナトリウム水溶液を，器具Bを用いて滴下すると19.4mL滴下したところで，コニカルビーカー内の溶液の色が変化したことにより，中和を確認した。

操作4　市販の食酢10mLを器具Aでメスフラスコに入れ，純水を加えて100mLとした。この調製した溶液10mLをコニカルビーカーに移し，操作3と同様に滴定を行った。操作1で調製した水酸化ナトリウム水溶液を13.1mL滴下したところで中和した。

1　器具A，Bの名称をそれぞれ書きなさい。

2　指示薬Zとして適切なものを次のア～エから1つ選んで，その符号を書きなさい。

　ア　BTB溶液　　　　　イ　フェノールフタレイン溶液
　ウ　メチルオレンジ　　エ　メチルレッド

3　操作2において調製したシュウ酸水溶液のモル濃度を求めなさい。

4　操作3で起こる中和反応を化学反応式で書きなさい。

5　この実験で用いた市販の食酢中に含まれる酢酸の質量パーセント濃度は何％か，小数第2位まで求めなさい。

6　この実験でシュウ酸を用いて滴定を行うのは，水酸化ナトリウムのある性質のために，空気中において水酸化ナトリウムの質量を正確にはかることができないためである。この性質とは何か，2つ書きなさい。

(☆☆☆◎◎◎)

【2】岩石と地層の重なりについて，以下の問いに答えなさい。

1　図1は，ある地域の地形図を模式的に表したもので，図中の線は等高線を，数値は標高をそれぞれ示している。また，図2は図1におけるA～Cの各地点で行ったボーリング調査の結果得られた柱状図を表している。以下の問いに答えなさい。なお，この地域の地層は一定の傾きで広がっており，上下の逆転や断層はなく，各層は平行に一定の厚さで重なっている。また，この地域で確認された石灰岩の層は，図2に示されている層のみとする。

図1

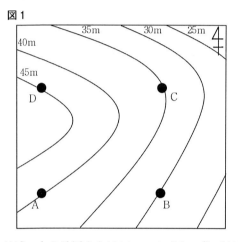

(1)　この地域のある地層からはアンモナイトの化石が見つかり，この地層が堆積した時代を知ることができた。このように，堆積した時代を知るのに役立つ化石を何というか，書きなさい。

(2)　次のア～エの化石は，(1)のアンモナイトのように，地層が堆積した時代を知るのに役立つ化石である。これらの化石が示す年代が最も古いものを1つ選んで，その符号を書きなさい。
ア　ビカリア　　イ　ナウマンゾウ　　ウ　サンヨウチュウ
エ　トリケラトプス

(3)　図2の地層X，Y，Zのうち，最も遅い時代に堆積したと考えられる地層として適切なものはどれか，その符号を書きなさい。

61

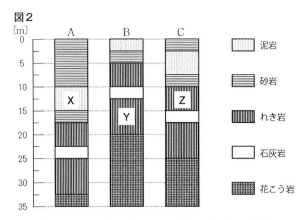

図2

(4)　この地域の地層は，東西南北のいずれの方向に低くなっていると考えられるか，その方角を書きなさい。

(5)　地点Dを垂直に掘ったとき，石灰岩の層が現れるのは何m掘り進めたときか，求めなさい。

2　図3，4は火成岩の薄片を観察しスケッチしたものである。以下の問いに答えなさい。

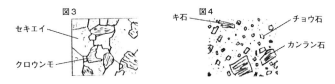

(1)　図3，4が示す組織を何というか，それぞれ書きなさい。

(2)　図3，4に示された鉱物の中で，「決まった方向にうすくはがれる」という特徴を持つ鉱物はどれか。適切なものを1つ選んで，鉱物名を書きなさい。

(3)　図3，4の岩石名を，次のア～エからそれぞれ1つ選んで，その符号を書きなさい。

ア　流紋岩　　イ　玄武岩　　ウ　花こう岩　　エ　斑れい岩

(☆☆☆◎◎◎)

【3】茎の太さや葉の大きさと枚数がほぼ同じである，アジサイの枝4本(A〜D)を用意し，表のように葉にワセリンを塗る処理をしてから，それぞれを図のように，(i)水が入った試験管にさして，油を浮かべ水面を覆った。これらを(ii)実験に適した場所に置いてしばらく経った後，試験管内の水の減少量を調べた。

表

枝	ワセリンの塗り方
A	どこにも塗らない
B	すべての葉の両面に塗る
C	すべての葉の表側だけに塗る
D	すべての葉の裏側だけに塗る

図

油

　次は，この実験を実施するねらい等を表したものである。以下の問いに答えなさい。

　　生徒は小学校において，植物内の水が主に葉から(①)により排出されることを学習している。また，前時までにアジサイを観察し，(②)が葉の表側より裏側に多く分布していることを確認している。
　　この実験では，(①)が行われることで(③)が起こり，その結果，試験管内の水が減少することに着目するとともに，設定された仮説(iii)「(①)は主に(②)で行われる」に対して，実験結果を基に仮説の真偽を判断し，表現することをねらいとする。

1　上の文章の空欄(①)〜(③)に入る適切な語句を，それぞれ書きなさい。ただし，同じ番号には同じ語句が入る。

2　下線部(i)の操作の直前に，アジサイの枝に行う処理として適切なものを，次のア〜エから1つ選んで，その符号を書きなさい。
　ア　葉がついているほうを下にして，茎に対して垂直に切る。
　イ　水の中で，茎に対して垂直に切る。
　ウ　葉がついているほうを下にして，茎に対して斜めに切る。
　エ　水の中で，茎に対して斜めに切る。

3　下線部(ii)にある，水の減少を早く進ませるために置く場所として
　適切なものを，次のア～エから1つ選んで，その符号を書きなさい。
　　ア　明るく風通しがよい場所　　　イ　明るく密閉された場所
　　ウ　暗く風通しがよい場所　　　　エ　暗く密閉された場所

4　下線部(iii)の仮説を立証する実験結果として適切なものを，次の
　ア～エから1つ選んで，その符号を書きなさい。
　　ア　枝Bの水の減少量＞枝Aの水の減少量
　　イ　枝Bの水の減少量＞枝Cの水の減少量
　　ウ　枝Cの水の減少量＞枝Dの水の減少量
　　エ　枝Dの水の減少量＞枝Aの水の減少量

5　アジサイのつくりの特徴について書かれた次の文章の，空欄(　a　)
　～(　d　)に入る適切な語句をそれぞれ書きなさい。ただし，cにつ
　いては空欄中の選択肢から適切なものを1つ選びなさい。なお，同
　じ記号には同じ語句が入る。

　　アジサイのような種子植物において水や栄養分の通り道である，
　道管や師管の集まりを(　a　)という。(　a　)は葉においては葉脈と
　して観察でき，アジサイの葉脈は(　b　)であることから，双子葉類
　に分類されることが想定できる。従って，アジサイは根のつくりが
　主根と側根からなる点では(c　アブラナ・イチョウ・タンポポ・ツ
　ユクサ)と異なるが，同じ被子植物であることから(　d　)が子房で
　包まれていると考えられる。

（☆☆◎◎◎）

【4】 図1は，金属球A～Eの質量と体積をそれぞれ示したものである。こ
れらの金属球について，以下の問いに答えなさい。

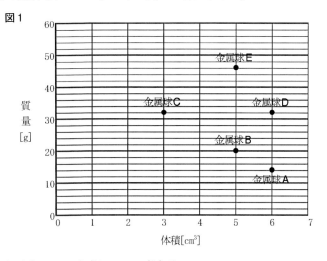

図1

1 金属球A～Eの密度について考える。
  (1) 密度の大小関係を，不等号(＜)や等号(＝)を用いて，小さいも
     のから順に，B＝C＜A＝E＜Dのように表しなさい。
  (2) 密度が最も大きいものは，最も小さいものの密度の何倍か，小
     数第1位まで求めなさい。
2 図2のように，金属球A～Eについて，電子てんびんの上に水を入れ
  たビーカーを置き，ばねばかりでつるした金属球をビーカーの底面
  につかないようにして水中に完全に沈めて静止させ，電子てんびん
  とばねばかりが示す値を，それぞれ読み取った。なお，どの金属球
  の場合も，ビーカーと水の質量の合計は同じであったとする。

図２

(1)　電子てんびんが示す値の大小関係を，1(1)と同じように表しなさい。

(2)　ばねばかりが示す値の大小関係を，1(1)と同じように表しなさい。

(3)　ばねばかりが示す値のうち，値が最も大きいものは，最も小さいものの値の何倍か，小数第1位まで求めなさい。

3　図3のように，金属球C，Dと金属球Xを，それぞれ糸c，d，xでつなぎ，固定した滑車に通して手を離したところ，図3の状態から金属球Dが少し下がって静止した。

図３

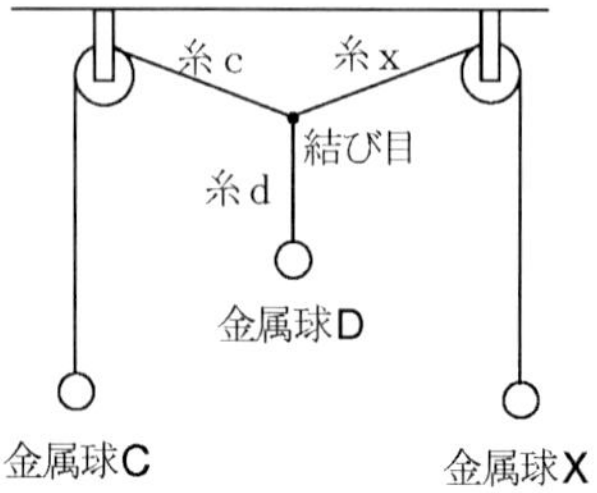

糸 c　　糸 x
結び目
糸 d
金属球 D
金属球C　　金属球X

(1)　次の図に，結び目につながる糸xをかき加えて，静止したときにおける各糸の方向を表す図を完成させなさい。

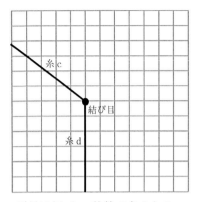

(2)　金属球Xの質量は何gか，整数で求めなさい。

(☆☆☆◎◎◎)

高 校 理 科

【物理】

【1】図に示すように，大きさを無視できる質量mの小球が，高さhの点
Aから初速度0でレール上をなめらかにすべり下り，鉛直面内にある半
径rの円軌道上を運動する。

重力加速度の大きさをgとする。また，レールの太さ，レールとの
摩擦，空気抵抗は無視できるものとする。以下の問いについて答えな
さい。

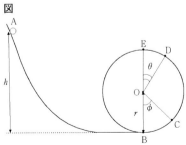

図

1　最初に点Bを通過するときの小球の速さを求めなさい。

2　小球がレールにそって点Cに到達した。このときの小球の速さとレールから小球にはたらく垂直抗力の大きさを，それぞれ求めなさい。

3　小球は点Dにおいて円軌道から離れた。このときの小球の速さをhを用いずに求めなさい。

4　小球がレールから離れずに円軌道を1周するときのhの最小値を求めなさい。

(☆☆☆◎◎◎)

【2】なめらかに動くピストンをそなえたシリンダーに2.0molの単原子分子の理想気体が入っている。ピストンをゆっくり動かして，気体の圧力と体積を図のようにA→B→C→Aの順に変化させた。このように1まわりしてもとの状態にもどることを1サイクルという。状態Aにおける気体の圧力は2.0×10^5Paであり，体積は2.5×10^{-2}m³である。ただし，B→Cは等温変化である。B→Cの変化のとき気体が外にした仕事は6.9×10^3Jであるとし，気体定数を8.3J/(mol・K)として，以下の問いに答えなさい。

図

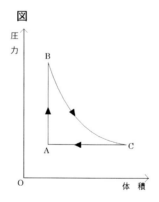

1　状態Aにおける気体の温度を有効数字2桁で求めなさい。

2　状態Bの気体の圧力は4.0×10^5Paとなった。状態Bにおける気体の温度を有効数字2桁で求めなさい。

3　状態Cにおける気体の体積を有効数字2桁で求めなさい。

4　A→Bの間に増加した気体の内部エネルギーを有効数字2桁で求めなさい。

5　B→Cの間に気体が外から得た熱量を有効数字2桁で求めなさい。

6　C→Aの間に気体が外にした仕事を有効数字2桁で求めなさい。

7　この1サイクルの過程で気体が外にした全仕事量を有効数字2桁で求めなさい。

8　このサイクルを熱機関のサイクルと考えたとき，この熱機関の熱効率eを有効数字2桁で求めなさい。

(☆☆◎◎◎)

【3】図のように起電力30Vで内部抵抗のない電池V，電気容量が$1.0\,\mu$F，$2.0\,\mu$F，$6.0\,\mu$Fの3つのコンデンサーC_1，C_2，C_3，および抵抗値のわからない抵抗R_1，R_2とスイッチS_1，S_2からなる回路がある。

はじめ，2つのスイッチは開いていて，各コンデンサーには電荷は蓄えられていないものとする。以下の問いに答えなさい。

図

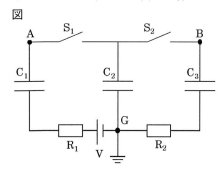

1　S_1だけを閉じて，十分に時間が経過した。

(1)　このとき，C_1の電気量と電圧を有効数字2桁で求めなさい。

(2)　このとき，C_1とC_2の静電エネルギーをそれぞれ有効数字2桁で求めなさい。

(3)　S_1を閉じてから十分に時間が経過するまでにR_1で発生したジュール熱を有効数字2桁で求めなさい。

2　1の状態から，S_1を開き，S_2を閉じて，十分に時間が経過した。

(1)　このとき，点Aと点Bの電位を有効数字2桁で求めなさい。ただし，接地点Gの電位を0Vとする。

(2)　S_2を閉じてから十分に時間が経過するまでにR_2で発生したジュール熱を有効数字2桁で求めなさい。

(☆☆☆◎◎◎)

【4】次の文中の[　　]に適当な語句または数式を入れなさい。

　　X線を物質に当てると，散乱されたX線の中に入射したX線と同じ波長のX線のほか，それよりも[　ア　]波長のX線が観測される。この現象を[　イ　]といい，X線が波動の性質だけでなく，粒子の性質をもつと考えることで説明できる。振動数νの光はプランク定数hを用いて，$E=$[　ウ　]のエネルギー，光速をcとして光の進む方向に$p=\dfrac{E}{c}$の大きさの運動量をもつ粒子の集まりとみなせる。このため，波長λのX線の光子は，$E=\dfrac{hc}{\lambda}$のエネルギーと$p=\dfrac{h}{\lambda}$の大きさの運動量をもつと考えられる。

　　この光子が物質中で静止している質量mの電子と衝突し，図のように同一平面上で光子が角θの方向に散乱され，電子は角ϕの方向に散乱されるとする。衝突が弾性的なら，衝突の前後で両者エネルギーの和と運動量の和は保存される。衝突後の電子の速さをv，衝突後のX線の波長をλ'とすると，エネルギーの保存則から，$\dfrac{hc}{\lambda}=$[　エ　]が成り立つ。また，運動量の保存則から図のx軸の方向に対して，$\dfrac{h}{\lambda}=$[　オ　]，y軸方向に対して，$0=$[　カ　]が成り立つ。ϕを消去し，散乱された電子の運動エネルギーを求めると，m，λ，λ'，h，θを用いて，$\dfrac{1}{2}mv^2=$[　キ　]となる。さらにvを消去し，$\lambda'\fallingdotseq\lambda$のとき$\dfrac{\lambda'}{\lambda}+\dfrac{\lambda}{\lambda'}\fallingdotseq2$と近似できるので，$\lambda'-\lambda\fallingdotseq$[　ク　]が得られる。

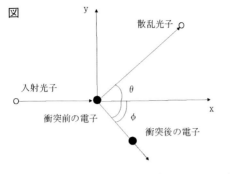

図

(☆☆☆◎◎◎)

【化学】

> 解答の際に必要ならば，次の値を使いなさい。
> 原子量　H＝1.0　　C＝12.0　　N＝14.0　　O＝16.0
> S＝32.1　　Cl＝35.5　　K＝39.1　　Ba＝137.3

【1】様々な分子や結晶及び化学結合に関する次の問いに答えなさい。

1　水分子についての記述として誤っているものはどれか。次のア～
　　エから1つ選んで，その符号を書きなさい。

　　ア　水分子の構造は折れ線形(くの字形)である。

　　イ　水分子の酸素原子と水素原子の間で共有されている電子は，酸
　　　　素原子の方に引き寄せられている。

　　ウ　水分子が金属イオンに水和するとき，水分子の水素原子が金属
　　　　イオンと結合する。

　　エ　水分子は，水素イオンを他の物質から受け取るとき，塩基とし
　　　　て働く。

2　次のa～dは，ナトリウム，銅，黒鉛(グラファイト)の3種類の物質
　　について，結晶構造の特徴を述べたものである。下線部が正しいも
　　のの組合せはどれか。以下のア～カから1つ選んで，その符号を書
　　きなさい。

a　ナトリウムの結晶(体心立方格子)では，<u>単位格子中に4個の原子が含まれている</u>。

b　銅の結晶(面心立方格子)では，どの原子も，<u>等距離にある8個の原子で囲まれている</u>。

c　黒鉛結晶内に存在する炭素原子の共有結合による平面構造どうしは，<u>弱い分子間力で引き合っている</u>。

d　銅と黒鉛では，<u>結晶内を動きやすい電子が存在する</u>ので，どちらの物質も電気をよく通す。

ア　a, b　　イ　a, c　　ウ　a, d　　エ　b, c
オ　b, d　　カ　c, d

3　銀は図1に示すように，面心立方格子からなる結晶をつくる。

図1

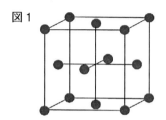

(1)　図1の立方体の一辺の長さは原子の半径の何倍になるか，求めなさい。ただし，根号は残したままにすること。

(2)　図1の単位格子の充填率は何%になるか，求めなさい。ただし，根号は残したままにすること。

4　塩化ナトリウムの結晶は，図2のように，Na^+とCl^-が交互に並んでいる。

図2

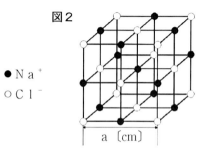

●　Na^+
○　Cl^-

a〔cm〕

(1)　塩化ナトリウムのイオン結晶において，Cl^-は，いくつのNa^+と隣接しているか。次のア～オから1つ選んで，その符号を書きなさい。

　　ア　2　　イ　4　　ウ　6　　エ　8　　オ　10

(2)　図2の単位格子の一辺の長さをa〔cm〕，結晶の密度をd〔g/cm³〕，アボガドロ定数をN_A〔/mol〕とするとき，塩化ナトリウムの式量Mを求める式をa，d，N_Aを用いて書きなさい。

(☆☆☆◎◎◎◎)

【2】第4周期までの元素に関する次の問いに答えなさい。

1　a～iの文は，次の周期表中の空欄の元素について述べたものである。それぞれに当てはまる元素の元素記号を書きなさい。ただし，同一の元素を何度答えてもよい。

H																	He
Li	Be											C	N	O	F		Ne
Na	Mg													P			
		Ca	Sc	Ti	V	Cr		Co	Ni	Cu	Zn	Ga	Ge	As	Se	Br	Kr

a　この元素の単体は水と激しく反応して溶解し，水素を発生する。溶けた後の水溶液は強い塩基性を示す。

b　この元素の単体を空気中で燃やすと還元性の気体が発生する。

c　この元素の酸化物は石英や水晶の成分であり，岩石圏に広く分布している。

d　この元素の単体は常温・常圧において単原子分子の気体である。

e　この元素の陽子数は17である。

f　この元素は遷移元素で，その酸化物は乾電池の材料として用いられる。

g　この元素は典型元素で，その酸化物はM_2O_3の組成をもつ両性酸化物である。

h　この元素の単体は，その酸化物を主成分とする鉱石を原料として溶融塩電解により製造され，金属として広い用途をもっている。

i　この元素は，窒素およびリンとともに植物の三大栄養素の一つで，その化合物には肥料として用いられるものがある。

2　次のa〜dに当てはまる単体は何か。以下のア〜コから1つずつ選んで，その符号を書きなさい。

a　常温・常圧では固体であり，塩酸には溶けて気体を発生するが，濃硝酸中では表面に酸化物の膜ができて溶けにくくなる。また，水酸化ナトリウム水溶液にも溶けて水素を発生する。

b　常温・常圧では赤味を帯びた固体であり，希塩酸には溶けないが，濃硝酸には赤褐色の気体を発生して溶ける。

c　常温・常圧では液体であり，ヨウ化カリウム水溶液からヨウ素を遊離させる。

d　常温・常圧では固体であり，塩酸とも水酸化ナトリウム水溶液とも反応して，水素を発生して溶ける。トタンに用いられる。

ア　亜鉛　　イ　アルミニウム　　ウ　塩素　　エ　オゾン
オ　銀　　　カ　臭素　　　　　　キ　水銀　　ク　鉄
ケ　銅　　　コ　フッ素

(☆☆☆◎◎◎)

【3】次の文章を読んで，以下の問いに答えなさい。

　難溶性の塩A_nB_mがある。これを純水に入れ，よくかき混ぜるとごくわずかに溶けて飽和水溶液となる。この飽和水溶液では，溶解した微量のA_nB_mが電離し，固体のA_nB_mと水溶液中のA^{p+}とB^{q-}の間に，次のような電離平衡が成り立っていると考えられる。

$$A_nB_m(固) \rightleftarrows nA^{p+} + mB^{q-} \quad \cdots \cdots \cdots (1)$$

　このとき，飽和水溶液中のA^{p+}のモル濃度$[A^{p+}]$のn乗とB^{q-}のモル濃度$[B^{q-}]$のm乗の積$[A^{p+}]^n[B^{q-}]^m$は，温度が変わらなければ，常に一定に保たれている。この積K_{sp}をA_nB_mの溶解度積といい，次のように表す。

$$K_{sp} = [A^{p+}]^n[B^{q-}]^m \quad \cdots \cdots \cdots \cdots (2)$$

1　次の難溶性塩の飽和水溶液における電離平衡を(1)式にならって記し，溶解度積K_{sp}を(2)式にならってそれぞれ書きなさい。

a　硫酸バリウム

b　クロム酸銀

2　硫酸バリウムは，25℃で純水100mLに2.5×10^{-4}g溶けて飽和する。この水溶液中では完全に電離しているものとして，25℃における硫酸バリウムの溶解度積を有効数字2桁で求めなさい。ただし，硫酸バリウムの溶解による溶液の体積変化は無視できるものとする。

3　1.0×10^{-3}mol/Lの塩化カルシウム水溶液10mLに2.0×10^{-3}mol/Lの硫酸マグネシウム水溶液10mLを加えて混合した。ただし，25℃における硫酸カルシウムの溶解度積は，$2.2 \times 10^{-5}(\text{mol/L})^2$とする。

(1)　硫酸カルシウムの沈殿が生じないとして，$[\text{Ca}^{2+}]$および$[\text{SO}_4^{2-}]$を有効数字2桁でそれぞれ求めなさい。

(2)　硫酸カルシウムの沈殿が生じるかどうかを，(1)で求めた値をもとに判断して，「沈殿する」または「沈殿しない」で書きなさい。

4　25℃において，塩化銀の飽和水溶液1.0Lに塩化カリウムを0.0746g加えたときの銀イオンの濃度を有効数字2桁で求めなさい。ただし，25℃における塩化銀の溶解度積は$1.8 \times 10^{-10}(\text{mol/L})^2$とし，溶解や析出による溶液の体積変化は無視できるものとする。

5　塩化銀の沈殿を含む水溶液に，アンモニア水を加えていくと錯イオンが生成する。この錯イオンの名称を書きなさい。

(☆☆☆◎◎◎)

【4】合成高分子化合物に関する次の問いに答えなさい。

1　触媒を用いて，アセチレンと酢酸を反応させると（　①　）が起こって，（　②　）が生成する。（　②　）から得られる重合体を（　③　）すると，ポリビニルアルコールが得られる。繊維状にしたポリビニルアルコールを，部分的に（　④　）したものが，ビニロンである。

(1)　文章中の①，③，④には，最も適切な反応の名称，②には化合物名を書きなさい。

(2)　②を表す示性式を例にならって書きなさい。

　　例　　$CH_2 = CHCl$

(3)　ポリビニルアルコールは，$+CH_2CH(OH)+_n$で表される高分子

化合物である。平均分子量4.4×10^4のポリビニルアルコール0.440gを，ホルムアルデヒドの水溶液で処理したところ，ビニロン0.461gが得られた。

a　はじめのポリビニルアルコールの重合度nはいくらか。最も適切な数値を，次のア～カから1つ選んで，その符号を書きなさい。

ア　100　　イ　200　　ウ　400　　エ　500　　オ　800

カ　1000

b　この実験で，ポリビニルアルコールのヒドロキシ基の何％がホルムアルデヒドと反応したか。最も適切な数値を，次のア～カから1つ選んで，その符号を書きなさい。

ア　25　　イ　30　　ウ　35　　エ　40　　オ　45　　カ　50

2　合成繊維であるナイロン66を発明したアメリカの化学者カロザースは，アミノ基を両端にもつジアミン$H_2N-(CH_2)_m-NH_2$のmの数と，カルボキシ基を両端にもつジカルボン酸$HOOC-(CH_2)_n-COOH$のnの数をいろいろ変えて縮合重合させ，アミド結合を形成させる方法を研究した。

(1)　ジアミンのmが6およびジカルボン酸のnが4の場合のそれぞれの物質名を書きなさい。

(2)　(1)の場合，縮合重合させたときの反応式を書きなさい。ただし，反応式中の化学式は，官能基がわかるように示しなさい。

(3)　縮合重合で生成した物質の窒素含有率が10.0％(質量比)であったとき，元のジアミンとジカルボン酸に含まれるCH_2基の合計$(m+n)$はいくらか。最も適切な数値を，次のア～オから1つ選んで，その符号を書きなさい。

ア　8　　イ　10　　ウ　12　　エ　14　　オ　16

(☆☆☆◎◎◎)

【生物】

【1】原核生物に関する次の問いに答えなさい。

1 原核細胞からなる生物を原核生物といい，その細胞は，(①)に包まれており，さらにその外側は(②)で覆われている。また，内部は液体状で，その部分を(③)といい，遺伝物質を含むDNAがむきだしとなって存在するほか，さまざまな物質が溶けて存在している。一部の原核生物の細胞の表面には多数の短い(④)と，1〜2本の長い(⑤)が存在する。

(1) 文章中の空欄①〜⑤に入る適切な語句を書きなさい。

(2) 原核生物として適切なものを，次のア〜オからすべて選んで，その符号を書きなさい。

　ア　イシクラゲ　　イ　アメーバ　　ウ　ミドリムシ
　エ　酵母　　　　　オ　大腸菌

(3) 化学肥料が使用される以前，レンゲソウは稲刈りの終わった田に植えて緑肥として使用していた。その理由について適切なものを，次のア〜エから1つ選んで，その符号を書きなさい。

　ア　レンゲソウに共生しているアゾトバクターが，空気中の窒素からアンモニウムイオンを合成するから。

　イ　レンゲソウに共生している根粒菌が，土壌中の硝酸イオンからアンモニウムイオンを合成するから。

　ウ　レンゲソウに共生しているアゾトバクターが，土壌中の硝酸イオンからアンモニウムイオンを合成するから。

　エ　レンゲソウに共生している根粒菌が，空気中の窒素からアンモニウムイオンを合成するから。

(4) 原核生物のシアノバクテリアがもつ光合成色素の名称を何というか，書きなさい。

2 図は，ある原核細胞における遺伝情報の転写と翻訳の過程を模式的に示したものである。ただし，リボソームで合成されたポリペプチドは描かれていない。

図

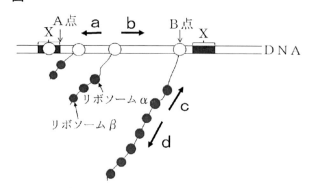

(1) リボソーム α とリボソーム β が図の位置にそれぞれあるとき，合成されたポリペプチドの分子量はどちらが大きいか。α，β のいずれかを書きなさい。

(2) RNAポリメラーゼが転写開始時に結合する領域Xの名称を何というか，書きなさい。

(3) 転写の方向と，翻訳の方向を図のa～dからそれぞれ選んで，符号で書きなさい。

(4) 図のA点からB点は遺伝領域であり，その長さが0.86 μ mであった。この遺伝領域がすべてタンパク質に翻訳されるものとすると，この遺伝子から合成されるタンパク質の分子量はいくらか，有効数字3桁で求めなさい。ただし，DNAの10ヌクレオチドで構成される鎖の長さを 3.4×10^{-6} mm，アミノ酸の平均分子量を118とする。

(☆☆☆◎◎◎)

【2】神経系と興奮の伝達に関する次の問いに答えなさい。

1　神経系は，ニューロンとそれを取り囲むグリア細胞などによって構成されている器官系で，そのニューロンは，核のある（　①　）と，多数の突起とからなっている。短い多数の突起は，（　②　）と呼ばれ，他のニューロンからの情報を受け取る。細長く伸びた突起は，（　③　）と呼ばれ，隣接するニューロンや効果器に情報を伝える。

からだ全体に分布する神経の多くの(③)は(④)細胞でおおわれており，(④)細胞が何重にも巻き付いて(⑤)と呼ばれる構造を形成している。(⑤)が見られる神経繊維を(⑥)神経繊維といい，見られない神経繊維を(⑦)神経繊維という。

(1) 文章中の空欄①～⑦に入る適切な語句を書きなさい。ただし，同じ番号には同じ語句が入る。

(2) ニューロン間の興奮の伝達は神経伝達物質により行われるが，神経伝達物質として適切でないものを，次のア～オから1つ選んで，その符号を書きなさい。

　ア　セロトニン　　　　　イ　ドーパミン
　ウ　ノルアドレナリン　　エ　トリプトファン
　オ　グルタミン酸

(3) (⑥)神経繊維と(⑦)神経繊維を比較すると伝導速度は(⑥)神経繊維のほうが大きくなる。その理由について説明しなさい。

(4) シナプスにおける興奮の伝達の仕組みについて，適切でないものを，次のア～エから1つ選んで，その符号を書きなさい。

　ア　神経伝達物質を放出する側の細胞をシナプス前細胞，受け取る側の細胞をシナプス後細胞という。

　イ　一度放出された神経伝達物質はしばらく分解されず受容体に作用し続けるため，シナプスを介した伝達は持続的である。

　ウ　神経終末の電位依存性カルシウムチャネルが開くことで，Ca^{2+}が神経終末内部に流入し，シナプス前膜とシナプス小胞が融合する。

　エ　神経筋接合部では，シナプス後膜のアセチルコリン受容体が，ナトリウムイオンチャネルのはたらきももつ。

2　カエルのふくらはぎの筋肉を座骨神経がつながった状態で取り出し，図の装置で神経および筋肉の収縮に関する実験を行った。

　〔実験〕図の神経と筋肉の接合部から3.0cm離れた座骨神経上のA点と，接合部から12cm離れたB点に，それぞれ別々に閾値以上の単

一の電気刺激を与え，筋肉の収縮を調べた。その結果，A点を刺激した場合は6.0ミリ秒後に，また，B点を刺激した場合は9.0ミリ秒後に，それぞれ筋肉が収縮をはじめた。

図

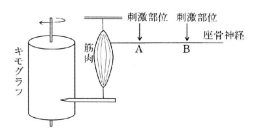

(1) A点に閾値以上の単一の刺激を与えた場合，キモグラフにはどのような筋肉の収縮が記録されるか，次図に書きなさい。

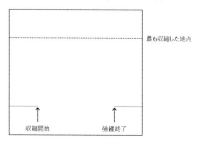

(2) 実験結果からカエルの座骨神経を興奮が伝導する速さは何m/秒か，求めなさい。

(3) 興奮が座骨神経の末端(筋肉の接合部)に到達した後，筋肉が収縮しはじめるまでに要する時間は何ミリ秒か，求めなさい。

(☆☆☆◎◎◎)

【3】遺伝子に関する次の問いに答えなさい。

1　親から子や孫へ伝わる情報を遺伝情報といい，この遺伝情報を担うものを遺伝子という。遺伝子の本体はDNAと呼ばれ，2本鎖からなる構造をしており，糖である(①)，リン酸，4種類からなる

(②)で構成されているヌクレオチドと呼ばれる単位が繰り返してできている。細胞が分裂するときには、全く同じDNAが複製される。DNAの複製の過程では、まず、DNAの2本鎖の塩基と塩基の間の(③)結合が切れて、(④)構造がほどけて部分的に1本鎖になる。1本鎖となったものがそれぞれ鋳型となり、鋳型の塩基に(⑤)的な塩基をもつヌクレオチドが結合する。鋳型上に並んだヌクレオチドは、(⑥)という酵素のはたらきによって次々に結合し、その結果、もとと同じ塩基配列をもつDNAが複製される。

(1) 文章中の空欄①〜⑥に入る適切な語句を書きなさい。

(2) 図は、DNAのヌクレオチドを構成する糖を模式的に示している。炭素には1〜5までの番号がつけられている。1つのヌクレオチドを構成するリン酸が結合する炭素と、ヌクレオチド鎖がつくられるとき他のヌクレオチドのリン酸と結合する炭素を、それぞれ番号で書きなさい。

図

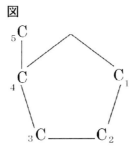

(3) 文章中のDNAの複製様式を何というか、書きなさい。

(4) DNAが複製されるときの開裂起点を何というか、書きなさい。

2 ある植物では、野生型に対して、丸葉をもつ系統、斑入り葉をもつ系統、草丈の低い系統がある。これらの形質は、それぞれ1対の対立遺伝子により決定され、丸葉(a)、斑入り葉(b)、草丈の低い(r)のいずれの形質も野生型(それぞれA, B, R)に対して潜性(劣性)である。なお( )内は、それぞれの遺伝子記号である。

　いま、これらの3組の対立遺伝子の関係を調べるために、2種類の純系個体を親として交配し、遺伝子型がすべてヘテロのF_1を得た。

表は，このF₁を検定交雑した結果である。なお，表現型の＋はそれぞれの形質が野生型であることを示す。

表

	表現型			個体数
①	丸葉	斑入り葉	草丈の低い	235
②	丸葉	斑入り葉	＋	231
③	＋	＋	＋	229
④	＋	＋	草丈の低い	225
⑤	＋	斑入り葉	草丈の低い	22
⑥	＋	斑入り葉	＋	21
⑦	丸葉	＋	草丈の低い	19
⑧	丸葉	＋	＋	18

(1) A(a)，B(b)，R(r)がすべて異なる相同染色体上に存在するものと仮定した場合，F₁を自家受精または検定交雑した結果，次世代におけるいずれの形質も野生型である個体の割合は，それぞれ理論上何％か。整数で求めなさい。

(2) 連鎖している2遺伝子の間の組換え価は何％か。整数で求めなさい。

(3) 表の②の個体を自家受精した結果，次世代における遺伝子型とその分離比を書きなさい。

(4) 表の④の個体を自家受精した結果，次世代におけるいずれの形質も潜性(劣性)である個体の割合は理論上何％か。整数で求めなさい。

(☆☆☆◎◎◎)

【4】生物の進化に関する次の問いに答えなさい。

1　2004年5月，洲本市の和泉層群から，関西で初めて恐竜の化石が発見された。発見された化石は歯骨や頸椎であった。さらに2006年8月には，地学愛好家の2人が丹波市山南町上滝地域の篠山層群で恐竜の肋骨と尾椎の化石を発見した。その後も丹波市や丹波篠山市の

篠山層群からは新たに恐竜の化石や両生類(カエル類)や爬虫類(ワニ類)，哺乳類の化石も発見されている。神戸層群では多数の植物化石やサイの仲間である哺乳類の化石も見つかっている。これらの地層には属さないが，南光町下三河(当時)では，サンゴの化石も発見された。

(1) 文章中の下線部の層群の地質時代(代)について，次のア～エから1つ選んで，その符号を書きなさい。

　　ア　先カンブリア時代　　イ　古生代　　ウ　中生代

　　エ　新生代

(2) 最初に両生類が出現した地質時代(紀)はいつか，その地質時代(紀)を書きなさい。

(3) 神戸層群の地質時代は下線部の層群と異なっている。神戸層群で発見された植物の化石として適切なものを，次のア～エから1つ選んで，その符号を書きなさい。

　　ア　リニア　　イ　クックソニア　　ウ　リンボク

　　エ　メタセコイヤ

(4) サンゴの化石のように，その化石をふくむ地層ができた当時の環境を推測できる化石を何というか，書きなさい。

(5) サンゴの化石が発見されたことから，当時の環境がどのようなものであったと推測できるか，説明しなさい。

2　ハーディー・ワインベルグの法則が成立しているある生物集団 α において，顕性(優性)遺伝子Aと，潜性(劣性)遺伝子aの遺伝子頻度をそれぞれpとq(ただし，$p+q=1$)とする。集団 α の個体数は25000個体で，うち2250個体が潜性(劣性)形質であった。

(1) ハーディー・ワインベルグの法則は次の5つの条件を備えた集団で成立する。「きわめて個体数が多い」，「自由に交配が行われる」，「集団内への移入や集団外への移出がない」，「自然選択がはたらかない」，残る1つの条件を書きなさい。

(2) pとqの値を求めなさい。

(3) この集団の次世代集団 β の個体数が33000個体であるとき，遺

伝子型Aaである個体数の割合は理論上何％になるか。整数で書きなさい。

(4)　環境の大きな変動によって，集団αの潜性(劣性)ホモ個体がすべて絶滅した。このとき次世代集団γの顕性(優性)遺伝子Aと潜性(劣性)遺伝子aの遺伝子頻度を，それぞれ小数第2位まで求めなさい。

(5)　集団γの個体数が28000個体であるとき，遺伝子型Aaである個体の割合は理論上何％になるか。整数で求めなさい。

(☆☆☆◎◎◎)

解答・解説

中　高　共　通

【1】1　(1)　①　○　　②　1　　③　◎　　④　9　　(2)　イ→ウ→ア
2　(1)　露点　　(2)　54〔％〕　　(3)　17〔g〕　　(4)　38〔％〕
〈解説〉1　(1)　空全体の面積を10としたときの雲量が，0，1は快晴，2〜8は晴れ，9，10は曇りである。　(2)　下層雲には層積雲・層雲・乱層雲，中層雲には高積雲・高層雲，上層雲には巻層雲・巻積雲・巻雲がある。　2　(1)　空気を冷やしていき，水滴ができ始める温度が露点である。　(2)　表より，20℃における飽和水蒸気量は17.3g/m³である。そこに9.4gの水蒸気が含まれているので，湿度は，$\frac{9.4}{17.3} \times 100 \fallingdotseq 54$〔％〕となる。　(3)　30℃における飽和水蒸気量は，30.4g/m³なので，湿度56％の空気1m³に含まれる水蒸気量は，30.4×0.56≒17〔g〕となる。　(4)　10℃で湿度70％の空気1m³に含まれる水蒸気量は，9.4×0.70＝6.58〔g〕になる。室温を20℃にすると，湿度は$\frac{6.58}{17.3} \times 100 \fallingdotseq 38$〔％〕となる。

【2】 1 (1) $2Mg+O_2 \rightarrow 2MgO$　　(2) 4.8〔g〕　　(3) 0.53〔g〕

　　2 (1) $CaCO_3+2HCl \rightarrow CaCl_2+H_2O+CO_2$　　(2) 1.00〔mol/L〕

　　(3) 83〔%〕

〈解説〉1 (1)　マグネシウムMgと酸素O_2が結びつき，酸化マグネシウム MgOが生成する。　(2)　図より，マグネシウム6gから酸化マグネシウムが10g生成するので，4gの酸素が化合している。マグネシウム7.2gと化合する酸素の質量をx〔g〕とすると，$6:4=7.2:x$より，$x=4.8$〔g〕 (3)　図より，銅8gから酸化銅が10g生成するので，2gの酸素が化合している。銅1.4gと化合する酸素の質量をy〔g〕とすると，$8:2=1.4:y$より，$y=0.35$〔g〕となる。これと同じ質量の酸素と化合するマグネシウムの質量をz〔g〕とすると，$6:4=z:0.35$より，$z \fallingdotseq 0.53$〔g〕

2 (1)　炭酸カルシウムは塩化水素と反応して，二酸化炭素，塩化カルシウム，水が生成する。　(2)　二酸化炭素CO_2の分子量は44である。表より，塩酸が20mLのとき，発生した二酸化炭素は0.44gであり，これは$\frac{0.44}{44}=0.010$〔mol〕である。(1)の化学反応式の係数比が物質量の比を表すので，反応した塩化水素の物質量は0.020molである。よって，この塩酸のモル濃度は，$0.020 \times \frac{1000}{20}=1.00$〔mol/L〕である。

(3)　表より石灰石から発生した二酸化炭素の最大の質量は1.10gなので，その物質量は$\frac{1.10}{44}=0.025$〔mol〕である。したがって，(1)の化学反応式より，反応した炭酸カルシウムの物質量は0.025molなので，炭酸カルシウム$CaCO_3$の式量は100より，その質量は$100 \times 0.025=2.5$〔g〕である。よって，3.0gの石灰石に含まれる炭酸カルシウムの質量パーセントは，$\frac{2.5}{3.0} \times 100 \fallingdotseq 83$〔%〕

【3】 1　トリチェリ　　2　76〔cm〕　　3　20.3〔N〕　　4　13.6〔g/cm³〕　　5　$\frac{y}{x}$〔倍〕

〈解説〉1　水銀柱による大気圧の測定は，トリチェリが行った実験である。　2　水銀柱が76〔cm〕＝760〔mm〕上昇したので，1〔気

圧〕＝760〔mmHg〕である。　3　1〔気圧〕＝1013〔hPa〕＝1013×10²〔N/m²〕である。また，ガラス管の内側の断面積は2.00〔cm²〕＝2.00×10⁻⁴〔m²〕である。よって，求める重さは(1013×10²)×(2.00×10⁻⁴)＝20.26≒20.3〔N〕　4　重力加速度の大きさを9.8m/s²とすると，3で求めた水銀柱の重さ20.3Nとなるときの水銀柱の質量は$\frac{20.3}{9.8}$〔kg〕であり，水銀柱の体積は2.00×76＝152〔cm³〕なので，水銀の密度は，$\frac{\frac{20.3}{9.8}×10^3}{152}$≒13.6〔g/cm³〕　5　密度が$x$倍になると，同じ質量となる体積が$\frac{1}{x}$倍になり，ガラス管の内側の断面積は一定なので液柱の高さも$\frac{1}{x}$倍になる。一方，大気圧がy倍になると，これとつり合う液柱の重さをy倍にするため，結果的に高さがy倍となる。これらを踏まえると，図のaの長さは$\frac{y}{x}$倍になる。

【4】1　(1)　フック　　(2)　リンネ　　(3)　ダーウィン　　(4)　パスツール　　(5)　フレミング　　(6)　グリフィス　　2　ア

〈解説〉1　(1)　ロバート・フックは，自作の顕微鏡でコルクの切片を観察し，細胞壁に囲まれた小室を細胞と名付けた。　(2)　リンネは分類学の父と呼ばれ，種を属名と種小名の組み合わせで命名する二名法を確立した。　(3)　ダーウィンは，「種の起源」を著し，その中で自然選択説を唱えた。　(4)　パスツールは，「生物は，無生物から自然に発生する」という自然発生説を，実験によって否定した。　(5)　アレクサンダー・フレミングは，ブドウ球菌の生育を阻害する物質として，抗生物質ペニシリンを発見した。　(6)　グリフィスは，病原性のないR型生菌と病原性のある煮沸S型死菌を混合したものをマウスに投与することで，R型菌がS型菌に変わり，マウスが死亡することを示した。2　イは2015年に寄生虫感染症治療法の開発，ウは2018年にがん免疫療法の開発，エは2012年に人工多能性幹細胞に関して，ノーベル生理学・医学賞を受賞している。

中 学 理 科

【1】 1 A ホールピペット B ビュレット 2 イ 3 0.05 〔mol/L〕 4 (COOH)$_2$＋2NaOH→(COONa)$_2$＋2H$_2$O 5 4.01〔％〕 6 ・潮解性がある ・空気中の二酸化炭素を吸収する

〈解説〉1 ホールピペットは，一定体積の液体を正確にはかり取るための器具である。また，ビュレットは滴下した液体の体積を正確にはかる器具である。 2 弱酸であるシュウ酸や酢酸と強塩基である水酸化ナトリウムを用いた中和滴定なので，終点は塩基性領域となる。したがって，変色域が塩基性領域であるフェノールフタレインを使用する。 3 (COOH)$_2$・2H$_2$Oの式量は126なので，3.15gでの物質量は$\frac{3.15}{126}$＝0.025〔mol〕である。これに含まれるシュウ酸(COOH)$_2$の物質量も0.025molであるので，求めるシュウ酸水溶液のモル濃度は0.025×$\frac{1000}{500}$＝0.05〔mol/L〕 4 シュウ酸は2価の酸であることに注意する。

5 水酸化ナトリウム水溶液の濃度をx〔mol/L〕とすると，シュウ酸は2価の酸，水酸化ナトリウムは1価の塩基なので，操作3の滴定の結果より，2×0.05×$\frac{10}{1000}$＝1×x×$\frac{19.4}{1000}$が成り立つので，x＝$\frac{1}{19.4}$〔mol/L〕である。次に，操作4において，希釈後の食酢の濃度をy〔mol/L〕とすると，酢酸は1価の酸なので，1×y×$\frac{10}{1000}$＝1×$\frac{1}{19.4}$×$\frac{13.1}{1000}$より，y≒0.0675〔mol/L〕となる。希釈前の食酢の濃度は，その10倍の0.675mol/Lである。CH$_3$COOHの分子量は60なので，食酢1Lに溶けている酢酸の質量は60×0.675＝40.5〔g〕である。一方，1Lの食酢の質量は，1.01×1000＝1010〔g〕なので，求める食酢の質量パーセント濃度は，$\frac{40.5}{1010}$×100≒4.01〔％〕 6 水酸化ナトリウム水溶液は濃度変化しやすいので，通常は本問のようにシュウ酸標準溶液で滴定して濃度を決定する。

【2】1　(1)　示準化石　　　(2)　ウ　　　(3)　X　　　(4)　西　　　(5)　27.5
〔m〕　　2　(1)　図3…等粒状組織　　図4…斑状組織　　　(2)　クロウ
ンモ　　　(3)　図3…ウ　　図4…イ
〈解説〉1　(1)　地層が堆積した時代を推定する際に用いるのは，示準化
　　石である。　　　(2)　ビカリアは新生代新第三紀，ナウマンゾウは新生代
　　第四紀，サンヨウチュウは古生代，トリケラトプスは中生代の示準化
　　石である。　　　(3)　図2より，A，B，Cのいずれの地点でも石灰岩層は1
　　つであり，これらが同じ時期に堆積したと考える。よって，石灰岩層
　　より下位の地層Yが最も早く堆積し，次に石灰岩の真上にある地層Zが
　　堆積し，最も遅い時代に堆積したのは地層Xとなる。　　　(4)　A地点で
　　は，標高40mから22.5m掘れば石灰岩の上面に達するので，その標高は
　　40－22.5＝17.5〔m〕である。同様に考えると，石灰岩の上面の標高は，
　　B地点では30－10＝20〔m〕，C地点では35－15＝20〔m〕である。よっ
　　て，直線BCを通る南北方向に地層は傾いておらず，そこから地点Aの
　　ある西の方向へ低くなるように地層は傾いている。　　　(5)　地点Dは，
　　地点Aの真北にあるので，地点Dでは石灰岩の上面は標高17.5mにある。
　　よって，45－17.5＝27.5〔m〕掘り進めると石灰岩層が現れる。
　　2　(1)　図3は，全ての結晶が大きく成長しているので，等粒状組織で
　　ある。図4は，斑晶と石基が見られることから，斑状組織である。
　　(2)　劈開が一方向で，決まった方向に薄くはがれる鉱物はクロウンモ
　　である。　　　(3)　図3はクロウンモとセキエイを含む深成岩なので，花
　　こう岩である。図4は，カンラン石を含む火山岩なので，玄武岩である。

【3】1　①　蒸散　　　②　気孔　　　③　吸水　　　2　エ　　　3　ア
　　4　ウ　　　5　a　維管束　　　b　網状脈　　　c　ツユクサ　　　d　胚珠
〈解説〉1　蒸散は，主に植物の葉の裏側に多く分布する気孔で行われる。
　　蒸散が行われると，植物の吸水は促進される。　　　2　植物が吸水しや
　　すく，空気が入らないように，水の中で茎に対して枝を斜めに切る。
　　3　光合成が行われる際に気孔が開いて水が蒸散するので，日光があ
　　り二酸化炭素を吸収しやすい場所の方が蒸散はさかんになる。

4 　気孔が葉の表側より裏側に多いことが既に確認されているので，葉の表側と裏側の蒸散量を比較するCとDの組合せが適切である。

5 　水や栄養分の通り道は，道管や師管の集まりである維管束である。被子植物のうち，アジサイなどは葉の網状脈や，主根と側根をもつ双子葉類である。一方，ツユクサなどは葉の平行脈やひげ根をもつ単子葉類である。いずれも裸子植物とは異なり，胚珠が子房で包まれている。

【4】 1 　(1)　A＜B＜D＜E＜C　　(2)　4.6〔倍〕　　2 　(1)　C＜B＝E＜A＝D　　(2)　A＜B＜D＜C＜E　　(3)　5.1〔倍〕

3 　(1)

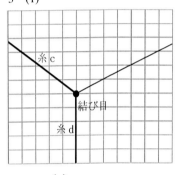

(2)　29〔g〕

〈解説〉1 　(1)　密度は単位体積あたりの質量なので，図1の原点と各点を結ぶ線分の傾きが密度を表す。よって，線分の傾きが小さい順に並べればよい。　(2)　密度が最も大きいものは金属球Cの$\frac{32}{3}$〔g/cm³〕である。密度が最も小さいものは金属球Aの$\frac{14}{6}$〔g/cm³〕である。よって，それらの密度を比較すれば，$\frac{32}{3} \div \frac{14}{6} \fallingdotseq 4.6$〔倍〕となる。　2 　(1)　電子てんびんが示す値は，金属球が受ける浮力の反作用の分だけ増加する。金属球にはたらく浮力の大きさは，金属球の体積に比例するので，体積の小さい順に並べればよい。　(2)　ばねばかりが示す値は，金属球の重さから浮力の大きさを引いた値となる。金属球1gあたりの重さ

は1gwであり，水中で金属球にはたらく浮力の大きさも1cm³あたり1gwである。これを踏まえて，それぞれの金属球をつるしたときのばねばかりが示す値を求めると，金属球Aは14－6＝8〔gw〕，金属球Bは20－5＝15〔gw〕，金属球Cは32－3＝29〔gw〕，金属球Dは32－6＝26〔gw〕，金属球Eは46－5＝41〔gw〕となる。これらを値の小さい順に並べればよい。　(3)　(2)より，最も値が大きいのは金属球E，最も値が小さいのは金属球Aなので，41÷8≒5.1〔倍〕　　となる。

3　(1)　金属球CとDの質量はいずれも32gと等しいので，糸cとdの張力の大きさは等しい。ここで，次図のように糸cとdの張力の大きさを5目盛りとして，これらの合力を作図すると，糸xの張力はこの合力と反対向きで等しい大きさとなる。

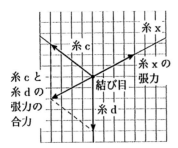

(2)　上図より，糸cとdの張力の合力の大きさは，$\sqrt{4^2+2^2}=2\sqrt{5}$ 目盛りで表せる。32gwの力の大きさを5目盛りで表しているので，この合力の大きさは$32\times\dfrac{2\sqrt{5}}{5}≒29$〔gw〕となる。糸xの張力はこれに等しいので，金属球の質量は約29gである。

高 校 理 科

【物理】

【１】１　$\sqrt{2gh}$　　２　速さ…$\sqrt{2g\{h-r(1-\cos\phi\}}$

垂直抗力 $\cdots\dfrac{2mgh}{r}+mg(3\cos\phi-2)$　　3　$\sqrt{gr\cos\theta}$　　4　$\dfrac{5}{2}r$

〈解説〉1　求める速さをv_Bとすると，力学的エネルギー保存の法則より，$mgh=\dfrac{1}{2}mv_B^2$　$\therefore$　$v_B=\sqrt{2gh}$　　2　点Bを基準とした点Cの高さは，$r(1-\cos\phi)$である。求める速さをv_Cとすると，力学的エネルギー保存の法則より，$mgh=mgr(1-\cos\phi)+\dfrac{1}{2}mv_C^2$が成り立つ。これを変形して，$v_C=\sqrt{2g\{h-r(1-\cos\phi)\}}$　また，求める垂直抗力の大きさをNとすると，円の半径方向の運動方程式は，$m\dfrac{v_C^2}{r}=N-mg\cos\phi$と表せるので，$N=m\dfrac{v_C^2}{r}+mg\cos\phi=\dfrac{2mgh}{r}+mg(3\cos\phi-2)$　　3　D点での円の半径方向の運動方程式は，求める速さをv_Dとすると，$m\dfrac{v_D^2}{r}=N+mg\cos\theta$である。ここで，小球が円軌道から離れたため垂直抗力Nが0となるので，$v_D=\sqrt{gr\cos\theta}$　　4　E点での速さをv_Eとすると，力学的エネルギー保存の法則より，$mgh=2mgr+\dfrac{1}{2}mv_E^2$より，$v_E^2=2gh-4gr$である。一方，E点での運動方程式$m\dfrac{v_E^2}{r}=N+mg$において，$N\geqq0$を満たせばよいので，$\dfrac{2gh-4gr}{r}-g\geqq0$　$\therefore$　$h\geqq\dfrac{5}{2}r$

【2】1　3.0×10^2〔K〕　　2　6.0×10^2〔K〕　　3　5.0×10^{-2}〔m³〕
4　7.5×10^3〔J〕　　5　6.9×10^3〔J〕　　6　-5.0×10^3〔J〕
7　1.9×10^3〔J〕　　8　0.13

〈解説〉1　気体の状態方程式より，求める温度は$\dfrac{(2.0\times10^5)\times(2.5\times10^{-2})}{2.0\times8.3}$ $\fallingdotseq3.0\times10^2$〔K〕　　2　A→Bの間は定積変化であり，温度は圧力に比例するので，求める温度は$(3.0\times10^2)\times\dfrac{4.0\times10^5}{2.0\times10^5}=6.0\times10^2$〔K〕　　3　B→Cの間は等温変化であり，体積は圧力に反比例するので，求める体積は$(2.5\times10^{-2})\times\dfrac{4.0\times10^5}{2.0\times10^5}=5.0\times10^{-2}$〔m³〕　　4　内部エネルギー変化$\Delta U$は，$\Delta U=\dfrac{3}{2}nR\Delta T$と表せる。よって，A→Bの間に増加した内部エネルギーは，1と2の結果を用いて，$\dfrac{3}{2}\times2.0\times8.3\times(6.0\times10^2-3.0\times$

$10^2) \fallingdotseq 7.5 \times 10^3$〔J〕　　5　B→Cの間に気体が外にした仕事が$6.9 \times 10^3$〔J〕であり，このとき等温変化なので内部エネルギーの変化は0である。よって，熱力学第1法則より，気体が外から得た熱量は6.9×10^3〔J〕である。　　6　C→Aの間ではピストンは圧縮されているので，気体が外にした仕事は負の値であり，問題文の$P-V$図の線分CAとV軸で囲まれた面積より，$2.0 \times 10^5 \times (2.5 \times 10^{-2} - 5.0 \times 10^{-2}) = -5.0 \times 10^3$〔J〕　　7　A→Bの間は定積変化より，気体が外にした仕事は0である。よって，1サイクルの過程で気体が外にした全仕事量は，B→C間とC→A間の合計なので，$6.9 \times 10^3 - 5.0 \times 10^3 = 1.9 \times 10^3$〔J〕　　8　1サイクルで気体が外から得た熱量は，A→Bの間の7.5×10^3〔J〕と，B→Cの間の6.9×10^3〔J〕の合計なので，14.4×10^3〔J〕である。よって，熱効率eは，$e = \dfrac{1.9 \times 10^3}{14.4 \times 10^3} \fallingdotseq 0.13$である。

【3】1　(1)　電気量…2.0×10^{-5}〔C〕　　　電圧…20〔V〕　　　(2)　$C_1 \cdots$ 2.0×10^{-4}〔J〕　　　$C_2 \cdots 1.0 \times 10^{-4}$〔J〕　　　(3)　3.0×10^{-4}〔J〕

2　(1)　点A　10〔V〕　　　点B　2.5〔V〕　　　(2)　7.5×10^{-5}〔J〕

〈解説〉1　(1)　十分に時間が経過し，流れる電流が0になったとき，コンデンサーC_1，C_2の電気量は等しく，これをQ〔C〕とおく。キルヒホッフの第2法則より，$\dfrac{Q}{1.0 \times 10^{-6}} + \dfrac{Q}{2.0 \times 10^{-6}} = 30$より，$Q = 2.0 \times 10^{-5}$〔C〕　このとき，$C_1$の電圧は，$\dfrac{2.0 \times 10^{-5}}{1.0 \times 10^{-6}} = 20$〔V〕　　　(2)　C_1の静電エネルギーは$\dfrac{1}{2} \times (1.0 \times 10^{-6}) \times 20^2 = 2.0 \times 10^{-4}$〔J〕，$C_2$の静電エネルギーは$\dfrac{1}{2} \times (2.0 \times 10^{-6}) \times (30-20)^2 = 1.0 \times 10^{-4}$〔J〕　　　(3)　C_1とC_2に蓄えられた静電エネルギーの和は3.0×10^{-4}〔J〕である。一方，起電力30Vの電池が回路にした仕事は，(1)より電気量が2.0×10^{-5}〔C〕なので，$30 \times (2.0 \times 10^{-5}) = 6.0 \times 10^{-4}$〔J〕である。これらの差が求める発生したジュール熱なので，$6.0 \times 10^{-4} - 3.0 \times 10^{-4} = 3.0 \times 10^{-4}$〔J〕となる。

2　(1)　スイッチの操作後，点Aの電位は，G→V→R_1→Aの経路の電

位の変化を考えると，$30-20=10$〔V〕　一方，十分に時間が経過して電流が0となったとき，C_2とC_3の電圧はいずれも点Bの電位に一致し，これをV_B〔V〕とする。電荷Qは保存するので，$(2.0\times10^{-6})\times V_B+(6.0\times10^{-6})\times V_B=2.0\times10^{-5}$となり，$V_B=2.5$〔V〕　(2)　C_2とC_3に蓄えられた静電エネルギーの和は，$\frac{1}{2}\times(2.0\times10^{-6})\times2.5^2+\frac{1}{2}\times(6.0\times10^{-6})\times2.5^2=2.5\times10^{-5}$〔J〕である。一方，1の状態で$C_2$に蓄えられていた静電エネルギーは$1.0\times10^{-4}$〔J〕であり，これらの差が求める発生したジュール熱なので，$1.0\times10^{-4}-2.5\times10^{-5}=7.5\times10^{-5}$〔J〕

【4】　ア　長い　　イ　コンプトン効果　　ウ　$h\nu$　　エ　$\frac{hc}{\lambda'}+\frac{1}{2}mv^2$

オ　$\frac{h}{\lambda'}\cos\theta+mv\cos\phi$　　カ　$\frac{h}{\lambda'}\sin\theta-mv\sin\phi$

キ　$\frac{h^2}{2m}\left(\frac{1}{\lambda^2}+\frac{1}{\lambda'^2}-\frac{2}{\lambda\lambda'}\cos\theta\right)$　　ク　$\frac{h}{mc}(1-\cos\theta)$

〈解説〉ア　衝突後は光子のエネルギーが減少するので，散乱X線の振動数は小さく，波長は長くなる。　イ　X線を物質に照射すると，入射波長より長い波長のX線が散乱される現象をコンプトン効果という。ウ　振動数νの光子1つは，エネルギー$h\nu$をもつ粒子として振る舞う。エ　散乱光子のエネルギーは$\frac{hc}{\lambda'}$であり，衝突後の電子の運動エネルギーは$\frac{1}{2}mv^2$である。　オ　散乱光子の運動量の大きさは$\frac{h}{\lambda'}$であり，衝突後の電子の運動量の大きさはmvである。それぞれのx軸方向の成分は，$\frac{h}{\lambda'}\cos\theta$と$mv\cos\phi$である。　カ　それぞれの運動量の$y$軸方向の成分は，$\frac{h}{\lambda'}\sin\theta$と$-mv\sin\phi$である。　キ　オとカの式から，$(mv\cos\phi)^2=\left(\frac{h}{\lambda}-\frac{h}{\lambda'}\cos\theta\right)^2$，$(mv\sin\phi)^2=\left(\frac{h}{\lambda'}\sin\theta\right)^2$　辺々足すと，$(mv)^2=\left(\frac{h}{\lambda}\right)^2+\left(\frac{h}{\lambda'}\right)^2-\frac{2h^2}{\lambda\lambda'}\cos\theta$となる。その両辺を$\frac{1}{2m}$倍すると，$\frac{1}{2}mv^2=\frac{h^2}{2m}\left(\frac{1}{\lambda^2}+\frac{1}{\lambda'^2}-\frac{2}{\lambda\lambda'}\cos\theta\right)$となる。　ク　エとキの式より，

$\frac{1}{2}mv^2$を消去すると，$\frac{hc}{\lambda}-\frac{hc}{\lambda'}=\frac{h^2}{2m}\left(\frac{1}{\lambda^2}+\frac{1}{\lambda'^2}-\frac{2}{\lambda\lambda'}\cos\theta\right)$となり，両

辺を$\frac{\lambda\lambda'}{hc}$倍すると，$\lambda'-\lambda=\frac{h}{2mc}\left(\frac{\lambda'}{\lambda}+\frac{\lambda}{\lambda'}-2\cos\theta\right)$となる。$\frac{\lambda'}{\lambda}+\frac{\lambda}{\lambda'}$

$\fallingdotseq2$より，$\lambda'-\lambda=\frac{h}{2mc}(2-2\cos\theta)=\frac{h}{mc}(1-\cos\theta)$

【化学】

【1】1　ウ　　2　カ　　3　(1)　$2\sqrt{2}$〔倍〕　　(2)　$\frac{50\sqrt{2}\pi}{3}$〔％〕

　　4　(1)　ウ　　(2)　$M=\frac{da^3N_A}{4}$

〈解説〉1　水分子の酸素原子は分極して負に帯電しており，これと金属
の陽イオンが静電気的に結合する。　2　a　体心立方格子の単位格子
中には，2個の原子が含まれる。　b　面心立方格子の単位格子では，
どの原子も12個の原子で囲まれている。　3　(1)　図1は面心立方格子
の単位格子であり，立方体の側面の対角線上で原子が接している。し
たがって，立方体の一辺の長さをa，原子の半径をrとすると，
$4r=\sqrt{2}a$より，$a=2\sqrt{2}r$　(2)　単位格子中には，頂点に$\frac{1}{8}\times8=1$

〔個〕，面上に$\frac{1}{2}\times6=3$〔個〕，合計4個の原子が含まれているので，こ

れらの体積の合計は$4\times\frac{4\pi r^3}{3}$である。一方，単位格子の体積は$a^3=$

$16\sqrt{2}r^3$である。よって，充填率は，$4\times\frac{4\pi r^3}{3}\times\frac{1}{16\sqrt{2}r^3}\times$

$100=\frac{50\sqrt{2}\pi}{3}$〔％〕　4　(1)　図2の結晶を2つ並べて1つの$Cl^-$を中心

におくと，前後，左右，上下の6個のNa^+が隣接することがわかる。
(2)　体積a^3の単位格子の中に，4個のNaClがあり，これらの質量の合

計は$\frac{4}{N_A}M$と表せる。よって，$da^3=\frac{4}{N_A}M$が成り立ち，$M=\frac{da^3N_A}{4}$

【2】1　a　K　　b　S　　c　Si　　d　Ar　　e　Cl　　f　Mn
　　g　Al　　h　Al　　i　K　　2　a　イ　　b　ケ　　c　カ　　d　ア
〈解説〉1　a　アルカリ金属のKであり，水とは$2K+2H_2O\rightarrow2KOH+H_2$と

反応する。　b　SO_2は還元性を示すので，Sが該当する。　c　純粋な石英や水晶はSiO_2なので，Siが該当する。　d　希ガス(貴ガス)のArである。　e　原子番号17のClである。　f　マンガン乾電池の正極にはMnO_2が用いられるので，Mnが該当する。　g　Mは価電子を3個もつのでAl_2O_3となるAlが該当する。　h　Alはボーキサイトに含まれるAl_2O_3を苛性ソーダで抽出し，電解浴中で溶融塩電解して製造する。i　植物の三大栄養素の一つなのでKが該当する。　2　a　両性元素のAlである。濃硝酸には不動態を形成する。　b　銅は，希塩酸や希硫酸とは反応しないが，硝酸や熱濃硫酸など酸化力の強い酸とは反応する。濃硝酸との反応では，赤褐色の二酸化窒素が生成する。　c　常温・常圧で液体なのは臭素である。ハロゲンの酸化力は，フッ素＞塩素＞臭素＞ヨウ素の順であり，$2KI+Br_2 \rightarrow 2KBr+I_2$と反応する。d　鉄の表面を亜鉛でメッキしたものがトタンである。

【3】1　a　電離平衡…$BaSO_4(固) \rightleftarrows Ba^{2+}+SO_4^{2-}$

溶解度積…$K_{sp}=[Ba^{2+}][SO_4^{2-}]$

b　電離平衡…$Ag_2CrO_4(固) \rightleftarrows 2Ag^++CrO_4^{2-}$

溶解度積…$K_{sp}=[Ag^+]^2[CrO_4^{2-}]$

2　$1.1×10^{-10}$〔$(mol/L)^2$〕　3　(1)　$[Ca^{2+}]…5.0×10^{-4}$〔mol/L〕$[SO_4^{2-}]…1.0×10^{-3}$〔mol/L〕　(2)　沈殿しない　4　$1.8×10^{-7}$〔mol/L〕　5　ジアンミン銀(Ⅰ)イオン

〈解説〉1　硫酸バリウム$BaSO_4$は，バリウムイオンBa^{2+}と硫酸イオンSO_4^{2-}からなる。クロム酸銀Ag_2CrO_4は，銀イオンAg^+とクロム酸イオンCrO_4^{2-}からなる。　2　$BaSO_4$の式量は233.4より，硫酸バリウムの飽和水溶液のモル濃度は，$\frac{2.5×10^{-4}}{233.4}×\frac{1000}{100} \fallingdotseq 1.07×10^{-5}$〔mol/L〕である。硫酸バリウムは完全に電離しているので，1の電離平衡の式より，$[Ba^{2+}]=[SO_4^{2-}]$なので$K_{sp}=[Ba^{2+}][SO_4^{2-}]=(1.07×10^{-5})^2 \fallingdotseq 1.1×10^{-10}$〔$(mol/L)^2$〕　3　(1)　2つの水溶液を10mLずつ混合するので，体積ははじめの2倍になり，各イオンのモル濃度は半分になる。よって，

$[Ca^{2+}]=1.0\times10^{-3}\div2=5.0\times10^{-4}$〔mol/L〕，$[SO_4{}^{2-}]=2.0\times10^{-3}\div2=$ 1.0×10^{-3}〔mol/L〕である。　(2)　(1)より，$[Ca^{2+}][SO_4{}^{2-}]=(5.0\times10^{-4})\times(1.0\times10^{-3})=5.0\times10^{-7}$〔(mol/L)^2〕である。これは，硫酸カルシウムの溶解度積である2.2×10^{-5}〔(mol/L)^2〕より下なので，CaSO$_4$は沈殿しない。　4　塩化銀の飽和水溶液において，$K_{sp}=[Ag^+][Cl^-]=1.8\times10^{-10}$〔(mol/L)^2〕なので，$[Ag^+]=[Cl^-]$とすると$[Cl^-]^2=1.8\times10^{-10}$より，$[Cl^-]\fallingdotseq1.34\times10^{-5}$〔mol/L〕である。一方，塩化カリウムKClの式量は74.6なので，加えたKClの物質量は$\dfrac{0.0746}{74.6}=1.00\times10^{-3}$〔mol〕である。よって，これを加えて，$[Cl^-]=1.34\times10^{-5}+1.00\times10^{-3}\fallingdotseq1.01\times10^{-3}$〔mol/L〕となるので，$[Ag^+]=\dfrac{K_{sp}}{[Cl^-]}=\dfrac{1.8\times10^{-10}}{1.01\times10^{-3}}\fallingdotseq1.8\times10^{-7}$〔mol/L〕
5　$AgCl+2NH_3\rightarrow[Ag(NH_3)_2]^++Cl^-$の反応が起こるので，AgClの沈殿は溶解する。

【４】１　(1)　①　付加　　②　酢酸ビニル　　③　けん化　　④　アセタール化　　(2)　$CH_2=CHOCOCH_3$　　(3)　a　カ　　b　ウ
２　(1)　ジアミン…ヘキサメチレンジアミン　　ジカルボン酸…アジピン酸
(2)
$$nH_2N-(CH_2)_6-NH_2 + nHOOC-(CH_2)_4-COOH$$
$$\rightarrow \quad \fbox{$NH-(CH_2)_6-NH-CO-(CH_2)_4-CO$}_n \ + \ 2nH_2O$$
(3)　エ
〈解説〉１　(1)　ビニルアルコールは不安定で直ちにアセトアルデヒドに変化するので，ポリビニルアルコールはポリ酢酸ビニルをけん化することで生成する。また，ポリビニルアルコールのアセタール化には，ホルムアルデヒド水溶液を用いる。　(2)　アセチレンに酢酸を付加させると，$CH\equiv CH+CH_3COOH\rightarrow CH_2=CHOCOCH_3$の反応が起こる。
(3)　a　重合度をnとすると，$\fbox{$CH_2=CHOH$}_n$の繰り返し単位の式量は44であるので，$44n=4.4\times10^4$より，$n=\dfrac{4.4\times10^4}{44}=1000$となる。
b　ビニロンの繰り返し単位2つ分がアセタール化されると，2つの－

OHが−OCH₂O−となるので，その部分の式量は12増加する。したがって，繰り返し単位1つあたりでは，式量が44から50になる。一方，アセタール化することで質量は0.44gから0.461gになったので，平均の式量は44から46.1に変化したことがわかる。よって，ヒドロキシ基がアセタール化された割合をxとすると，$44 \times (1-x) + 50x = 46.1$より，$x = 0.35$となる。つまり，ヒドロキシ基の35％がホルムアルデヒドと反応したことになる。　　2　(1)(2)　ヘキサメチレンジアミンのアミノ基の−Hと，アジピン酸のカルボキシ基の−OHから水が脱離する。

(3)　縮合重合で生成した物質のジアミン部分[−HN−$(CH_2)_m$−NH−]の式量は，$12.0m + 1.0 \times (2m+2) + 14.0 \times 2 = 14m + 30$，ジカルボン酸部分[−OC−$(CH_2)_n$−CO−]の式量は，$12.0 \times (n+2) + 1.0 \times 2n + 16.0 \times 2 = 14n + 56$である。その合計は，$14(m+n) + 86$となるが，窒素含有率が10.0％なので，$\{14(m+n) + 86\} \times 0.100 = 14.0 \times 2$より，$m + n \fallingdotseq 14$となる。

【生物】

【1】 1　(1)　① 細胞膜　② 細胞壁　③ 細胞質基質　④ 繊毛(線毛)　⑤ 鞭毛　(2)　ア，オ　(3)　エ　(4)　クロロフィルa　2　(1)　α　(2)　プロモーター　(3)　転写…b　翻訳…c　(4)　8.43×10^4

〈解説〉 1　(1)　原核生物のDNAは核膜に包まれておらず，細胞膜の中の細胞質基質にDNA，RNA，タンパク質などが存在する。細胞膜の外側は細胞壁に覆われている。一部の原核生物の細胞表面には，細胞表層からのびた繊毛と，1〜2本の長い鞭毛が存在する。　(2)　アメーバ・ミドリムシ・酵母はいずれも単細胞生物であるが，真核生物である。(3)　レンゲソウに共生している根粒菌は，窒素固定により大気中の窒素N_2からアンモニウムイオンNH_4^+を合成する。　(4)　シアノバクテリアがもつ光合成色素は，植物と共通でクロロフィルaである。

2　(1)　リボソームはRNAの先端に結合し，RNAポリメラーゼに向かって移動しながらポリペプチドを合成する。よって，先端からの距離

が長いαの方が合成したポリペプチドの分子量は大きい。　(2)　解答参照。　(3)　mRNAは5′→3′方向に伸長する。RNAポリメラーゼがより遠くへ移動している方が，mRNAが長いため，転写はbの向きに進んでいる。リボソームは，RNAの先端付近に結合してRNAポリメラーゼの方向に移動しながらポリペプチドを合成するので，cの向きに翻訳している。　(4)　公開解答では「8.43×10⁴」となっているが，正しくは「9.95×10⁴」と考えられる。A点からB点の間にあるヌクレオチドの数は，$\frac{0.86\times10^{-3}}{3.4\times10^{-6}}\times10\fallingdotseq2.53\times10^3$〔個〕である。ヌクレオチド3個が1つのアミノ酸をコードするので，アミノ酸の数は$\frac{2.53\times10^3}{3}$〔個〕，アミノ酸の平均分子量は118なので，合成されるタンパク質の分子量は，$\frac{2.53\times10^3}{3}\times118=9.95\times10^4$となる。

【２】1　(1)　①　細胞体　②　樹状突起　③　軸索　④　シュワン　⑤　髄鞘　⑥　有髄　⑦　無髄　(2)　エ　(3)　有髄神経繊維は，軸索の周りに電流を通しにくい髄鞘があるため，活動電流は髄鞘と髄鞘の間のランビエ絞輪の部分をつぎつぎと跳躍的に流れるから。　(4)　イ

2　(1)

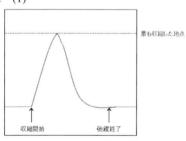

(2)　30〔m/秒〕　　(3)　5〔ミリ秒〕

〈解説〉1　(1)　細胞体には核がある。細胞体から伸びた軸索では活動電位が伝わり，隣接するニューロンや効果器に興奮を伝える。軸索にシュワン細胞が何重にも巻き付くと，髄鞘という構造が形成される。

(2) トリプトファンはアミノ酸の一種で，神経伝達物質ではない。

(3) 解答参照。 (4) 一度放出された神経伝達物質は，直ちに分解される。 2 (1) 閾値以上の刺激を与えた場合，短い潜伏期を経て筋肉が収縮し，その後弛緩してもとの状態に戻る。 (2) AB間の距離を時間差で割ればよいので，$\dfrac{0.12-0.030}{0.0090-0.0060}=30$ 〔m/秒〕となる。

(3) AB間の9.0cmを，興奮は3.0ミリ秒で伝わるので，A点から筋肉の接合部までの3.0cmを，興奮は1.0ミリ秒で伝わる。よって，筋肉の接合部に到着した後，筋肉が収縮し始めるまでに要する時間は，6.0－1.0＝5.0〔ミリ秒〕となる。

【3】 1 (1) ① デオキシリボース ② 塩基 ③ 水素 ④ 二重らせん ⑤ 相補 ⑥ DNAポリメラーゼ (2) リン酸…5′ 他のヌクレオチド…3′ (3) 半保存的複製 (4) 複製起点(レプリケーター) 2 (1) 自家受精…42〔％〕 検定交雑…13〔％〕 (2) 8〔％〕 (3) aabbRR：aabbRr：aabbrr＝1：2：1 (4) 21〔％〕

〈解説〉 1 (1) 糖・塩基・リン酸からなる構造をヌクレオチドという。DNAは2本のヌクレオチド鎖が，塩基どうしの水素結合により相補的に結合した二重らせん構造をとっている。 (2) ヌクレオチドのリン酸が結合する側の末端を5′末端といい，糖側の末端を3′末端という。

(3) もとの2本鎖DNAは1本ずつに分離し，それぞれが相補的な鎖を合成する。つまり，新しい2本鎖DNAにはもとのDNAが半分残る。

(4) 真核生物の複製起点は，1つのDNAに多数ある。 2 (1) ヘテロのF_1(AaBbRr)を自家受精させたとき，1組の対立遺伝子について，次世代の形質の野生型と潜性の系統の分離比は3：1である。よって，3組の対立遺伝子で野生型の形質の割合は，$\left(\dfrac{3}{4}\right)^3=\dfrac{27}{64}\fallingdotseq0.42$，つまり約42％である。一方，検定交雑をすると，潜性遺伝子をホモにもつ個体(aabbrr)と交雑するので，1組の対立遺伝子について，次世代の形質の野生型と潜性の系統の分離比は1：1である。よって，3組の対立遺伝子で野生型の形質の割合は，$\left(\dfrac{1}{2}\right)^3=\dfrac{1}{8}\fallingdotseq0.13$，つまり約13％である。

(2)　A(a)とB(b)の遺伝子に着目すると，表1より遺伝子型の分離比は
AB：Ab：aB：ab＝454：43：37：466となるので，ABとabが連鎖して
いるとわかり，その組換え価は$\frac{43＋37}{454＋43＋37＋466}×100＝8$〔％〕とな
る。また，B(b)とR(r)の遺伝子では，BR：Br：bR：br＝247：244：
252：257≒1：1：1：1であり，A(a)とR(r)の遺伝子は，AR：Ar：aR：
ar＝250：247：249：254≒1：1：1：1なので，いずれも独立している。
(3)　②の個体の遺伝子型はaabbRrである。その自家受精によって生じ
る次世代の遺伝子型は，A(a)とB(b)の遺伝子についてはaabbのみであ
り，R(r)の遺伝子についてはRR：Rr：rr＝1：2：1である。　(4)　④の
個体の遺伝子型はAaBbrrである。(2)より，ABとabが連鎖しており，
組換え価が8％なので，AaBbrrがつくる配偶子の遺伝子型はABr：
Abr：aBr：abr＝46：4：4：46である。よって，次世代の遺伝子型がい
ずれも潜性である個体の割合は$\left(\frac{46}{100}\right)^2≒0.21$，つまり約21％となる。

【4】1　(1)　ウ　　　(2)　デボン紀　　　(3)　エ　　　(4)　示相化石
(5)　暖かく，浅い海だったと考えられる。　　2　(1)　突然変異が起
こらない。　　(2)　$p＝0.7$　　$q＝0.3$　　(3)　42〔％〕　　(4)　$p＝$
0.77　　$q＝0.23$　　(5)　36(35)〔％〕

〈解説〉1　(1)　恐竜は，中生代のジュラ紀～白亜紀に繁栄し絶滅してい
るので，和泉層群の地質時代は中生代と考えられる。　(2)　最初に脊
椎動物が陸上進出したのは，両生類が出現した古生代のデボン紀と考
えられる。　(3)　神戸層群ではサイの仲間などの大型哺乳類の化石が
見つかっているので，地質時代は新生代と考えられ，その時期に栄え
たのはメタセコイアである。　(4)(5)　解答参照。　2　(1)　遺伝子そ
のものが変化しない，つまり突然変異が起こらない条件のもとで成立
する。　(2)　潜性形質の個体が25000個体のうち2250個体なので，遺
伝子頻度qについて，$q^2＝\frac{2250}{25000}＝0.09$より，$q＝0.3$である。また，$p＋$
$q＝1$なので，$p＝1－0.3＝0.7$となる。　(3)　ハーディー・ワインベル
グの法則が成立しているので，次世代の生物集団でも，$p＝0.7$，$q＝$
0.3となる。よって，遺伝子型Aaの頻度は，$2pq＝2×0.7×0.3＝0.42$，

つまり遺伝子型Aaの個体数の割合は42%である。　(4)　潜性ホモの個体が絶滅すると，各個体がもつ遺伝子型の比は，AA：Aa＝p^2：$2pq$＝0.49：0.42＝7：6となる。よって，Aの遺伝子頻度は，$\dfrac{2\times7+6}{2\times(7+6)}=\dfrac{20}{26}$＝$\dfrac{10}{13}≒0.77$，これに対して，aの遺伝子頻度は，$1-0.77=0.23$となる。　(5)　(4)より，$p=\dfrac{10}{13}$，$q=\dfrac{3}{13}$なので，遺伝子型Aaの頻度は，$2pq=2\times\dfrac{10}{13}\times\dfrac{3}{13}≒0.36$となる。つまり，遺伝子型Aaの個体数の割合は約36%である。

2022年度　実施問題

中　高　共　通

【1】生物のふえ方について，次の問いに答えなさい。

1　様々な生殖について，次の問いに答えなさい。

(1)　次のア～エのうち単細胞生物ではないものを1つ選んで，その符号を書きなさい。

ア　ミカヅキモ　　イ　ミジンコ　　ウ　ミドリムシ

エ　ゾウリムシ

(2)　アメーバの分裂のように，雌雄の親を必要とせず親の体の一部が分かれてそれがそのまま子になる生殖を何というか，書きなさい。

(3)　植物にも(2)と同じ生殖でふえていくものがある。例えば，サツマイモのいもは，土に植えておくと芽を出して葉・茎・根がそろい，新しい個体となって成長していく。このように，(2)の生殖の1つで，植物において，体の一部から新しい個体をつくる生殖のことを何というか，書きなさい。

2　動物のふえ方について，次の文を読んで，以下の問いに答えなさい。

イモリなどの(　　)は，受精によって子孫を残す。受精は，精子と卵によって行われ，受精した卵は受精卵と呼ばれる。受精卵は，細胞分裂を繰り返して胚を経て成体になる。

(1)　(　　)に入る適切なものを，次のア～エから1つ選んで，その符号を書きなさい。

ア　魚類　　イ　は虫類　　ウ　哺乳類　　エ　両生類

(2)　精子や卵など，子孫を残すための細胞を何というか，書きなさい。

(3)　下線部の過程を何というか，書きなさい。

(4)　(2)の細胞がつくられるときに行われる細胞分裂は，体細胞分裂と異なり，染色体の数がもとの細胞の半分になる。この細胞分裂を何というか，書きなさい。

(☆◎◎)

【2】酸とアルカリについて，次の問いに答えなさい。

1　酸性の水溶液について，次の文を読んで，以下の問いに答えなさい。

　　酸性の水溶液には，「緑色のBTB溶液を(　①　)に変色させる」「マグネシウムなどの金属を溶かして気体の(　②　)を発生させる」など，共通した性質がある。これは，酸性の水溶液中に(　③　)が生じているためである。中性である純水中にも，(　③　)が含まれている。

(1)　空欄①には適切な語句を，空欄②には適切な物質名を，空欄③には適切なイオン式をそれぞれ書きなさい。

(2)　下線部について，③が含まれているにも関わらず，純水が中性である理由を簡潔に書きなさい。

(3)　pH3の酸性の水溶液に含まれる③の濃度は，pH5の酸性の水溶液に含まれる③の濃度の何倍か，書きなさい。

2　アルカリ性の水溶液について，次の文を読んで，以下の問いに答えなさい。

　　アルカリ性の水溶液には，「フェノールフタレイン溶液を(　①　)に変色させる」など，共通した性質がある。これは，アルカリ性の水溶液中に(　②　)が生じているためである。例えば，アンモニアは水に溶けやすく，その水溶液はアルカリ性を示す。

(1)　空欄①に入る適切な語句，空欄②に入る適切なイオン式を書きなさい。

(2)　下線部の変化を反応式で書きなさい。

(3)　実験において水酸化ナトリウム水溶液をあつかう場合は，皮膚

につかないように注意し，目に入らないように保護眼鏡をかけて実験を行う必要がある。これは水酸化ナトリウムなどのアルカリ性の水溶液が，ある物質を変性させるからである。ある物質の名称を書きなさい。

(☆☆◎◎◎)

【3】図は，春分の日における太陽と地球の位置と，黄道12星座を示している。図をもとに，日本における星の見え方について答えなさい。

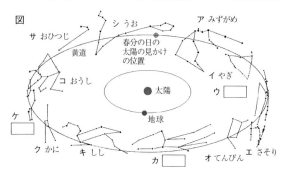

1　図のウ，カ，ケの空欄に入る星座名は何か，それぞれ書きなさい。
2　星の見え方の移り変わりについて説明した次の文の，空欄①，②に入る適切な語句を，それぞれ書きなさい。

　　毎日，同じ時刻に観測すると，地球の(　①　)によって，星座の位置が少しずつ西へ移動していく。この動きを星座の星の(　②　)という。

3　次の(1)，(2)の星座として適切なものを，図のア～シからそれぞれ1つ選んで，その符号を書きなさい。
　(1)　冬至の日において，太陽の位置にある星座
　(2)　秋分の日において，22時に南中している星座
4　今年は，a5月26日とb11月19日に月食が観測される。
　(1)　特に皆既月食のとき，地球の大気の影響によって月はどのように見えるか，その特徴を書きなさい。

(2)　a，bの月食の夜のうち，月の南中高度が高いのはどちらか。また，そのとき月は図のア〜シのどの星座の位置にあるか，それぞれ1つ選んで，その符号を書きなさい。

(☆☆☆☆◎◎◎)

【4】図のように，水平面と2つの斜面がなめらかにつながっている。60gの小球を斜面上の点Aから初速0で運動させたところ，小球は点Bを5.0m/sの速さで通過した後，区間BCで摩擦力によって減速して点Cを4.0m/sの速さで通過し，斜面上の点Dで運動を折り返した。重力加速度の大きさを9.8m/s²とし，区間BC以外では力学的エネルギーが保存されるとして，以下の問いに有効数字2桁で答えなさい。

1　小球にはたらく重力の大きさを求めなさい。
2　点Bにおける小球の運動エネルギーを求めなさい。
3　点Aの水平面からの高さは何mか，求めなさい。
4　点Dの水平面からの高さは，点Aの高さの何倍か，求めなさい。
5　小球が運動を折り返した後，区間BCで1回目の通過と同じ量だけ力学的エネルギーが減少した。小球が点Bを図の左向きに通過するときの速さを求めなさい。

(☆☆☆◎◎◎)

中 学 理 科

【1】水溶液とイオンについて，次の問いに答えなさい。
1　図1のような回路を用いて，砂糖，食塩，エタノール，デンプンのそれぞれの水溶液に電流が流れるかどうかを，電流計の針のふれから調べたところ，このうち1つの水溶液に電流が流れた。

図1

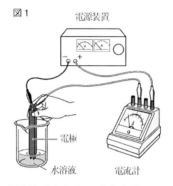

(1) 電流が流れた水溶液はどれか，書きなさい。

(2) (1)が水溶液中で電離しているようすを化学式を用いて書きなさい。

(3) 電流が流れた水溶液には，水にとかすと電離する物質が含まれている。このように水にとけて電離する物質を何というか，書きなさい。

2　図2のように，白金電極を用いて塩化銅(Ⅱ)水溶液に1.0Aの電流を1時間4分20秒間流して電気分解を行ったところ，陰極の質量が1.27g増加した。Cuの原子量を63.5，標準状態における1molの気体の体積を22.4Lとして，以下の問いに答えなさい。

図2

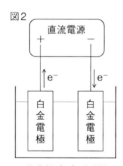

塩化銅（Ⅱ）水溶液

(1) 陽極ではある気体が発生した。この気体の名称を書きなさい。

(2) 陰極付近の変化をイオン反応式で書きなさい。

(3) この電気分解で用いた白金はイオンになりにくい性質の金属である。

一方，ナトリウムなどイオンになりやすい性質の金属もある。次の文の空欄①，②に入る適切な語句を書きなさい。

金属が水または水溶液中で電子を放出して(　①　)イオンになろうとする性質のことを金属の(　②　)という。

(4) 電気分解をする前と後の溶液の色の変化について説明した次の文の空欄①，②に入る適切な語句を書きなさい。

電気分解することによって溶液の(　①　)色は(　②　)くなる。

(5) 電気分解によって回路に流れた電子の物質量を求めなさい。

(6) 陽極で発生した気体の体積は標準状態で何mLか，求めなさい。

(7) 電気量は，電流の強さと電流を通じた時間の積で表される。1Aの電流が1秒間流れたときの電気量が1Cである。この実験結果から，1価のイオン1molを電気分解するのに必要な電気量を求めなさい。

(☆☆☆◎◎◎)

【2】消化と吸収について，次の問いに答えなさい。

1　消化に関する次の文章を読んで，以下の問いに答えなさい。

食物にふくまれている炭水化物や脂肪，タンパク質などの栄養分は，大きな分子でできていることが多く，そのままでは吸収できない。そのため，体のはたらきによって，これらの栄養分を分解して吸収されやすい状態に変えている。

<u>口から取り入れられた食物は，胃や腸などからなる消化管を通っていく</u>。その際，消化液のはたらきによって吸収されやすい状態になる。消化液には，食物を分解して吸収されやすい物質に変える消化酵素が含まれている。

(1) 五大栄養素は，炭水化物，脂肪，タンパク質，ビタミンとあと1つは何か，書きなさい。

(2) 下線部について，消化管のつくりと長さには，動物の食物の種

　　類に応じて違いがみられる。一般に草食動物の腸の長さは，肉食
　　動物の腸に比べてどうか，「消化」の語句を用いて，理由ととも
　　に簡潔に書きなさい。
２　図は，ヒトの消化に関係する器官を模式的に表したものである。
　　以下の問いに答えなさい。

図

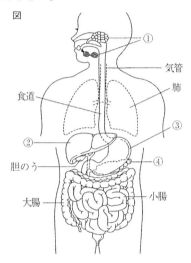

(1)　脂肪が消化液によって分解され，吸収される時には脂肪酸とど
　　のような物質になるか，適切なものを次のア～オから1つ選んで，
　　その符号を書きなさい。
　　ア　モノグリセリド　　イ　グリコーゲン　　　ウ　ビタミン
　　エ　アミノ酸　　　　　オ　グルコース
(2)　消化酵素とその消化酵素を分泌する器官の組み合わせとして適
　　切なものを，次のア～エから1つ選んで，その符号を書きなさい。
　　ア　アミラーゼ・④　　イ　リパーゼ・①
　　ウ　トリプシン・③　　エ　ペプシン・②
(3)　胆のうに蓄えられる胆汁には，消化酵素は含まれていないが，
　　五大栄養素の1つを分解しやすくするはたらきがある。この五大
　　栄養素の1つを書きなさい。

(4)　成人の小腸の壁全体の表面積と同じ程度の広さのものとして最も適切なものを，次のア〜エから1つ選んで，その符号を書きなさい。

ア　卓球台　　　　　　イ　土俵

ウ　テニスコート　　　エ　サッカーグラウンド

(5)　物を食べると意識には関係なく自然に消化液が分泌される。このように刺激に対して無意識に起こる，生まれつきもっている反応のことを何というか，書きなさい。

(☆◎)

【3】図のように，焦点距離4.0cmの凸レンズから12cm離れたところに，長さ6.0cmの物体を置いたときについて，以下の問いに答えなさい。

なお，レンズは十分にうすいため，レンズの中央で1回だけ屈折すると考えてよい。

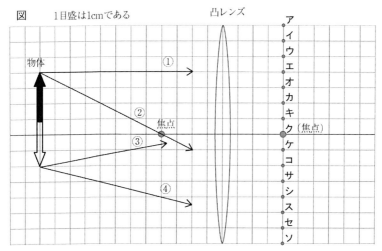

1　図のように凸レンズの中心を通り，レンズの表面の中心に垂直な直線を何というか，書きなさい。

2　物体の矢印の先から出た①〜④の光は，凸レンズを通った後に，どのように進むか。点ア(を通る)，ウエ間(を通る)のように，ア〜

ソの符号を使って，それぞれ書きなさい。ただし，光が各点の間を通るときは，隣り合う2つの符号を使って，書きなさい。

3　このときの像について書かれた次の文の，空欄i〜ivに入る適切な語句または数値を，それぞれ書きなさい。ただし，空欄に選択肢がある場合は，適切なものを1つ選びなさい。

　スクリーンを凸レンズから(i)cmの位置に置くと，スクリーン上に長さ(ii)cmの，上下左右が(iii　同じ・逆　)向きの(iv　実像・虚像　)が映る。

(☆☆☆◎◎◎)

【4】図1は，ある年の9月11日と，9月13日の日本付近の天気図である。以下の問いに答えなさい。

図1

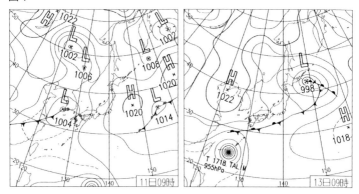

1　天気図において，実線の等圧線は何hPaごとに書かれているか，書きなさい。

2　図1から，地球規模での大気の動きによって，前線を伴った低気圧は西から東に移動していることがわかる。

(1)　この日本付近の低気圧の移動の原因となる風を何というか，書きなさい。

(2)　(1)の風が強く吹く高度として最も適切なものを，次のア〜エから1つ選んで，その符号を書きなさい。

　ア　10km　　イ　30km　　ウ　100km　　エ　300km

(3)　13日の天気図に見られる前線を伴った低気圧の，11日から13日の2日間の平均の速さとして最も適切なものを，次のア〜エから1つ選んで，その符号を書きなさい。

　ア　5km/h　　イ　10km/h　　ウ　50km/h　　エ　100km/h

(4)　図2は，北半球の地表付近における大気の動きを，矢印で表したものである。図2にならって，南半球の地表付近における大気の動きを，右の図に矢印で表しなさい。

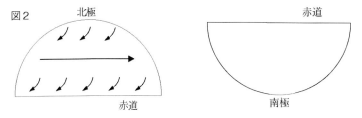

図2

3　図1には，さまざまな前線が見られる。

(1)　13日の天気図には4種類の前線が見られる。そのうち，最も北と最も南に見られる前線は何か，それぞれ書きなさい。

(2)　11日から13日の間に，前線が神戸市を通過したと考えられる。この前線の通過によって神戸市で観測された4種類の雲形の推移として，最も適切なものを，次のア〜エから1つ選んで，その符号を書きなさい。

　ア　巻雲　→積乱雲→高層雲→乱層雲

　イ　巻雲　→高層雲→乱層雲→積乱雲

　ウ　高層雲→乱層雲→巻雲　→積乱雲

　エ　高層雲→積乱雲→巻雲　→乱層雲

4　図1では，発生した台風が日本に接近している。

(1)　台風はハリケーンなどと同じく，熱帯低気圧が発達して生じる。次のア〜カのうち，熱帯低気圧が台風になるときの条件の基準となるものをすべて選んで，その符号を書きなさい。

　ア　移動する速さ　　イ　大きさ　　　　ウ　降水量

エ　中心気圧　　　　オ　中心の位置　　　カ　風速

(2)　ある台風がほぼ真北に向かって進んだとき，同緯度に位置する
地点A〜Cにおける台風の風の観測結果は次のとおりであった。
地点A〜Cのうち，最も西にある地点と，最も東にある地点をそ
れぞれ選び，A〜Cの符号を書きなさい。

地点A：はじめ南東の風が吹き，それから強い南風となった後，
　　　　南西の風となった。

地点B：北東の風が吹き始めた後，風向きが北，北西，西と変わ
　　　　った。

地点C：北東の風から北よりの強い風に変わり，風が止まった後，
　　　　強い南よりの風が吹いた。

(☆☆☆☆◎◎◎)

高　校　理　科

【物理】

【１】図のように，高さa，長さbで質量mの一様な直方体を，傾きが角θ
のあらい斜面上においた。物体と斜面との間の静止摩擦係数をμ，重
力加速度の大きさをgとする。以下の問いに答えなさい。

図

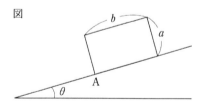

1　斜面の傾きがθのとき，直方体が静止している。直方体にはたら
く垂直抗力Nと静止摩擦力Fの大きさを求めなさい。

2　いま，角θをしだいに大きくしていくと，直方体はすべり出すか
点Aのまわりに回転して傾くかのどちらかが起こる。

(1)　傾くことなくすべり出す場合を考える。すべる直前の斜面の傾

きの角を θ_1 として，静止摩擦係数 μ を求めなさい。

(2) すべり出すことなく直方体が傾き始める場合を考える。直方体が傾く直前の斜面の傾きの角を θ_2 として，$\tan \theta_2$ を求めなさい。

(3) この直方体が傾くより先にすべり出すときの条件を μ，a，b を用いて表しなさい。

(☆☆☆◎◎◎)

【2】気体分子の運動について述べた次の文章の[　]に入る適切な文字式をそれぞれ答えなさい。

図のように，なめらかな壁をもつ一辺の長さ L の立方体の容器に，単原子分子1個の質量が m の理想気体の分子が N 個入っている。気体分子どうしの衝突は考えないものとし，気体分子は壁との衝突から次の衝突までの間，等速直線運動を行うものとする。

図

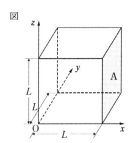

容器内において，1個の分子が図の壁面Aに x 方向の速度成分 v_x で弾性衝突したとき，壁面Aに与える力積は[　ア　]である。分子が壁面Aと衝突してから再び壁面Aに衝突するまでの時間は[　イ　]である。この分子は時間 t の間に[　ウ　]回壁面Aと衝突するので，この分子によって壁面Aが受ける平均の力の大きさは $f=$[　エ　]である。

容器中には N 個の気体分子があり，これらはそれぞれいろいろな速度で運動している。全分子の速さの2乗の平均値 $\overline{v^2}$ を三平方の定理を用いて各成分の2乗の平均値で表すと $\overline{v^2} = \overline{v_x^2} + \overline{v_y^2} + \overline{v_z^2}$ であり，等方性より $\overline{v_x^2} = \overline{v_y^2} = \overline{v_z^2}$ なので，N 個の分子が壁面Aに与える力 F を $\overline{v^2}$ を用いて表すと $F=$[　オ　]となる。したがって，壁面Aにはたらく圧力 p は $p=$

[　カ　]である。

　状態方程式$pV=nRT$と[　カ　]を比較すると，分子1個の平均運動エネルギー$\overline{E}$はアボガドロ定数N_A，気体定数R，絶対温度Tを用いて$\overline{E}=$[　キ　]と表される。

(☆☆☆◎◎◎)

【3】図のように，電圧がそれぞれ125Vと75Vの直流電源V_1とV_2，抵抗値がそれぞれ30Ω，10Ω，5.0Ωの抵抗R_1，R_2，R_3，3個のスイッチS_1，S_2，S_3からなる回路がある。以下の問いに答えなさい。

図

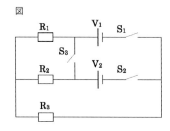

1　スイッチS_1とS_3を閉じて，S_2を開いた。
　(1)　抵抗R_1を流れる電流の大きさを求めなさい。
　(2)　抵抗R_2を流れる電流の大きさを求めなさい。
2　スイッチS_1とS_2を閉じて，S_3を開いた。
　(1)　抵抗R_1を流れる電流の大きさを求めなさい。
　(2)　抵抗R_2を流れる電流の大きさを求めなさい。
　(3)　抵抗R_3を抵抗R_4に取り替えたとき，抵抗R_2には電流が流れなかった。抵抗R_4の抵抗値を求めなさい。

(☆☆☆◎◎◎)

【4】次の文章の[　　]に入る適切な文字式や語句をそれぞれ答えなさい。
　1個の陽子を中心とし，1個の電子が等速円運動している水素原子模型を考える。水素原子はいくつかの定常状態をもち，定常状態では電磁波を出さない。今，定常状態にある水素原子の電子の円運動の半径

をr，速さをv，量子数をnとし，電子の質量とプランク定数をそれぞれm，hとすると，量子条件は$2\pi r=$[　ア　]で表される。クーロンの法則の比例定数をkとすれば，陽子と電子の間に作用する静電気力の大きさは，両者の電気量の大きさeを用いて，[　イ　]で表される。電子が円運動をするためには，電子にはたらく静電気力が向心力とならなければならない。したがって，[　ウ　]＝[　イ　]が成立する。以上からvを消去すると，$r=$[　エ　]となる。一方，電子の全エネルギーEは静電気力による位置エネルギー(基準を無限遠にとる)と運動エネルギーの和で示され，$E=$[　オ　]$+\dfrac{1}{2}mv^2$で与えられる。v，rを消去すると，量子数nの定常状態の軌道電子のエネルギーE_nは$E_n=$[　カ　]となる。$n=1$のときのエネルギー準位の状態を水素原子の[　キ　]という。$n>1$のときのエネルギー準位の状態を[　ク　]という。

電子がエネルギー準位E_nからそれよりも低いエネルギー準位$E_{n'}$へ移るときに放出される光の波長をλとすると，E_n，$E_{n'}$，h，光の速さcを用いて，$\dfrac{1}{\lambda}=$[　ケ　]と表される。

(☆☆☆◎◎◎)

【化学】

【1】表に示した5種類の原子の電子軌道を参考にして，原子の結合等を説明した以下の文章を読んで，あとの問いに答えなさい。

表

電子殻	K	L		M			N	
電子軌道	1s	2s	2p	3s	3p	3d	4s	4d
H	1							
B	2	2	1					
N	2	2	3					
K	2	2	6	2	6		1	
Br	2	2	6	2	6	10	2	5

K原子の[　ア　]は，419kJ/molであり，その値は比較的《イ　大きい・小さい》のでK$^+$になりやすい。Br原子の[　ウ　]は，325kJ/molであり，その値は比較的《エ　大きい・小さい》のでBr$^-$になりやすい。K原子とBr原子とが結合する場合，電子の移動によってK原子は

[　オ　]原子と，Br原子は[　カ　]原子と同じ電子配置となり，[　キ　]結晶をつくる。

　Br原子のN殻の電子は，3組の電子対と1個の[　ク　]電子とからなっており，Br$_2$分子ではこの[　ク　]電子が共有されて，《ケ　単・二重・三重》結合がつくられている。また，N原子のL殻の電子を考えると，N$_2$分子では《コ　単・二重・三重》結合がつくられることがわかる。

　HBr分子の化学結合も共有結合であるが，H原子とBr原子の[　サ　]に差があるため，結合に極性があり，分子全体として極性を示す。3原子以上からなる分子では，分子の極性は構成原子の種類だけでなく，分子の形にも依存する。例えば，《シ　水・二酸化炭素・二硫化炭素》や《ス　テトラクロロメタン・アンモニア・ベンゼン》に極性が現れる。

　N原子では，(a)2s軌道とすべての2p軌道から新しい等価な軌道がつくられる。従って，[　セ　]個の[　ク　]電子と1組の電子対ができ，H原子と結合してNH$_3$分子が形成される。NH$_3$分子は結合に関与しない[　ソ　]電子対をもつ。

　B原子とF原子との結合では，B原子の(b)2s軌道と2p軌道から新しい等価な軌道がつくられるので，B原子は[　タ　]個の[　ク　]電子をもち，これによってBF$_3$分子が形成される。BF$_3$分子とNH$_3$分子との反応により形成されるB原子とN原子の結合は，[　チ　]原子の[　ソ　]電子対を一方的に他方に提供することで結合ができる。このような結合を特に[　ツ　]結合と呼ぶ。

1　空欄ア〜ツに入る適切な語句，元素記号または数値を書きなさい。ただし，《　　》は，適切なものを選んで書きなさい。

2　下線部(a)のように，NH$_3$分子が形成される場合のN原子における軌道を何と呼ぶか書きなさい。

3　下線部(b)のように，BF$_3$分子が形成される場合のB原子における軌道を何と呼ぶか書きなさい。

4　[　ツ　]結合を含む物質として適切なものを，次のア〜エから1つ

選んで，その符号と化学式を書きなさい。

ア　水酸化銅(Ⅱ)　　　イ　ヘキサシアニド鉄(Ⅱ)酸カリウム
ウ　塩化カルシウム　　エ　1,2-ジブロモエタン

(☆☆☆◎◎◎)

【2】次の文章を読んで，以下の問いに答えなさい。ただし，ファラデー定数は9.65×10^4C/molとする。

　水酸化ナトリウムを水に溶解し，0.100mol/Lの水酸化ナトリウム水溶液を調整した。水酸化ナトリウムのように，水に溶けるとアルカリ性を示し，水溶液中ではほぼ完全に電離するものを[　ア　]という。

　この水酸化ナトリウム水溶液をビーカーにとり，図1に示すように直流電源と白金電極を用いて電気分解の実験を行った。一般に電気分解の実験においては，陰極では，周りの分子やイオンが電極から電子を受け取る反応が起こる。この実験では，電極Bにおいて[　イ　]が電子を受け取り，[　ウ　]イオンを生じ，[　エ　]が気体として発生する。一方，電極Aでは，(a)電極が電子を受け取る反応が起こり，[　オ　]が気体として発生する。

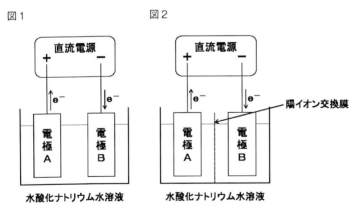

　電極Aおよび電極Bにおいて上記の反応が起こるのに伴って，水溶液中では[　カ　]イオンが[　キ　]の向きに移動し，これにより水酸化ナトリウム濃度が均一に保たれる。しかし，図2のように，陽イオンの

みを選択的に通過させる陽イオン交換膜で電極の間を仕切ると，通電に伴って[　ク　]イオンが[　ケ　]の向きに移動するので，《コ　電極A・電極B》が存在する側の水溶液中には，(b)水酸化ナトリウムが濃縮される。

1　空欄ア～コに入る適切な語句を書きなさい。

　　ただし，空欄キおよびケには，次の①か②のどちらかを選び，その符号を書きなさい。

　　また，《　　》は，適切なものを選んで書きなさい。

　　①　電極A　→　電極B　　　②　電極B　→　電極A

2　下線部(a)を化学反応式で書きなさい。ただし，電子はe⁻で表すこと。

3　下線部(b)について，0.150Aの電流を2.00×10^3秒間流したとき，濃縮された側の水酸化ナトリウム水溶液のモル濃度を有効数字3桁で求めなさい。ただし，電極Aおよび電極Bのどちらの電極側の水溶液の体積も100mLであり，イオンの移動，電気分解や蒸発などの影響による体積の変化は無視できるものとする。

(☆☆☆◎◎◎◎)

【3】アンモニアソーダ法(ソルベー法)による炭酸ナトリウムの製造は，主に次の工程から成っている。これらの工程に関して，以下の問いに答えなさい。ただし，原子量は次の値を使いなさい。H＝1.0，C＝12，N＝14，O＝16，Na＝23，Cl＝35.5

〔工程1〕原料塩(粗製塩化ナトリウム)を海水に溶かし，石灰乳を加えて不純物のマグネシウム分を沈殿させて除き，次にアンモニア，二酸化炭素を通じてカルシウム分を沈殿させて除く。

　　※　石灰乳：$Ca(OH)_2$の微粉を水中に分散させた乳状の懸濁液

〔工程2〕〔工程1〕で得られた塩化ナトリウム飽和水溶液をアンモニア吸収塔の上から流し，アンモニアを飽和させる。この水溶液をソルベー塔(炭酸化塔)の上から流し，二酸化炭素を飽和させると沈殿を生じる。

〔工程3〕〔工程2〕で得られた沈殿を母液から分離し，水洗後約200℃
　　　　　で焼く。

〔工程4〕〔工程2〕の母液からアンモニアを回収する。

1　〔工程1〕で，マグネシウム及びカルシウムは化合物として除かれ
　る。それぞれの化合物を化学式で書きなさい。

2　〔工程2〕および〔工程3〕で起こる変化をそれぞれ化学反応式で書
　きなさい。

3　〔工程4〕で，母液に$Ca(OH)_2$を作用させることによりアンモニアを
　回収する反応を化学反応式で書きなさい。

4　〔工程2〕における反応が完全に進むものとして，水200kg，塩化ナ
　トリウム70kg，アンモニア30kg，二酸化炭素40kgの原料から得られ
　る沈殿の最大質量は何kgか。有効数字2桁で求めなさい。

5　原料塩(粗製塩化ナトリウム)の70％が炭酸ナトリウム製品になると
　して，無水炭酸ナトリウム1.0tを得るためには，原料塩を何t必要と
　するか。有効数字2桁で求めなさい。

6　塩化ナトリウムの飽和水溶液から塩化ナトリウムの結晶を析出さ
　せるために吹き込む気体として適切なものを，次の中から1つ選ん
　で，その気体の化学式を書きなさい。

　　塩化水素　　アンモニア　　二酸化炭素　　酸素　　窒素
　　アルゴン

　　　　　　　　　　　　　　　　　　　　　　（☆☆☆◎◎◎◎）

【4】ある人工甘味料Aは，ショ糖の100倍以上甘く，様々な食品の甘味
　料として使用されているものである。Aはα-アミノ酸の一種であるア
　スパラギン酸と，別のα-アミノ酸Bのメチルエステルから生成するジ
　ペプチドである。次の問いに答えなさい。ただし，原子量は次の値を
　使いなさい。H＝1.0，C＝12，N＝14，O＝16

1　アスパラギン酸は，図1に示す構造式で表され，不斉炭素原子が存
　在する。アスパラギン酸の2種類の光学異性体を，不斉炭素原子を
　中心として図2にならって立体的に書きなさい。

図1

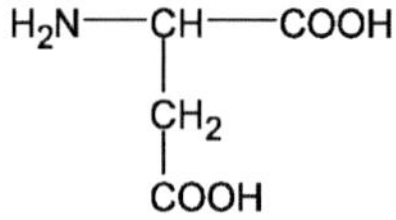

H₂N—CH—COOH
　　　CH₂
　　　COOH

の形を構造式で。

図2

CHO / HOH₂C⁗C—H / HO ， CHO / H—C⁗CH₂OH / OH

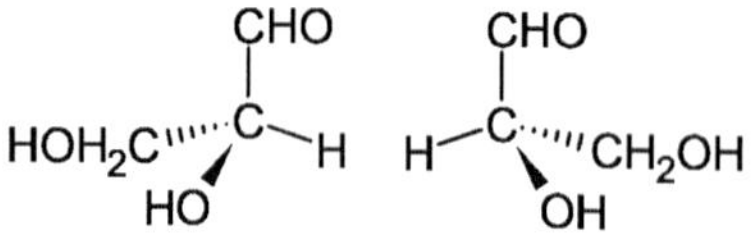

太い線で表された結合は紙面の手前，破線で表された結合は紙面の向こう側にあることを示す

2　アスパラギン酸の(1)および(2)の水溶液中で最も多く存在する状態を構造式で書きなさい。ただし，構造式は図1のように書くこと。

　(1)　pH1

　(2)　pH13

3　Bは，炭素，水素，酸素，窒素のみで構成される。元素分析の結果，B5.00g中には，炭素3.28g，水素0.336g，窒素0.424gが含まれていることがわかった。Bの組成式を書きなさい。

4　Bのみからなるジペプチドの分子量は312である。Bの分子式を書きなさい。

5　ある測定の結果，Bの分子内にはベンゼン環が存在するが，メチル基は存在しないことがわかった。Bの構造式を書きなさい。ただし，構造式は図1のように書き，ベンゼン環については，図3に示した書き方を用いること。

図3

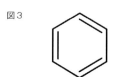

6　Bのメチルエステルとアスパラギン酸が脱水縮合すると，アミド結合をもつ2種類の化合物が生じる。そのうち甘味をもつAはアスパラギン酸由来の図4の部分がそのまま残っている。Aの構造式を書きなさい。ただし，構造式は図1のように書き，ベンゼン環については，図3に示した書き方を用いること。

図4

—CH₂COOH

(☆☆☆☆◎◎◎◎)

【生物】

【1】代謝とエネルギーに関する次の問いに答えなさい。

1 生体内では，物質の合成反応や分解反応など，非常に多くの化学反応が進行しており，この化学反応全体を代謝という。すべての生物は，これら代謝で生ずるエネルギーの移動により生命活動を営んでいる。代謝のうち，複雑な物質を単純な物質に分解する過程を(①)といい，単純な物質から複雑な物質を合成する過程を(②)という。(①)では，酸素が存在する条件下で行われ，有機物が(③)と二酸化炭素にまで分解される呼吸や，微生物が酸素を用いずに有機物を分解し，その過程でATPを生成する(④)などがある。(②)では，光エネルギーを利用する光合成，化学エネルギーを利用する(⑤)，また，体外から取り入れた窒素化合物をもとに有機窒素化合物を合成する(⑥)などがある。

(1) 空欄①〜⑥に入る適切な語句を書きなさい。

(2) 呼吸の反応過程の1つである解糖系が行われる細胞内の場所を書きなさい。

(3) 光合成を行うことができる細菌として適切なものを，次のア〜オから1つ選んで，その符号を書きなさい。

ア 鉄細菌　　　イ 硝酸菌　　　ウ 紅色硫黄細菌

エ 硫黄細菌　　オ 亜硝酸菌

(4) 非常に乾燥した地域では，一部の植物は昼間に気孔を開くと水が失われてしまうため，夜間に気孔からCO_2を吸収し，この問題を回避している。このような仕組みで光合成をおこなっている植物を何というか，書きなさい。

(5) 空気中の窒素を取り入れて還元し，NH_4^+に変換することができる生物として適切なものを，次のア〜カからすべて選んで，そ

の符号を書きなさい。

ア　ネンジュモ　　イ　クロストリジウム　　ウ　アカパンカビ

エ　根粒菌　　　　オ　硝酸菌　　　　　　カ　アゾトバクター

(6)　代謝には，さまざまな酵素が関与している。酵素が示す特定の物質にしか作用しない性質を何というか，書きなさい。

(7)　グルコース2.50gが呼吸で完全に分解されたとき，生成されるATPは最大何gか，有効数字3桁で求めなさい。ただし，原子量はH＝1，C＝12，O＝16とし，ATPの分子量は507とする。

2　図のような装置を2つつくり，フラスコA，フラスコBとし，フラスコAの副室には水を，フラスコBの副室には水酸化カリウム溶液を入れた。これらのフラスコに3種類の植物ア，イ，ウの発芽種子を入れ，着色液の移動距離からフラスコ内の気体の減少量を測定し，その結果を表に示した。

図

着色液

発芽種子　　　副室

表

| | 気体の減少量（㎣） ||
	フラスコA	フラスコB
植物ア	2.1	7.2
植物イ	1.5	8.0
植物ウ	0.1	6.0

(1)　生物が呼吸を行うときに放出する二酸化炭素と外界から吸収する酸素の体積比を何というか，書きなさい。

(2)　植物ア～ウの(1)の値をそれぞれ小数第1位まで求めなさい。

(3)　トウゴマと同じ呼吸基質の植物として適切なものを，植物ア～ウから1つ選んで，その符号を書きなさい。

(4)　実験に用いた水酸化カリウム溶液の役割を簡潔に書きなさい。

(☆☆○○○○)

【2】免疫に関する次の問いに答えなさい。

1　さまざまな有害な体外環境の変動や病原体から体を守るしくみを総称して（　①　）という。そのなかで，病原体などに対する（　①　）

機構を免疫という。免疫は，すべての動物に備わっている(②)と，脊椎動物で特化し発達した(③)の2つに分類できる。体内に侵入した病原体に対応するおもな免疫細胞は，体液の循環によって移動する(④)であり，多くの種類がある。(④)には，病原体を(⑤)によって細胞内に取り込み処理をする，好中球，マクロファージ，樹状細胞などの食細胞や，ナチュラルキラー細胞，T細胞，B細胞などのリンパ球が含まれる。これらの免疫細胞は，すべて骨髄にある(⑥)から造られる。

(1) 空欄①～⑥に入る適切な語句を書きなさい。

(2) 空欄③が開始されるとき，樹状細胞が取り込んだ病原体の一部を，細胞表面のタンパク質にのせて提示する。この部分にT細胞はTCRで接触，結合し，その後T細胞が活性化される。この樹状細胞の細胞表面のタンパク質を何というか，書きなさい。

(3) 自己の成分に対してB細胞やT細胞が抗原として認識し，免疫反応が起こることで生じる病気を何というか，書きなさい。

(4) (3)の病例として適切なものを，次のア～キからすべて選んで，その符号を書きなさい。

ア　関節リウマチ　　イ　糖尿病(Ⅰ型)　　ウ　痛風

エ　花粉症　　　　　オ　エイズ　　　　　カ　重症筋無力症

キ　アナフィラキシー

2　図は抗体を模式的に示したものである。以下の問いに答えなさい。

図

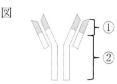

(1) 抗体は何というタンパク質でできているか，書きなさい。

(2) 抗体を産生する1つの細胞は，何種類の抗体を産生できるか，書きなさい。

(3) 図の①，②の名称を書き，次の図に，S-S結合を線で描きなさい。

(4)　ヒトの場合，未成熟のB細胞にある抗体のH鎖の遺伝子領域の中には，図の①の遺伝子であるV遺伝子が40種類，D遺伝子が25種類，J遺伝子が6種類あり，B細胞が成熟する間に，V，D，J遺伝子からそれぞれ1つずつ選ばれて連結され，再編成される。一方，L鎖ではH鎖とは異なるV遺伝子が64種類，J遺伝子が5種類あり，H鎖同様の連結と再編成が起こる。このH鎖とL鎖の組み合わせで，何種類の抗体が生成可能と考えられるか。有効数字3桁で求めなさい。

(5)　V，D，J遺伝子の再構成による抗体生成の遺伝的原理の解明によりノーベル生理学・医学賞を受賞した人物は誰か，書きなさい。

(☆☆◎◎◎)

【３】植物の生殖と動物の形態形成に関する次の問いに答えなさい。

1　被子植物の花粉は，若いおしべの葯でつくられる。葯の中では，多数の（　①　）が2回分裂を行い，それぞれ（　②　）と呼ばれる4個の未熟花粉の集まりとなり，それが成熟して花粉となる。めしべの胚珠の中では，胚のう母細胞が分裂を行い4つの細胞となるが，そのうち3個は退化して消失し，1つだけが（　③　）になる。（　③　）は3回の核分裂を行い8個の核となった後，1個の卵細胞，2個の（　④　），3個の（　⑤　）および2個の極核をもつ（　⑥　）からなる胚のうが形成される。めしべの柱頭に付着した花粉は花粉管を伸ばし，その中で雄原細胞が分裂して2個の（　⑦　）になり，（　⑦　）と合体した卵細胞は，その後細胞分裂を繰り返し，幼芽，子葉，胚軸，（　⑧　）から構成される胚に，もう1個の（　⑦　）と合体した（　⑥　）は（　⑨　）になる。このような被子植物の受精を（　⑩　）という。

(1) 空欄①～⑩に入る適切な語句を書きなさい。

(2) 胚および空欄⑨の核相をそれぞれ書きなさい。

(3) 空欄⑨があまり発達せずに退化し，子葉に栄養分を蓄える種子を何というか，書きなさい。

(4) 花粉管を胚のうに誘引する物質を放出している細胞の名称と，その物質名を書きなさい。

2　ショウジョウバエでは，未受精卵の前方にビコイド遺伝子のmRNAが高濃度で存在しており，後方にナノス遺伝子のmRNAが高濃度で存在している。これらのmRNAは受精後すぐにタンパク質に翻訳され，図のような分布になる。タンパク質の濃度差ができることで，その後の多くの遺伝子の働きに影響を与えていく。たとえば，ハンチバックという遺伝子は，ビコイドタンパク質によって転写が活性化されるが，ナノスタンパク質によってハンチバックmRNAの翻訳が阻害される。また，コーダルという遺伝子のmRNAは胚内に均一に分布しており，ビコイドタンパク質が結合することで翻訳が抑制される。こうして，前後軸に沿った複数の遺伝子発現が促されて，体節に固有の構造を決めるホメオティック遺伝子が発現する。

図

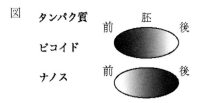

＊　黒色が濃いほど，物質の濃度が高いことを示す。

(1) 他の遺伝子の転写や翻訳を調節するタンパク質を何というか，書きなさい。

(2) 胚中のハンチバックタンパク質およびコーダルタンパク質の分布を示す最も適切なものを，次のア～カからそれぞれ１つ選んで，その符号を書きなさい。

(3) 胚の前後軸に沿って連続するしきり(体節)をつくる遺伝子として適切なものを，次のア～オからすべて選び，その符号を書きなさい。

ア　WUS遺伝子　　　　イ　ペアルール遺伝子
ウ　ギャップ遺伝子　　　エ　ハウスキーピング遺伝子
オ　セグメントポラリティ遺伝子

(4) ショウジョウバエのホメオティック遺伝子は何種類あるか，書きなさい。

(5) ショウジョウバエのホメオティック遺伝子の突然変異体であるバイソラックス突然変異体として適切なものを，次のア～ウから1つ選んで，その符号を書きなさい。

ア　二重の胸部と2対の翅が生じた個体
イ　触角の位置に脚が形成された個体
ウ　頭部の一部が胸部に変わった個体

(☆☆◎◎◎◎)

【４】バイオームに関する次の問いに答えなさい。

日本は，高山や海岸，湿地など一部を除き，極相のバイオームは森林になる。南西諸島から九州南端には亜熱帯多雨林が分布しており，九州から関東・北陸にかけての低地には(　①　)が分布しているが，開発によって現存するものが少なくなりつつある。東北地方と北海道南部の低地には(　②　)がみられ，寒冷な北海道東部には(　③　)が分布している。このように，緯度の変化に応じて見られるバイオームの移り変わりを(　④　)という。また，気温は標高が100m増すごとに0.5～0.6℃低下する。そのため，低地から高地にかけてもバイオームの移り変わりがみられる。これを(　⑤　)といい，標高の低いほうから高いほうに向かって，低地帯，山地帯，(　⑥　)，高山帯に分けられる。標高が2500m以上になると，高木がなくなる(　⑦　)に達する。

1 空欄①~⑦に入る適切な語句を書きなさい。

2 空欄①~③に入る語句を代表する樹木を，次のア~クからそれぞれすべて選んで，その符号を書きなさい。

ア クスノキ　　イ ブナ　　　ウ アコウ　　エ シイ
オ ミズナラ　　カ エゾマツ　キ イジュ　　ク シラビソ

3 表は，神戸市の月平均気温(℃)を示している。この表を用いて神戸市の暖かさの指数を計算し，小数第1位までの数値で書きなさい。また，気候変動により神戸市の月平均気温がすべての月で表よりもx℃上昇し，亜熱帯多雨林(暖かさの指数180以上)が成立すると判断された場合におけるxの最小値を，小数第1位まで求めなさい。ただし，降水量は変化しないものとする。

表

	1月	2月	3月	4月	5月	6月	7月	8月	9月	10月	11月	12月
平均気温 (℃)	5.8	6.1	9.3	14.9	19.4	23.2	26.8	28.3	25.2	19.3	13.9	8.7

4 下線部について，なぜ極相のバイオームが森林になるのか，理由を簡潔に書きなさい。

5 ある地域における森林の1年のはじめにおける植物の現存量は46.67kg/m²で，1年の終わりにおける植物の現存量は47.53kg/m²であった。また，この1年間におけるこの森林の植物による呼吸量は9.51kg/m²で，森林に生息している動物に食べられた植物体量は0.63kg/m²，落葉や落枝・枯死などによって失われた植物体量は2.42kg/m²であった。この森林の植物の1年間における次の量は何kg/m²か，それぞれ求めなさい。

(1) 成長量　　(2) 純生産量　　(3) 総生産量

(☆☆◎◎◎)

解答・解説

中　高　共　通

【1】1　(1)　イ　　(2)　無性生殖　　(3)　栄養生殖　　2　(1)　エ
(2)　生殖細胞　　(3)　発生　　(4)　減数分裂

〈解説〉1　(1)　ミジンコはミジンコ科の節足動物である。　(2)　解答参
照。　(3)　栄養生殖の他に無性生殖には，分裂，出芽，胞子生殖があ
る。　2　(1)　解答参照。　(2)　配偶子は，生殖細胞のうち合体によ
り子孫を残す細胞であり，有性生殖を行う生物の場合に限られる。よ
って，無性生殖の場合も含まれるため生殖細胞が妥当である。
(3)　受精卵から成体になることを発生といい，細胞に形態的・機能的
な差を生じる過程である分化と混同しないように注意すること。
(4)　減数分裂では，連続した2回の細胞分裂が行われるのに対して，
染色体の複製が1回しか行われない。よって，減数分裂により生じた
細胞の染色体数はもとの細胞の半分となる。

【2】1　(1)　①　黄色　　②　水素　　③　H^+　　(2)　水素イオンと
同濃度の水酸化物イオンが存在しているため　　(3)　100〔倍〕
2　(1)　①　赤色　　②　OH^-　　(2)　$NH_3 + H_2O \rightarrow NH_4^+ + OH^-$
(3)　タンパク質

〈解説〉(1)　①　BTB溶液は，酸性で黄色，中性で緑色，アリカリ性で
青色に変化する。　②　酸はマグネシウムや亜鉛などの金属と反応し
て，水素を発生させる。　③　ブレンステッドの定義で酸は「他の物
質にH^+を与える物質」，アレニウスの定義では「水に溶けてH^+を生じ
る物質」としている。　(2)　中性の水では，$[H^+] = [OH^-] = 1.0 \times 10^{-7}$
〔mol/L〕となっている。　(3)　pH3の水溶液では$[H^+] = 1.0 \times 10^{-3}$
〔mol/L〕，pH5の水溶液では$[H^+] = 1.0 \times 10^{-5}$〔mol/L〕なので，
$\dfrac{1.0 \times 10^{-3}}{1.0 \times 10^{-5}} = 100$〔倍〕である。　2　(1)　①　フェノールフタレイン

溶液は，酸性・中性では無色，アルカリ性では赤色になる。 ② ブレンステッドの定義で塩基は「他の物質からH$^+$を受け取る物質」，アレニウスの定義では「水に溶けてOH$^-$を生じる物質」としている。

(2) アンモニアは，水素原子と配位結合を形成することでアンモニウムイオンとなる。このときOH$^-$が生じるため，水溶液はアルカリ性を示す。 (3) 熱，酸，アルカリ(塩基)などによりタンパク質の構造が変化することを，タンパク質の変性という。

【3】1 ウ いて　カ おとめ　ケ ふたご　2 ① 公転
② 年周運動　3 (1) ウ　(2) ア　4 (1) 赤褐色に見える
(2) 南中高度が高い…b　月の位置…コ

〈解説〉1 やぎ座とさそり座の間にはいて座があり，夏頃に見える。てんびん座としし座の間にはおとめ座があり，春頃に見える。かに座とおうし座の間にはふたご座があり，冬頃に見える。 2 地球は太陽の周りを反時計回りに公転しているため，地球上で毎日同時刻に観測した場合，星座の位置は少しずつ西へと移動する。1年で1周するため1か月で移動する角度は約30度である。 3 (1) 図の地球の位置は春分の日なので，この位置から左に90度時計回りした位置が冬至の日の地球の位置になる(おうし座が真夜中に見える位置)。すると，太陽の方向にはウのいて座がある。 (2) 秋分の日の位置は，太陽をはさんで黄道上の春分の日の位置と逆の位置(春分の日の太陽の見かけの位置)となる。地球は反時計回りに自転することから，22時に南中するのはアのみずがめ座とわかる。 4 (1) 月食は地球の影によって月の一部が隠れることで生じる。地球は太陽の光を隠しているものの，地球の周りにある大気は光を屈折し，散乱されにくい波長が長い赤い光が月を照らす。 (2) 地球は自転軸が公転軌道面に対して傾いているため，季節によって南中高度が異なる。夏は太陽側に自転軸が傾いているため，日本を含めた北半球では太陽の南中高度が高くなるが，満月では月は太陽と反対側に位置するため南中高度が低くなる。冬に近い方が南中高度は高くなるため，bの11月19日の月食の方が南中高度

は高くなる。3(2)より, 秋分の日(9月23日)の位置から, 11月19日には約60°反時計回りした位置に地球があるため, 月の位置はコのおうし座の位置と考えられる。

【4】 1　0.59〔N〕　　2　0.75〔J〕　　3　1.3〔m〕　　4　0.64〔倍〕
5　2.6〔m/s〕

〈解説〉 1　60〔g〕＝0.060〔kg〕より, 0.060×9.8≒0.59〔N〕
2　$\frac{1}{2}$×0.060×5.0^2＝0.75〔J〕　　3　求める高さをhとすると, 2より,
0.060×9.8×h＝0.75　∴　h≒1.3〔m〕　　4　点Cでの小球の運動エネルギーは, $\frac{1}{2}$×0.060×4.0^2＝0.48〔J〕　　求める高さをh'とすると,
0.060×9.8×h'＝0.48　3より, $\frac{h'}{h}=\frac{0.48}{0.75}$＝0.64〔倍〕　　5　BCを1回目に通過するときのエネルギーの減少量は, 0.75−0.48＝0.27〔J〕よって, BCを2回目に通過したとき, 点bでの運動エネルギーは0.48−0.27＝0.21〔J〕　　求める速さをvとすると, $\frac{1}{2}$×0.060×v^2＝0.21
∴　$v＝\sqrt{7}$≒2.6〔m/s〕

中　学　理　科

【1】 1　(1)　食塩　　(2)　NaCl→Na$^+$＋Cl$^-$　　(3)　電解質
2　(1)　塩素　　(2)　Cu^{2+}＋2e$^-$→Cu　　(3)　①　陽　　②　イオン
化傾向　　(4)　①　青　　②　薄　　(5)　0.04〔mol〕　　(6)　448
〔mL〕　　(7)　96500〔C〕

〈解説〉 1　食塩は, 水溶液中でナトリウムイオンと塩化物イオンに電離する。水溶液中で陽イオンと陰イオンに電離する物質を電解質といい, 電気を流すことができる。　　2　(1)　陽極では2Cl$^-$→Cl$_2$＋2e$^-$の変化が起こり, 塩素が発生する。　　(2)　陰極では, イオン化傾向の小さな銅(Ⅱ)イオンが電子を受け取り析出する。　　(3)　解答参照。　　(4)　銅(Ⅱ)イオンの水溶液の色は青色であり, 銅(Ⅱ)イオンが電子を受け取り

銅として析出するため，銅(Ⅱ)イオンの濃度が低くなり水溶液の色は薄くなる。　(5)　(2)の反応式より，電子が2mol流れると銅が63.5g析出するので，流れた電子の物質量は$\frac{1.27}{63.5}\times2=0.04$〔mol〕

(6)　$2Cl^-\rightarrow Cl_2+2e^-$より，電子が2mol流れると塩素は$2.24\times10^4$〔mL〕発生するので，発生した塩素の体積は$\frac{0.04}{2}\times2.24\times10^4=448$〔mL〕

(7)　1時間4分20秒は3860秒だから，流れた電気量は$1.0\times3860=3,860$〔C〕　これが電子の物質量0.04molに相当するので，電子1molの電気量は$\frac{3860}{0.04}=96500$〔C〕これが求める電気量となる。

【2】1　(1)　無機質　　(2)　植物は消化に時間がかかるため，草食動物の腸の方が長い。　2　(1)　ア　　(2)　ア　　(3)　脂肪　　(4)　ウ　(5)　反射

〈解説〉1　(1)　炭水化物，脂肪，タンパク質を三大栄養素，ビタミンと無機質を副栄養素という場合もある。　(2)　解答参照。　2　(1)　消化酵素であるリパーゼのはたらきにより脂肪(トリグリセリド)はモノグリセリドに分解される。　(2)　リパーゼとトリプシンは④のすい臓，ペプシンは③の胃から分泌される。アミラーゼは①の唾液腺や④で分泌される。　(3)　胆汁は脂肪の乳化を行うことで，リパーゼによる脂肪の分解を助けるはたらきをもっている。　(4)　小腸の内壁には多数の柔毛があり，表面積を大きくしている。　(5)　解答参照。

【3】1　光軸　　2　①　点ク(を通る)　　②　点コ(を通る)　　③　キク間(を通る)　　④　点ケ(を通る)　　3　i　6.0〔cm〕　　ii　3.0〔cm〕iii　逆　　iv　実像

〈解説〉1　解答参照。　2　①光軸に平行な光は凸レンズで屈折して焦点を通る直線になる。②手前の焦点を通る光は凸レンズで屈折して光軸に平行に直進する。③レンズの中心を通る光は直進する。④については，焦点の外側に置かれた光源からの光は凸レンズを通って一点に交わることを利用して次のとおり作図する。白矢印の先端から光軸に平行に進んだ光は焦点に向かって進む。これと③の光(レンズの中心を通

る)との交点を作図し，④の光をレンズまで伸ばして，その後，先に作
図した交点へ線を引く。

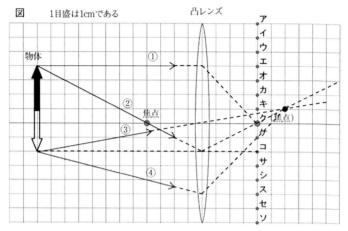

図　　1目盛は1cmである

3　物体は焦点距離の外側に置かれているので，凸レンズの右側に倒
立実像ができる。物体からレンズまでの距離$a=12$，焦点距離$f=4$，
凸レンズから像までの距離をbとすると，写像公式から，$\dfrac{1}{12}+\dfrac{1}{b}=\dfrac{1}{4}$

$\therefore$　$b=6.0$　倍率は$\dfrac{b}{a}=\dfrac{6.0}{12}=\dfrac{1}{2}$　よって，像の大きさは$6.0\times\dfrac{1}{2}=$
3.0〔cm〕　なお，2で作図した光が交わる一点からも$b=6.0$であること
がわかる。

【4】1　4〔hPa〕　　2　(1)　偏西風　　(2)　ア　　(3)　ウ
(4)

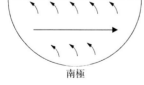

3　(1)　最も北…閉塞前線　　最も南…停滞前線　　(2)　イ
4　(1)　オ，カ　　(2)　最も西…B　　最も東…A

〈解説〉1　等圧線は，一般的には1000hPaを基準として実線で4hPaごとに書かれている。　2　(1)　偏西風により，天気は西から東へと変化する。　(2)　特に風速の強い偏西風のことをジェット気流という。

(3)　日本列島を横断しているので，移動距離は日本列島の長さの約3000kmと考えられる。移動にかかった時間は48時間なので，平均の速さは$\frac{3000}{48}$＝62.5〔km/h〕程度となり，最も近い速度は50km/hとなる。

(4)　低緯度から亜熱帯高圧帯にかけては東よりの貿易風が吹き，亜熱帯高圧帯から高緯度にかけては偏西風が吹く。さらに高緯度では，極から東よりの極東風が吹く。　3　(1)　半円の記号があるものは温暖前線，三角形の記号があるものは寒冷前線，三角形と半円の記号が交互に並んでいるものは閉塞前線，片側に半円，反対側に三角形の記号があるものは停滞前線である。　(2)　温暖前線が近づくと巻雲，高層雲が見られ，その後，乱層雲が現れ雨を降らせる。寒冷前線が近づくと積乱雲が見られる。　4　(1)　台風とは，北太平洋西部で発生した最大風速が17.2m/s以上の熱帯低気圧のことである。　(2)　台風が通過するところでは，中心に向かって反時計回りに風が吹き込んでいる。台風が近づくと東側では南東の風が吹き，西側では北東の風が吹く。台風の中心が近づいている頃には東側では南風，西側では北風になる。さらに台風が進み通過し終える頃には東側では南西の風，西側では北西の風と変化する。また，台風の中心付近で風が一旦やむ。風が止まった地点Cを台風の中心が通過したと考えられ，南よりの風が吹いた地点Aが最も東，北よりの風が吹いた地点Bが最も西となる。

高　校　理　科

【物理】

【1】1　垂直抗力N…$mg\cos\theta$　　　静止摩擦力F…$mg\sin\theta$

2　(1)　$\tan\theta_1$　(2)　$\frac{b}{a}$　(3)　$\frac{b}{a} > \mu$

〈解説〉1　直方体にはたらく重力の斜面に垂直な成分は$mg\cos\theta$であり，

これと垂直抗力Nがつり合っているので，$N＝mg\cos\theta$　一方，重力の斜面方向の成分は$mg\sin\theta$であり，静止摩擦力Fがつり合っているから，$F＝mg\sin\theta$　　2　(1)　1におけるFが最大静止摩擦力$\mu N＝\mu mg\cos\theta$となるθを超えると物体はすべり出すから，条件式は$\mu mg\cos\theta_1＝mg\sin\theta_1$　∴　$\mu＝\tan\theta_1$　　(2)　直方体の力のモーメントから，$mg\sin\theta_2\times\dfrac{a}{2}＞mg\cos\theta_2\times\dfrac{b}{2}$　∴　$\tan\theta_2＞\dfrac{b}{a}$

(3)　$\tan\theta_1＜\tan\theta_2$となるとき，直方体は傾くより先にすべり出す。したがって，$\dfrac{b}{a}＞\mu$

【2】ア　$2mv_x$　　イ　$\dfrac{2L}{v_x}$　　ウ　$\dfrac{v_x t}{2L}$　　エ　$\dfrac{mv_x{}^2}{L}$　　オ　$\dfrac{Nm}{3L}\overline{v^2}$

カ　$\dfrac{Nm}{3L^3}\overline{v^2}$　　キ　$\dfrac{3RT}{2N_A}$

〈解説〉ア　壁面Aに衝突後の分子のx方向の速度成分は$-v_x$となるので，運動量の変化は$-2mv_x$，よって，求める力積の大きさIは，$I＝2mv_x$
イ　分子の速さはv_xで一定，移動距離は壁Aを往復するので$2L$，よって，求める時間は$\dfrac{2L}{v_x}$　ウ　時間tの間に衝突する回数は，$\dfrac{t}{\frac{2L}{v_x}}＝\dfrac{v_x t}{2L}$〔回〕
エ　分子によって壁面Aが受ける平均の力の大きさは，その分子が1秒間に壁面に与える力積に等しいので，$2mv_x\cdot\dfrac{\frac{v_x t}{2L}}{t}＝\dfrac{mv_x{}^2}{L}$　オ　N個の分子が壁面Aに与える力Fは，$v_x{}^2$をすべての分子の平均値$\overline{v_x{}^2}$に置き換えると，$F＝N\cdot\dfrac{m\overline{v_x{}^2}}{L}＝\dfrac{Nm}{3L}\overline{v^2}$　カ　求める圧力pは，Fを壁面Aの面積L^2で割ればよいので，$p＝\dfrac{\frac{Nm}{3L}\overline{v^2}}{L^2}＝\dfrac{Nm}{3L^3}\overline{v^2}$　キ　状態方程式$pV＝nRT$において，$p＝\dfrac{Nm}{3L^3}\overline{v^2}$，$V＝L^3$，$n＝\dfrac{N}{N_A}$を代入すると，$\dfrac{Nm}{3L^3}\overline{v^2}\cdot L^3＝\dfrac{N}{N_A}\cdot RT$　分子1個の平均エネルギー$\overline{E}$は並進運動エネルギーの平均値$\dfrac{1}{2}m\overline{v^2}$に等しいので，$\overline{E}＝\dfrac{1}{2}m\overline{v^2}＝\dfrac{3RT}{2N_A}$

【3】 1 (1) 2.5〔A〕 (2) 7.5〔A〕 2 (1) 3.0〔A〕

(2) 4.0〔A〕 (3) 45〔Ω〕

〈解説〉1 (1) R_1とR_2が並列につながっており，合成抵抗Rは，$\dfrac{1}{R}=$

$\dfrac{1}{30}+\dfrac{1}{10}$より$R=7.5$〔Ω〕なので，これに$R_3$を加えた合成抵抗は$7.5+$

$5.0=12.5$〔Ω〕となる。したがって，R_1とR_2を流れる電流の和は，オー

ムの法則より$\dfrac{125}{12.5}=10.0$〔A〕 並列につながれたそれぞれの抵抗

に流れる電流の比は，抵抗値の逆比になるので，R_1を流れる電流は

$10.0×\dfrac{10}{30+10}=2.5$〔A〕 (2) R_2を流れる電流は，$10.0-2.5=7.5$〔A〕

2 (1) R_1，R_2を流れる電流を，図の左向きにそれぞれI_1，I_2とする。

キルヒホッフの法則より，$125=30I_1+5.0(I_1+I_2)=35.0I_1+5.0I_2$

よって，$25=7I_1+I_2$…① 一方，$75=10I_2+5.0(I_1+I_2)=5.0I_1+15.0I_2$

よって，$15=I_1+3I_2$…② ①，②より，$60=20I_1$ ∴ $I_1=3.0$〔A〕

(2) (1)の結果を①へ代入して，$25=7×3.0+I_2$ したがって，$I_2=4.0$

〔A〕 (3) R_2に電流が流れないことから，起電力V_1からR_1による電圧

降下を引いた電位差が，起電力$V_2=75$〔V〕に等しいことになる。R_1

を流れる電流をIとすると，$125-30I=75$ ∴ $I=\dfrac{5}{3}$ また，R_4によ

る電圧降下も75Vであるから，求める抵抗値をRとして，$75=R×\dfrac{5}{3}$

∴ $R=45$〔Ω〕

【4】ア $n\cdot\dfrac{h}{mv}$ イ $k\dfrac{e^2}{r^2}$ ウ $m\dfrac{v^2}{r}$ エ $\dfrac{h^2}{4\pi^2kme^2}\cdot n^2$

オ $-k\dfrac{e^2}{r}$ カ $-\dfrac{2\pi^2k^2me^4}{h^2}\cdot\dfrac{1}{n^2}$ キ 基底状態

ク 励起状態 ケ $\dfrac{E_n-E_{n'}}{hc}$

〈解説〉ア 水素原子の電子の円運動の円周が，電子波の波長の整数倍と

なればよい。 イ〜エ 電子の円運動の向心力は，静電気力によりも

たらされるので，$m\dfrac{v^2}{r}=k\dfrac{e^2}{r^2}$ アより$2\pi r=n\cdot\dfrac{h}{mv}$ $v=\dfrac{nh}{2\pi rm}$より，

$$m\frac{1}{r}\cdot\left(\frac{nh}{2\pi rm}\right)^2=k\frac{e^2}{r^2}\quad\therefore\quad r=\frac{h^2}{4\pi^2kme^2}\cdot n^2$$

オ　原子核から無限遠にある位置を基準にとると，半径rの円軌道上の電子の位置エネルギーは，$-k\dfrac{e^2}{r}$　カ　$E_n=-k\dfrac{e^2}{r}+\dfrac{1}{2}mv^2=-k\dfrac{e^2}{r}+\dfrac{1}{2}m\left(\dfrac{nh}{2\pi rm}\right)^2=$

$$-k\frac{e^2}{\dfrac{n^2h^2}{4\pi^2kme^2}}+\frac{n^2h^2}{8\pi^2m}\cdot\frac{1}{\left(\dfrac{n^2h^2}{4\pi^2kme^2}\right)^2}=-\frac{2\pi^2k^2me^4}{h^2}\cdot\frac{1}{n^2}$$

キ，ク　解答参照。　ケ　振動数条件より，高いエネルギー状態E_nから低いエネルギー状態$E_{n'}$へ遷移したときに放出される光の振動数をνとすると，$E_n-E_{n'}=h\nu=\dfrac{hc}{\lambda}\quad\therefore\quad\dfrac{1}{\lambda}=\dfrac{E_n-E_{n'}}{hc}$

【化学】

【1】1　ア　第一イオン化エネルギー　　イ　小さい　　ウ　電子親和力　エ　大きい　オ　Ar　カ　Kr　キ　イオン　ク　不対　ケ　単　コ　三重　サ　電気陰性度　シ　水　ス　アンモニア　セ　3　ソ　非共有　タ　3　チ　N　ツ　配位

2　sp^3混成軌道　3　sp^2混成軌道　4　符号…イ　化学式…$K_4[Fe(CN)_6]$

〈解説〉1　ア，イ　原子から電子1個を取り除き1価の陽イオンにするときに必要なエネルギーを第一イオン化エネルギーといい，これが小さいほど陽イオンになりやすい。　ウ，エ　電子1個を与え1価の陰イオンにするときに放出されるエネルギーを電子親和力といい，これが大きいほど陰イオンになりやすい。　オ，カ　電子配置が安定しているのは希ガスである。原子番号19のKは，電子1個を放出して原子番号18のArと同じ電子配置のK^+となる。原子番号35のBrは電子1個を得て原子番号36のKrと同じ電子配置のBr^-となる。　キ　陽イオンと陰イオンがイオン結合でつながることで，イオン結晶がつくられる。ク～コ　原子がもつ最外殻電子のうち，対を形成するものを非共有電子対，対を形成しないものを不対電子という。2つの原子が不対電子を1つずつ出し合って形成される結合を単結合という。窒素原子は3つ

の不対電子をもっており，2つの窒素原子が結合する際には合計6つの不対電子から三重結合が形成される。　サ〜ス　電子を引き付ける力を電気陰性度といい，電気陰性度に違いのある原子から構成される分子は極性をもつ。水やアンモニアは極性分子であるが，二酸化炭素のように分子の形によっては極性が打ち消された無極性分子となる場合もある。　セ〜ツ　非共有電子対に他の原子や分子が結合する場合を配位結合という。錯イオンは，金属イオンに分子や陰イオンが配位結合することによってできる。　2　N原子では，K殻に2個，L殻に5個の電子が存在し，L殻の5個がs軌道に2個とp軌道に3個入るため，一つのs軌道と3つのp軌道が混じるsp^3混成軌道をつくる。　3　B原子は，K殻に2個，L殻に3個の電子が存在し，1つのs軌道と2つのp軌道が混じるsp^2混成軌道をつくる。　4　イ　$K_4[Fe(CN)_6]$は，鉄(Ⅱ)イオンにシアン化物イオンCN^-が配位結合した錯イオン$[Fe(CN)_6]^{4-}$とK^+からなる錯塩である。

【2】1　ア　強塩基　　イ　水　　ウ　水酸化物　　エ　水素
　オ　酸素　　カ　水酸化物　　キ　②　　ク　ナトリウム　　ケ　①
　コ　電極B　　2　$4OH^-→O_2+2H_2O+4e^-$　　3　$1.31×10^{-1}$〔mol/L〕
〈解説〉1　ア　水酸化ナトリウムのように，ほぼ完全に電離する塩基は強塩基である。　イ〜キ　電極Bでは$2H_2O+2e^-→H_2+2OH^-$という反応が起こる。電極Aでは，$4OH^-→O_2+2H_2O+4e^-$という反応が起こる。つまり，水酸化物イオンは電極Bから電極Aに移動する。
　ク〜コ　陽イオン交換樹脂は陽イオンのみを通過させるため，ナトリウムイオンが水酸化物イオンとは反対方向，つまり電極Aから電極Bに移動する。　2　解答参照。　3　流れた電気量は$0.150×2.00×10^3＝$300〔C〕　電極Bの反応式より，ナトリウムイオンの移動量は流れた電子の物質量と等しいので，移動したナトリウムイオンの物質量は$\dfrac{300}{9.65×10^4}$〔mol〕。もとの水酸化ナトリウム中のナトリウムイオンの物質量は$0.100×\dfrac{100}{1000}＝1.0×10^{-2}$〔mol〕　よって，求めるモル濃

度は，$\left(1.0\times10^{-2}+\dfrac{300}{9.65\times10^4}\right)\div\dfrac{100}{1000}\fallingdotseq1.31\times10^{-1}$〔mol/L〕

【3】1　マグネシウム…$Mg(OH)_2$　　カルシウム…$CaCO_3$　　2　工程2
…$NaCl+NH_3+H_2O+CO_2\rightarrow NaHCO_3+NH_4Cl$　　工程3…$2NaHCO_3\rightarrow$
$Na_2CO_3+CO_2+H_2O$　　3　$Ca(OH)_2+2NH_4Cl\rightarrow CaCl_2+2NH_3+2H_2O$
4　76〔kg〕　　5　1.6〔t〕　　6　HCl

〈解説〉1　石灰乳には$Ca(OH)_2$が含まれており，Mg^{2+}とOH^-が反応して
$Mg(OH)_2$，Ca^{2+}は二酸化炭素と水と反応して$CaCO_3$の沈殿が生じる。
2　工程2では，アンモニアが水によく溶ける性質を利用して塩基性に
したのち，二酸化炭素で中和し，炭酸水素ナトリウムを沈殿させる。
工程3では，炭酸水素ナトリウムを熱分解させて炭酸ナトリウムを得
る。　3　この反応はアンモニアの実験室での製法と同様である。
4　工程2の反応式より，原料はすべて1molずつ反応し，$NaHCO_3$の沈
殿も1mol生成する。反応前の原料の物質量は，$NaCl$(式量58.5)は
$\dfrac{70\times10^3}{58.5}$〔mol〕，$NH_3$(分子量17)は$\dfrac{30\times10^3}{17}$〔mol〕，$H_2O$(分子量18)は
$\dfrac{200\times10^3}{18}$〔mol〕，$CO_2$(分子量44)は$\dfrac{40\times10^3}{44}$〔mol〕より，最も物質量の
小さなCO_2と同じ物質量の$NaHCO_3$(式量84)が生成する。よって，$84\times$
$\dfrac{40}{44}\fallingdotseq76$〔kg〕　　5　アンモニアソーダ法の全反応式を一つにまとめる
と，$2NaCl+CaCO_3\rightarrow Na_2CO_3+CaCl_2$と表せる。したがって，無水炭酸
ナトリウム(式量106)1.0tを得るために必要な塩化ナトリウムの質量
は，$\dfrac{1.0}{106}\times2\times58.5=\dfrac{117}{106}$〔t〕となる。よって，必要な原料塩の質量は，
$\dfrac{117}{106}\times\dfrac{100}{70}\fallingdotseq1.6$〔t〕　　6　飽和水溶液中では，$NaCl\rightleftarrows Na^++Cl^-$と
いう溶解平衡の状態なので，平衡を左側に移動させるにはCl^-を加え
る必要がある。

【4】1

2 (1)

(2)

3 $C_9H_{11}NO_2$ 4 $C_9H_{11}NO_2$

5

6

〈解説〉1 正四面体の中央のC原子に対して，正四面体の各頂点に－COOH，－H，－NH₂，－CH₂COOHを配す。左右が鏡に映る像のように対称的に描く。 2 (1) pH1の水溶液は酸性なので，水素イオンがアミノ基に結合しNH_3^+となり，pH13では塩基性なので，カルボキシ基から水素が離脱して$-COO^-$となる。 3 それぞれの原子数の比が，$C : H : N : O = \dfrac{3.28}{12} : \dfrac{0.336}{1} : \dfrac{0.424}{14} : \dfrac{0.96}{16} \fallingdotseq 9 : 11 : 1 : 2$となるので，Bの組成式は$C_9H_{11}NO_2$となる。 4 Bの分子式を$(C_9H_{11}NO_2)_n$とすると，分子量は$165n$であり，2分子のBが脱水縮合したものがジペプチドなので，$(C_9H_{11}NO_2)_n$のジペプチドの分子量は$165n \times 2 - 18 = 330n - 18$となる。$330n - 18 = 312$より，$n = 1$となるので，Bの分子式は$C_9H_{11}NO_2$となる。 5 Bはベンゼン環をもつ$\alpha$-アミノ酸なので，中心炭素に結合するのは$-NH_2$，$-H$，$-COOH$，その他に$-C_6H_5$がある。さらに，分子式より$-CH_2$が結合していることから構造式が決定する。 6 Bのメチルエステルとアスパラギン酸の反応物なので，Bのメチルエステルの$-NH_2$のHとアスパラギン酸の図4ではない方の$-COOH$の$-OH$が縮合し，アミド結合(ペプチド結合)$-CONH$をもつ化合物が

生成する。

【生物】

【1】1 (1)　①　異化　②　同化　③　水　④　発酵　⑤　化学合成　⑥　窒素同化　(2)　細胞質基質　(3)　ウ

(4)　CAM植物　(5)　ア，イ，エ，カ　(6)　基質特異性

(7)　2.68×10^2〔g〕　2　(1)　呼吸商(RQ)　(2)　ア　0.7　イ　0.8　ウ　1.0　(3)　植物ア　(4)　呼吸によって放出した二酸化炭素を吸収する役割。

〈解説〉1 (1)　解答参照。　(2)　解糖系に関わる酵素は細胞質基質中に存在する。　(3)　紅色硫黄細菌は水ではなく硫化水素を利用し，酸素の代わりに硫黄を生成するが，これも光合成に含まれる。　(4)　解答参照。　(5)　これらを窒素固定細菌という。　(6)　解答参照。

(7)　グルコース(分子量180)1molに対して，最大38molのATPが産生される。したがって，$\dfrac{2.50}{180} \times 38 \times 507 \fallingdotseq 268$〔g〕となる。　2　(1)　呼吸商(RQ)＝$\dfrac{\text{放出する二酸化炭素の体積}}{\text{外界から吸収する酸素の体積}}$となる。　(2)　フラスコAの気体の減少量は，(発芽種子が吸収した酸素の量)－(発芽種子が放出した二酸化炭素の量)を示しており，フラスコBの気体の減少量は(発芽種子が吸収した酸素の量)を示している。よって，植物アのRQ＝$\dfrac{7.2-2.1}{7.2} \fallingdotseq 0.7$，植物イのRQ＝$\dfrac{8.0-1.5}{8.0} \fallingdotseq 0.8$，植物ウのRQ＝$\dfrac{6.0-0.1}{6.0} \fallingdotseq 1.0$となる。　(3)　RQが0.7であることから，植物アの主な呼吸基質は脂肪と考えられる。　(4)　解答参照。

【2】1 (1)　①　生体防御　②　自然免疫　③　獲得免疫(適応免疫)　④　白血球　⑤　食作用　⑥　造血幹細胞　(2)　主要組織適合抗原(MHC抗原)　(3)　自己免疫疾患　(4)　ア，イ，カ

2　(1)　免疫グロブリン　(2)　1〔種類〕　(3)　①　可変部

② 定常部　　S-S結合…

(4)　$1.92×10^6$〔種類〕　　(5)　利根川進

〈解説〉1　(1)　解答参照。　(2)　解答参照。　(3)　解答参照。

(4)　痛風は尿酸による関節の炎症である。花粉症・アナフィラキシーを含むアレルギー症状は免疫過敏による疾患である。エイズ(後天性免疫不全症候群)はHIVウイルスによって免疫力が低下し通常なら発症しない疾患に罹患する状態のことである。　2　(1)　解答参照。

(2), (3)　あるB細胞1種類に対して，抗体は1種類だけ産生される。抗体は抗原に結合する部分であり種類により多様な立体構造を取る可変部と，一定の立体構造を持つ定常部からなる。4本のポリペプチドのうち，外側の2本はL鎖，内側の2本はH鎖であり，L鎖とH鎖の間には1つ，H鎖同士の間には2つのS-S結合ができている。　(4)　$(40×25×6)×(64×5)=1.92×10^6$〔種類〕　(5)　解答参照。

【3】1　(1)　①　花粉母細胞　　②　花粉四分子　　③　胚のう細胞　④　助細胞　　⑤　反足細胞　　⑥　中央細胞　　⑦　精細胞　⑧　幼根　　⑨　胚乳　　⑩　重複受精　　(2)　胚…$2n$　　⑨…$3n$

(3)　無胚乳種子　　(4)　細胞の名称…助細胞　　物質名…ルアー

2　(1)　調節タンパク質　　(2)　ハンチバックタンパク質…イ

コーダルタンパク質…ウ　　(3)　イ，ウ，オ　　(4)　8〔種類〕

(5)　ア

〈解説〉1　(1)　解答参照。なお，⑧は公開解答では胚となっているが，前後の文章から考えると幼根が適切であると考えられる。　(2)　胚は卵細胞nと精細胞nの受精により生じ，胚乳は中央細胞$(n+n)$と精細胞nの受精により生じる。　(3)　解答参照。　(4)　花粉管を胚のうまで導く現象を花粉管誘引という。　2　(1)　解答参照。　(2)　問題文よ

り，「ハンチバック遺伝子は，ビコイドタンパク質によって転写が活性化され，ナノスタンパク質によってmRNAの翻訳が阻害される」ことから，ハンチバックタンパク質は胚の前方に多く，後方には少ないことになる。また，「コーダル遺伝子は，ビコイドタンパク質によって翻訳が抑制される」ため，コーダルタンパク質は胚の後方に多く，前方には少ないことになる。　(3)　解答参照。　(4)　解答参照。

(5)　バイソラックス遺伝子群は，胸部から尾部にかけての調節を行っているので，これらの部位に変位が起きていると考えられる。

【4】1　①　照葉樹林　　②　夏緑樹林　　③　針葉樹林　　④　水平分布　　⑤　垂直分布　　⑥　亜高山帯　　⑦　森林限界

2　①　ア，エ　　②　イ，オ　　③　カ，ク　　3　暖かさの指数…140.9　　xの最小値…3.3〔℃〕　　4　日本は降水量が十分にあるため，一部を除き森林になる。　　5　(1)　0.86〔kg/m²〕　　(2)　3.91〔kg/m²〕

(3)　13.42〔kg/m²〕

〈解説〉1　解答参照。　　2　アコウとイジュは，亜熱帯多雨林に見られる樹種である。　　3　暖かさの指数は，月平均気温から5℃を引いた値の合計となる。よって，$(5.8＋6.1＋9.3＋14.9＋19.4＋23.2＋26.8＋28.3＋25.2＋19.3＋13.9＋8.7)－(5×12)＝140.9$となる。また，$140.9＋12x≧180$より，$x≧3.25…≒3.3$　　よって，月平均気温が3.3℃上昇すれば，亜熱帯多雨林が成立する。　　4　解答参照。　　5　(1)　この植物の1年間の成長量は，現存量の変化量と考えられるので，$47.53－46.67＝0.86$〔kg/m²〕　　(2)　(純生産量)＝(成長量)＋(被食量)＋(枯死量)より，$0.86＋0.63＋2.42＝3.91$〔kg/m²〕　　(3)　(総生産量)＝(純生産量)＋(呼吸量)より，$3.91＋9.51＝13.42$〔kg/m²〕

2021 年度　実施問題

中　高　共　通

【1】光について，次の問いに答えなさい。

1　図は，直角に組み合わせた2枚の鏡を平面に立て，平面に平行に進む光を当てたところを真上から見たものである。

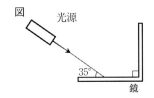

(1)　最初の反射における反射角は何度か，書きなさい。

(2)　反射後の光の道筋を次の図にかきなさい。ただし，すべての反射における入射角の数値も書きなさい。

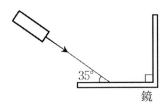

(3)　鏡に入射した光の道筋と，2回反射した後の光の道筋は，入射角の大きさによらずどのような特徴があるか，次の空欄に入る適切な語句を書きなさい。

　　2回反射した後の光の道筋は，鏡に入射した光の道筋に対して（　　）である

2　光は電磁波の一種である。次の①～③に利用されている電磁波として適切なものを，あとのア～オからそれぞれ1つずつ選び，その

符号を書きなさい。

①　ブラックライト，蛍光灯

②　携帯電話，電子レンジ

③　サーモグラフィー，テレビのリモコン

ア　マイクロ波　　イ　赤外線　　ウ　紫外線　　エ　X線

オ　γ線

3　光の速さを3.0×10⁸m/sとして，2.0×10⁶Hzの電波の波長を求めなさい。

(☆☆☆◎◎◎)

【2】生態系について，次の問いに答えなさい。

1　図はある地域の緑色植物，草食動物，肉食動物の数量関係を模式的に示した生態ピラミッドである。

図

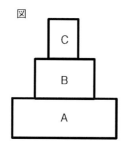

(1)　Bにあてはまるものは，緑色植物，草食動物，肉食動物のうちどれか書きなさい。また，Bが何かの原因で急激に増加したとするとCの個体数は一時的にどう変化するか書きなさい。

(2)　A，B，Cの死がいや排出物を無機物に変える役割を担っている生物のことを何というか，書きなさい。

(3)　次のア～エのうち，(2)の役割に分類されるものを1つ選び，その符号を書きなさい。

ア　ケイソウ　　イ　ウイルス　　ウ　ミジンコ

エ　シロアリ

(4)　食う食われるの関係にある生物について，単位面積あたりの個

144

体数または総重量の関係として一般的に成立しているものを次の
ア～エから1つ選び，その符号を書きなさい。

ア　樹木の葉を食べるガの幼虫の個体数　＞　樹木の個体数

イ　樹木の葉を食べるガの幼虫の総重量　＞　樹木の総重量

ウ　コウノトリの個体数　＞　コウノトリが餌とする魚や小動物
　　の個体数

エ　コウノトリの総重量　＞　コウノトリが餌とする魚や小動物
　　の総重量

2　生態系における窒素循環に関して，次の問いに答えなさい。

(1)　植物が土壌中の無機窒素化合物を取りこんで，有機窒素化合物
を合成するはたらきを何というか，書きなさい。

(2)　マメ科植物などの根に共生し，大気中の窒素をアンモニウムイ
オンに変える細菌を何というか，書きなさい。

(3)　(2)の細菌が共生するマメ科植物として適切なものを，次のア
～エから1つ選び，その符号を書きなさい。

ア　ヒメジョオン　　　　　　イ　シロツメクサ

ウ　セイタカアワダチソウ　　エ　セイヨウタンポポ

(☆☆☆◎◎◎)

【3】水溶液の電気分解の実験に関して，下の問いに答えなさい。

1　5.0％の塩化銅(Ⅱ)水溶液を，電極に炭素棒を使って電気分解する実
験を行った。

(1)　5.0％の塩化銅(Ⅱ)水溶液をつくるためには，水100gに塩化銅
(Ⅱ)の無水塩を何g溶かせばよいか，小数第1位まで求めなさい。

(2)　この実験を続けると，塩化銅(Ⅱ)水溶液の色はどのように変化
するか，次の(　　)に適切な語句を書きなさい。

(　　)色の水溶液の色が(　　)

(3)　陽極で生じる物質の名称を書きなさい。

(4)　陰極で起こる変化を，次のア～オから1つ選び，その符号を書
きなさい。

　　　　ア　表面がとけ始める　　　　イ　表面に青色の物質がつく
　　　　ウ　表面に赤褐色の物質がつく　　エ　表面に黒色の物質がつく
　　　　オ　気体が発生する
　２　電極に白金を使って希硫酸を電気分解した。
　　(1)　このとき，陰極で生じる物質の名称を書きなさい。
　　(2)　このとき，陽極で起こる変化を電子e⁻を使った反応式で書きな
　　　さい。

（☆☆☆◎◎◎◎）

【４】気象現象について，下の問いに答えなさい。
　１　図1は2つの台風の気象データをもとに作成したグラフである。

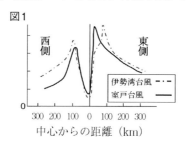

図1

　　(1)　縦軸は何の値を示しているか，次のア～エから1つ選んで，そ
　　　の符号を書きなさい。
　　　　ア　気圧　　イ　風速　　ウ　湿度　　エ　最上部の雲の高さ
　　(2)　台風について書かれた次の文の空欄①～③にあてはまる語句を
　　　ア～カから1つずつ選んで，その符号を書きなさい。
　　　　台風は，熱帯地方のあたたかい海上で発生した低気圧が，海か
　　　ら(　①　)を供給されて発達したものである。(　②　)をともな
　　　わず，天気図ではほぼ同心円状の(　③　)で表される。
　　　　ア　気流　　　イ　前線　　ウ　水蒸気　　エ　凝結核
　　　　オ　等高線　　カ　等圧線
　２　図2は，ある気象現象を模式的に表したものである。

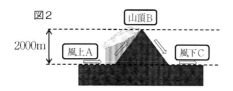

図2

(1) 湿った風が山を越えて吹くとき，風下側で急に気温が上がる現象の名称を書きなさい。

(2) 次の文の空欄①，②にあてはまる数値を整数値で求め，空欄③にあてはまる語句を書きなさい。ただし，雲ができ雨が降っている状況では100mにつき気温が0.5℃変化し，雲がない状況では100mにつき気温が1℃変化するものとする。

　風上A(気温25℃)で雨が降っており，風上Aから山頂Bまで風が吹き上げ，雨が続いている。このとき，山頂Bの気温は(①)℃である。山頂Bを越した後，雲は消えて風下Cまで吹き下りた。このとき，風下Cの気温は(②)℃である。このように風上Aから山頂Bまでの気温の変化する量が，山頂Bから風下Cまでと比べて小さいのは，水の状態変化にともない熱が放出されるためである。この熱を(③)という。

(☆☆☆◎◎◎)

中　学　理　科

【1】力に関するあとの問いに答えなさい。ただし，重力加速度の大きさを9.8m/s²とする。

1　図1はA君，B君が軽い滑車を利用した実験の様子である。

図1

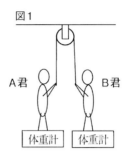

A君　　　　　B君

体重計　体重計

(1)　体重が同じ500NのA君とB君のうち，A君が200Nの力でひもを引き，そのひもをB君がすべらないようににぎっていた場合，体重計が示すA君，B君の体重はそれぞれ何Nか，求めなさい。ただし，ひもは鉛直方向に張られているものとする。

(2)　(1)のとき，滑車が天井を引く力の大きさを求めなさい。

2　図2はC君がなめらかな斜面を利用して荷物を引き上げている様子である。

図2

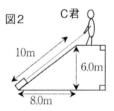

C君

10m

6.0m

8.0m

(1)　C君が斜面を利用して490Nの荷物を引き上げるために必要な力の大きさを求めなさい。

(2)　6.0mの高さをゆっくりと持ち上げるのに7.0分かかった。仕事率を求めなさい。

3　図3はエレベータを利用して980Nの荷物をビルの1階から屋上まで上昇させるときの速さと時間の関係を示している。ただし，エレベータが上昇する向きを正とする。

148

図3

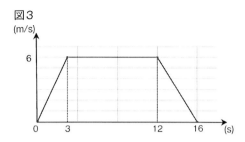

(1) 0秒から3秒までの加速度および12秒から16秒までの加速度をそれぞれ求めなさい。

(2) (1)の区間で，エレベータの床が荷物から受ける力の大きさをそれぞれ求めなさい。

(3) 1階から屋上まで，エレベータで移動した距離を求めなさい。

4 図4のように天井から2本の糸a，bで質量10kgのおもりをつり下げた。

図4

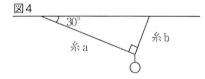

(1) 糸aの張力を求めなさい。

(2) 糸bの張力は糸aの張力の何倍か，小数第1位まで求めなさい。

(☆☆☆◎◎◎)

【2】気体の発生と性質に関して，あとの問いに答えなさい。ただし，原子量は次の値を使いなさい。

H＝1.0，N＝14，O＝16，S＝32，Cl＝35

気体を発生させる実験1～4を行った。

実験1 塩化アンモニウムと水酸化カルシウムを混ぜたものを加熱し，気体Aを発生させた。

実験2 塩化ナトリウムに濃硫酸を加えて加熱し，気体Bを発生させた。

149

　　実験3　過酸化水素水に二酸化マンガンを加えて気体Cを発生させ
　　　た。
　　実験4　硫化鉄(Ⅱ)に希塩酸を加えて気体Dを発生させた。
1　気体Aが発生するときの化学反応式を書きなさい。
2　気体Bが発生するときの化学反応式を書きなさい。
3　気体Aと気体Bを混合すると，直ちに白煙を生じた。このときの化
　学反応式を書きなさい。
4　気体C，Dの名称を書きなさい。
5　実験3における二酸化マンガンと同じはたらきをもつものを何とい
　うか，書きなさい。
6　標準状態において，同体積の気体A，気体B，気体C，気体D，空気
　の重さについて，最も適切なものを次のア～エから1つ選び，その
　符号を書きなさい。
　ア　気体Aが最も重く，空気が最も軽い。
　イ　気体Bが最も重く，気体Cが最も軽い。
　ウ　気体Bが最も重く，気体Aが最も軽い。
　エ　気体Dが最も重く，空気が最も軽い。
7　無色で腐卵臭を持つ気体として適切なものを，次のア～エから1つ
　選び，その符号を書きなさい。
　ア　気体A　　イ　気体B　　ウ　気体C　　エ　気体D
　　　　　　　　　　　　　　　　　　　　　　　（☆☆☆◎◎◎◎）

【3】動物の分類と体のつくりに関して，次の問いに答えなさい。
1　表のA～Gに適する動物名を下のア～キからそれぞれ1つずつ選び，
　その符号を書きなさい。
　　表

	軟体動物	節足動物	魚類	両生類	は虫類	鳥類	哺乳類
生物名	A	B	C	D	E	F	G

　ア　コウモリ　　イ　サンショウウオ　　ウ　ハマグリ
　エ　クモ　　　　オ　タツノオトシゴ　　カ　ヤモリ

キ　ワシ

2　文章中の空欄①～④に入る適切な語句を書きなさい。

　　多くの両生類では，卵から孵化した子が成長して子をつくれるようになる前に，体の形や生活の仕方が大きく変化する。このような変化を(　①　)といい，(　①　)する前の個体を(　②　)，(　①　)した後の個体を成体という。(　①　)の前後で呼吸の仕方も変わり，(　②　)の段階は主に(　③　)で，成体は(　④　)と皮膚で呼吸する。

3　イカを解剖して体のつくりを観察した。

(1)　イカが運動するために水を吐き出すところを何というか，書きなさい。

(2)　軟体動物の内臓を包む筋肉でできた膜を何というか，書きなさい。

(3)　イカの背側の中心線に沿った細長い透明なものは，祖先の体にあった何の痕跡か書きなさい。

4　節足動物の体のつくりについて説明した次の文の空欄①，②に入る適切な語句を書きなさい。

　　節足動物の体を支えたり，保護したりしている殻のことを(　①　)といい，筋肉はこの内側についている。また，陸上で生活する節足動物は胸部や腹部に呼吸のために空気を取りこむ穴をもつ。この穴を(　②　)という。

(☆☆☆◎◎◎)

【4】天体について次の問いに答えなさい。

1　次の文中の空欄①にあてはまる語句を書きなさい。また，空欄②，③にあてはまる数値をア～クからそれぞれ1つずつ選び，その符号を書きなさい。

　　太陽以外の恒星でもっとも明るく見える恒星は(　①　)座のシリウスである。シリウスの見かけの等級は－1.5等級なので，2.5等級の恒星の約(　②　)倍明るく見えていることになる。また，恒星の色は表面温度によって異なり，シリウスは白色で表面温度は約

10000℃，太陽は黄色で黒点以外の大部分の表面温度は約(③)℃である。

ア　4　　　イ　16　　　ウ　40　　　エ　100　　　オ　1000

カ　4000　　キ　6000　　ク　20000

2　図は太陽系8惑星の質量と半径の関係を両対数軸の散布図で示したものである。また，☆は発見済みの太陽系外惑星である。

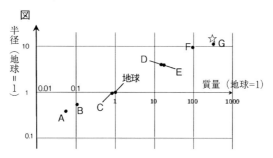

(1)　火星と土星を図のA〜Gからそれぞれ1つずつ選び，その符号を書きなさい。また，輪をもつ惑星をA〜Gからすべて選び，その符号を書きなさい。

(2)　図の☆はGとほぼ同じ質量でわずかに半径が大きい。このことから，☆とGの主成分は同じと考えてよい。☆とGの主成分について，次の空欄に入る適切な語句を書きなさい。

液体や気体の( )やヘリウムである

(3)　平均密度が地球と等しい星は，図の中のある直線上に示される。その直線を，上の散布図にかきなさい。

3　明石市は「子午線のまち」として知られている。

(1)　明石市(北緯34.6度・東経135度)における夏至の日の太陽の南中高度を，小数第1位まで求めなさい。

(2)　次の条件1〜4のもとで地球1周の長さを求めるとき，その値として適切なものをあとのア〜エから選び，その符号を書きなさい。

条件1　地球を完全な球体であるとみなす

条件2　明石市立天文科学館と比治山トンネル(京丹後市久美浜町)

にはちょうど東経135度の子午線が通っている

条件3　北緯は明石市立天文科学館が34度38分，比治山トンネルが35度34分である

条件4　明石市立天文科学館と比治山トンネルとの距離は102.9kmである

ア　39,690km　　イ　39,990km　　ウ　40,290km

エ　40,590km

(☆☆☆☆○○○)

高 校 理 科

【物理】

【1】図のように，内部抵抗が無視できる起電力Eの電池2個，抵抗値がそれぞれr，2r，3rの抵抗，電気容量Cのコンデンサーと，スイッチが接続された回路がある。最初，スイッチは開いており，コンデンサーに電荷は蓄えられていないものとして，下の問いに答えなさい。

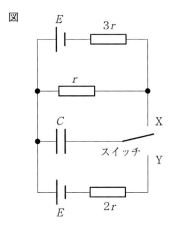

1　スイッチをX側につないだ。この直後に，抵抗値rの抵抗に流れる電流の大きさと，コンデンサーに流れる電流の大きさをそれぞれ求

めなさい。

2　スイッチをX側につないで，十分に時間が経過したとき，コンデンサーに蓄えられている電気量を求めなさい。

3　2の後，スイッチをY側につなぎ替えた。この直後に，抵抗値$2r$の抵抗に流れる電流の大きさを求めなさい。

4　3の後，十分に時間が経過するとコンデンサーに電流が流れなくなった。この間に，電池がした仕事と，抵抗値$2r$の抵抗で発生したジュール熱をそれぞれ求めなさい。

(☆☆☆◎◎◎)

【2】図の実線は，ある正弦波の時刻0sにおける波形である。この正弦波が時刻1.2sのとき，波の山PがQまで進んで，点線の波形になった。下の問いに答えなさい。ただし，特に指示がない場合は，有効数字を無視してよい。

図

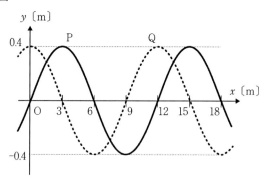

1　この波の振幅，波長，伝わる速さ，振動数を，それぞれ有効数字2桁で求めなさい。

2　位置$x＝0$mにある媒質が静止する時刻を，整数nを用いて表しなさい。

3　時刻0sのとき，速度が上向きに最大となっている媒質の位置x〔m〕を，整数aを用いて表しなさい。

4　媒質の振動の速さが最大となるとき，その速さはいくらか，有効
数字2桁で求めなさい。

5　位置 $x=55$m にある媒質の，振動のようすを表す $y-t$ 図を書きなさい。

6　位置 x 〔m〕にある媒質の，時刻 t 〔s〕における変位 y 〔m〕を表す
式を書きなさい。

【3】万有引力に関する，下の問いに答えなさい。ただし，地球などの星
の自転や，大気による影響は無視できるものとする。

1　地球表面から物体を水平に発射することを考える。ただし，万有
引力定数を G，地球の質量を M，地球の半径を R とする。

(1)　初速 v_0 で発射すると，物体は半径 R の等速円運動をした。この
ときの初速 v_0 を求めなさい。また，円運動の周期 T を求めなさい。

(2)　初速 v_1 で発射すると，物体は最大で地球の中心からの距離が aR
となる位置 $(a>1)$ まで到達し，再び発射位置に戻ってきた。

(i)　この物体が再び発射位置に戻ってくるまでの間において，最
も遅くなったときの速さは v_1 の何倍か，求めなさい。

(ii)　v_1 は v_0 の何倍か，求めなさい。

(iii)　この物体を発射してから再び発射位置に戻ってくるまでの
時間は，T の何倍か，求めなさい。

(3)　初速 v_2 で発射すると，物体は最大で月の公転軌道(半径 $3.84 \times$
10^5km)まで到達した。既知の値を用いて，v_2 を有効数字2桁で求めな
さい。ただし，月の万有引力の影響は無視できるものとし，求める
までに用いた既知の値と，求める過程についても示しなさい。

2　表は，太陽系における各星の赤道半径，質量，密度を，それぞれ
地球＝1として示したものである。表の各星において，星の表面か
ら物体を水平に発射して，等速円運動させることを考える。

表

	赤道半径	質量	密度
ア 水星	0.38	0.055	0.99
イ 金星	0.95	0.82	0.95
ウ 地球	1	1	1
エ 火星	0.53	0.11	0.71
オ 木星	11	318	0.24
カ 土星	9.4	95	0.13
キ 天王星	4.0	15	0.23
ク 海王星	3.9	17	0.30
ケ 冥王星	0.18	0.0022	0.39
コ 月	0.27	0.012	0.61

(1)　表に示したア～コの星のうち，等速円運動の速さが最も小さくなるのはどの星か，その符号を書きなさい。

(2)　表に示したア～コの星のうち，等速円運動の周期が最も長くなるのはどの星か，その符号を書きなさい。

(☆☆☆◎◎◎)

【4】図1のように，$-L \leq z \leq 0$の範囲にy軸方向の一様な電場と磁場があり，z軸上正の向きに運動してきた荷電粒子を入射させる。重力による影響は無視できるものとして，下の問いに答えなさい。

図1

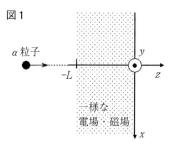

1　質量m，電気量$+q$のα粒子を速さv_0で入射させたとき，図2のように，α粒子はxy平面上の点(x_0, y_0)に到達した。これについて説明したあとの文の[　　]に入る適切な文字式をそれぞれ答えなさい。

図2

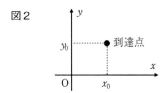

到達点

y_0

x_0

まず，磁場から受ける力を無視すると，α粒子は電場からy軸正の向きの力を受けて，yz面内において放物運動すると考えられる。このとき，電場の大きさをEとすると，粒子の加速度の大きさは[　①　]であり，また，放物運動をする時間は[　②　]であることから，y軸方向の変位y_0を求めると，$y_0 =$[　③　]となる。

次に，α粒子が磁場から受ける力の影響について考える。磁場の磁束密度の大きさをBとすると，α粒子はxz面内において大きさ[　④　]のローレンツ力を受け，半径$R =$[　⑤　]の等速円運動を行う。従って図3から，x軸方向の変位x_0はR，Lを用いて，$x_0 = R -$[　⑥　]と表される。ここで，磁束密度Bが十分に小さいとすると，半径Rが十分に大きいとみなせるため，xが十分に小さいときの近似式$(1+x)^n \fallingdotseq 1 + nx$を利用して，$x_0$は$R$を用いずに$B$を用いて，$x_0 \fallingdotseq$[　⑦　]と表される。また，このとき$y_0 \fallingdotseq$[　③　]と考えてよい。

図3

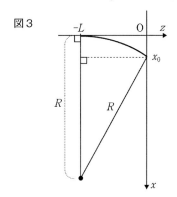

2　1と同じ電場と磁場に，α粒子にかえて陽子を同様に入射させる。

(1)　入射させた陽子の速さがv_0であったとき，xy平面上の到達点の

157

座標を，x_0とy_0を用いて表しなさい。

(2)　速さがv_0から$4v_0$まで連続的に分布した多数の陽子を入射させたとき，陽子のxy平面上の到達点の分布を，x_0とy_0を用いて図示しなさい。

(☆☆☆◎◎◎)

【化学】

【1】次の〔実験1〕～〔実験5〕に関して，あとの問いに答えなさい。なお，すべての水溶液の比熱を$4.2J/(g・K)$とし，原子量は，次の値を使いなさい。H＝1.0，O＝16，Na＝23，S＝32

〔実験1〕固体の水酸化ナトリウム2.0gを素早く量り取り，ビーカーに入れた水50mLに溶解させ，水溶液の温度変化を測定した。その時の温度変化は図のようであった。ここで，水酸化ナトリウムを水中に入れた瞬間を時間0秒とする。

図

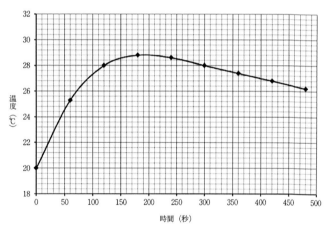

〔実験2〕次に，〔実験1〕の水溶液の温度が一定になった時点で，容器全体を断熱容器に入れ，水溶液と同じ温度の1.0mol/L塩酸を75mL混合すると，混合水溶液の温度は5.4℃上昇した。

〔実験3〕さらに，〔実験2〕の混合水溶液に水を加え全体を2.0Lとし，

アンモニアを吸収させたところ，混合水溶液のpHは3.0となった。

〔実験4〕一方，18mol/L濃硫酸10mLを断熱容器内の水500mLに静かに加えると，水溶液の温度は6.0℃上昇した。

〔実験5〕18mol/L濃硫酸10mLを断熱容器内の1.0mol/L水酸化ナトリウム水溶液500mLに静かに加えた。

1 〔実験1〕について，周囲への放熱がないと仮定した場合，水酸化ナトリウムの溶解が完了した時点で，水温は何℃上昇したと推定されるか。整数値で書きなさい。

2 1の値を用いて，水への水酸化ナトリウムの溶解による発熱量(kJ)を有効数字2桁で求めなさい。ただし，水の密度を1.0g/cm³とする。

3 〔実験2〕について，このときの温度上昇値をもとに塩酸と水酸化ナトリウム水溶液の中和を示す熱化学方程式を書きなさい。

　　ただし，1.0mol/L塩酸の密度を1.0g/cm³とし，外部からの熱の出入り及び水酸化ナトリウムの溶解による体積変化は無いものとする。また，反応熱は有効数字2桁で示しなさい。

4 〔実験3〕について，吸収させたアンモニアの体積は，標準状態で何Lであったか。有効数字2桁で求めなさい。ただし，気体のアンモニア1.0molの標準状態での体積を22.4Lとする。

5 〔実験2〕および〔実験4〕の結果を利用して，〔実験5〕における発熱量(kJ)を有効数字2桁で求めなさい。ただし，18mol/L濃硫酸の密度を1.8g/cm³とし，外部からの熱の出入りはないものとする。

(☆☆☆☆◎◎◎)

【2】次の文章を読み，あとの問に答えなさい。

　　1molの気体について，温度T〔K〕，圧力P_i〔Pa〕のもとで，体積V_i〔L〕であるとき，$P_iV_i＝RT$…(A)という気体の状態方程式が適用できる気体を[　ア　]という。このときのRは気体定数という。これに対し，実在気体では，主に次の2つ(①，②)の原因のために，厳密には(A)式が成立しない。①分子の間に[　イ　]力が働く。②分子自身が[　ウ　]をもつ。

　　[　エ　]は，1873年，これらを考慮して(A)式を補正し，実在気体によりよくあてはまる気体の状態方程式を考案した。

　　まず，①の原因のため，器壁近くの分子は内側にある分子によって引かれる分，器壁におよぼす圧力は[　オ　減少・増加　]する。すなわち，実測される圧力Pは[　イ　]力が働かない場合に比べて[　カ　大き・小さ　]くなると考えられる。圧力の[　オ　減少・増加　]分は気体の体積Vの2乗に[　キ　]するので，(A)式のP_iは$(P+a\times$[　ク　]$)$で補正すればよい。ただし，aは気体の種類によって異なる正の定数である。

　　次に②の原因のため，実測される気体Vは，気体分子が自由に動き回れる空間の体積V_iよりも，分子自身の[　ウ　]に比例する定数bだけ[　ケ　大き・小さ　]くなると考えられる。したがって，(A)式のV_iは$($[　コ　]$)$で補正すればよい。

　　これらの2つの補正を組み合わせると，$(P+a\times$[　ク　]$)($[　コ　]$)=RT$という式が得られる。

1　文中の[　　]に適切な語句または式を書きなさい。ただし，[　オ　]，[　カ　]，[　ケ　]は[　　]内の適切な方を選んで書きなさい。
2　メタン，エタン，プロパンのアルカン同士で比較した場合，1分子あたりに含まれる炭素数が多くなると，aとbの値はそれぞれどのように変化するか。「大きくなる」または「小さくなる」で書きなさい。
3　実在気体でも(A)式の適用が可能となる状態を次の〔選択群〕からすべて選んで書きなさい。
[　〔選択群〕　低圧　　高圧　　低温　　高温　]
4　実在気体において，二酸化炭素1.0molを27℃で1.0Lの容器に入れたときの圧力P〔Pa〕を有効数字2桁で求めなさい。ただし，$a=36\times10^5$Pa・L^2/mol^2，$b=0.040$L/mol，気体定数$R=8.3\times10^3$Pa・L/(mol・K)とする。

（☆☆☆◎◎◎）

【3】 金属及びハロゲンの性質に関する次の問いに答えなさい。

1 〔実験A〕及び〔実験B〕の結果に基づき，下の問いに答えなさい。

〔実験A〕硫酸銅(Ⅱ)水溶液および硝酸鉛(Ⅱ)水溶液に亜鉛板を入れると，いずれの場合にも表面が黒変した。続いて，硫酸銅(Ⅱ)水溶液に鉛板を入れると同様に表面が黒変した。ところが，硝酸亜鉛水溶液に鉛板または銅板を入れても変化は起こらなかった。また，硝酸鉛(Ⅱ)水溶液中に銅板を入れても同様に変化は起こらなかった。次に，硝酸銀水溶液中に銅板を入れると表面が黒変し，水溶液は青色に変化したが，硫酸銅(Ⅱ)水溶液に銀板を入れても変化は起こらなかった。

〔実験B〕臭素水に銅の小片を入れてよく振り混ぜた。その後，水溶液だけを取り出して煮沸し，過剰の臭素を除いた。水溶液を二つに分けて，一方に硝酸銀水溶液を加えると直ちに淡黄色の沈殿を生じた。また，他方にヘキサシアニド鉄(Ⅱ)酸カリウム $K_4[Fe(CN)_6]$ 水溶液を加えると赤褐色のヘキサシアニド鉄(Ⅱ)酸銅(Ⅱ)($Cu_2[Fe(CN)_6]$)が生じた。また，臭素水を塩化カリウム水溶液に加えても変化はなかったが，塩素水を臭化カリウム水溶液に加えると水溶液全体が黄褐色に変化した。

(1) 次のうち，最も強い還元剤はどれか。ア〜オから1つ選び，その符号を書きなさい。

ア Cu　イ Cl^-　ウ Br^-　エ Zn　オ Pb

(2) 次の(　)内の物質について，還元されやすい順に並べられている組はどれか。ア〜オから1つ選び，その符号を書きなさい。

ア (Br_2, Cu^{2+}, Zn^{2+})　イ (Zn^{2+}, Br_2, Cu^{2+})

ウ (Cu^{2-}, Zn^{2+}, Br_2)　エ (Br_2, Zn^{2+}, Cu^{2+})

オ (Zn^{2+}, Cu^{2+}, Br_2)

(3) 次のうち，鉛を鉛(Ⅱ)イオンに酸化することはできるが臭化物イオンを臭素に酸化することができないものはどれか。ア〜カから1つ選び，その符号を書きなさい。

ア Cl^-　イ Cl_2　ウ Zn^{2+}　エ Zn　オ Cu^{2+}

　　　カ　Cu

2　7種の金属A，B，C，D，E，F，Gについての記述①〜④を読み，A
　〜Gに該当する金属を〔選択群〕から1つずつ選び，元素記号を書き
　なさい。また，⑤〜⑦については，[　　　]に該当する金属の元素記
　号を書きなさい。

　[　〔選択群〕　Al　Ag　Cu　K　Mg　Ni　Pb　]

①　室温で水と激しく反応するのはDのみであり，磁性をもつのは
　　Bのみである。

②　希硫酸に加えたとき水素を発生して溶解するのはA，B，C，D
　　で，こうして得られた水溶液を水酸化ナトリウムで十分にアルカ
　　リ性にしたとき，なお，溶解しているのはA，Dである。

③　E，F，Gは希硫酸に溶けないが，希硝酸には溶ける。この水溶
　　液中でFは青色のイオンとなっている。また，E，F，Gの水溶液
　　をアンモニアで塩基性にしたとき，沈殿として残るのはGのみで
　　ある。

④　B，E，F，Gの酸化物は水素で還元できるが，A，C，Dの酸化
　　物は水素による還元は困難である。

⑤〔選択群〕の金属で最も密度が大きいのは[　　　]である。

⑥〔選択群〕の金属で最も密度が小さいのは[　　　]である。

⑦〔選択群〕の金属のイオンを含む水溶液を電気分解したとき，水
　　溶液が高濃度であっても陰極にその金属の単体が析出しないもの
　　を3つあげると[　　　]である。

　　　　　　　　　　　　　　　　　　　　　　　（☆☆☆◎◎◎◎）

【4】次の文章を読んで，あとの問いに答えなさい。

　　分子式$C_{13}H_{10}O_3$で表され，ベンゼン環をもつ化合物Aがある。Aに水
　酸化ナトリウム水溶液を加えて加熱すると反応して溶解した。この反
　応液から種々の分離操作を行って化合物Bと化合物Cを得た。Bは
　$C_7H_6O_3$の分子式で表され，炭酸水素ナトリウム水溶液に発泡をともな
　って溶解した。なお，Bのベンゼン環に結合している水素原子の一つ

を塩素原子で置き換えた化合物は，2種しか存在しないことが判明している。また，Bをメタノールに溶かし少量の濃硫酸を加えて熱したところ，$C_8H_8O_3$の分子式で表される化合物Dが生成した。Dは無水酢酸と反応して，$C_{10}H_{10}O_4$で表される化合物Eが生成した。一方，Cは分子式C_6H_6Oで表され，<u>Cに臭素水を加えると臭素水は脱色されて白色の沈殿を生じた。</u>また，Cに濃硝酸と濃硫酸の混合物を加えて加熱すると，黄色の化合物Fが生成した。

　以下の問いにおいて，構造式でベンゼン環を表す場合は，図に示した書き方を用いること。

図

1　A，B，D，E，Fの構造式をそれぞれ書きなさい。
2　Eに塩化鉄(Ⅲ)水溶液を加えたときの呈色の有無について，「○○色に呈色する」または「呈色しない」で書きなさい。
3　2(「呈色する」または「呈色しない」)の理由を簡潔に説明しなさい。
4　下線部の反応について構造式を用いた化学反応式で書きなさい。
5　4の反応において，反応液のpHは反応の開始時と比較すると，見かけ上の反応終了時点でどのように変化しているか。「大きくなる」または「小さくなる」のいずれかで書きなさい。

（☆☆☆☆◎◎◎）

【生物】

【1】細胞に関するあとの問いに答えなさい。

1　細胞には<u>核という構造を持つ</u>（　①　）細胞と，核という構造を持たない（　②　）細胞がある。（　①　）細胞では，DNAの遺伝情報が核内でmRNAに（　③　）される。その後，mRNAは核膜にある（　④　）を通り細胞質へ移動し，RNAとタンパク質からなる（　⑤　）と結合する。その後，アミノ酸が順次配列して結合し，遺伝情報に従った

タンパク質が合成される。このようにmRNAの塩基配列に基づいて
タンパク質が合成される過程を(　⑥　)という。合成されたタンパ
ク質は，細胞内外の様々な場所で機能する。

(1)　文章中の空欄①～⑥に入る適切な語句を書きなさい。

(2)　核のように内部にDNAを持つ細胞小器官をすべて書きなさい。

(3)　膜構造をもたない細胞内構造体として適切なものを，次のア～
エから1つ選び，その符号を書きなさい。

　　ア　中心体　　イ　ゴルジ体　　ウ　小胞体　　エ　リソソーム

(4)　下線部の細胞からなる生物として適切なものを，次のア～カか
らすべて選び，その符号を書きなさい。

　　ア　イシクラゲ　　イ　ネンジュモ　　　ウ　アメーバ
　　エ　ユレモ　　　　オ　アカパンカビ　　カ　硝酸菌

(5)　細胞内ではたらくモータータンパク質として適切でないもの
を，次のア～エから1つ選び，その符号を書きなさい。

　　ア　ミオシン　　イ　ダイニン　　ウ　ヒストン
　　エ　キネシン

(6)　アミノ酸どうしの結合を何というか，結合の名称を書きなさい。

(7)　(6)の結合について，関与する2つの官能基の名称を用いて簡潔
に説明しなさい。

2　表は，タマネギの根端分裂組織を用いてプレパラートを作成し，
顕微鏡で観察した際，観察できた体細胞分裂の各時期の個数を示し
たものである。

表

間期	前期	中期	後期	終期
640	124	12	8	16

(1)　根端分裂組織を用いてプレパラートを作成する際，酢酸に浸し
て細胞の活動を停止させることで，生きていた状態に近いまま保
存する操作を何というか。

(2)　タマネギの根端細胞の細胞周期の長さが22時間であるとき，間
期に要する時間は何時間か，小数第1位まで求めなさい。なお，

　根端分裂組織の細胞はランダムに分裂しているものとする。

(3)　体細胞分裂の際の，細胞周期と細胞当たりのDNA量の関係を
　　グラフで表しなさい。ただし，G_1期の細胞当たりのDNA量を1と
　　し，グラフの縦軸に目盛り数字を適切に記入すること。

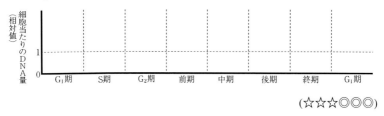

(☆☆☆◎◎◎)

【2】肝臓と腎臓のはたらきに関する下の問いに答えなさい。

1　肝臓は人体の化学工場として<u>物質の合成や分解にかかわる多様な</u>
　<u>はたらき</u>をもっており，血糖量及び体温の調節を行うなど，恒常性
　を維持するうえで重要な臓器である。肝臓は，1mmほどの大きさの
　六角柱の形をした約50万個の(　①　)からなる。肝臓につながる血
　管には肝動脈，肝静脈の他に，消化管とひ臓からの血液が流れ込む
　(　②　)がある。

(1)　文章中の空欄①，②に入る適切な語句を書きなさい。

(2)　下線部について，肝臓のはたらきを説明した文として適切なも
　　のを，次のア〜エから1つ選び，その符号を書きなさい。

　　ア　血しょう中に最も多く含まれるアルブミンなど，多くの血し
　　　ょうタンパク質が合成される。

　　イ　タンパク質の消化を助ける胆汁を生成し，胆のうへ運び十二
　　　指腸へと分泌する。

　　ウ　摂取した炭水化物から得られたグリコーゲンをグルコースに
　　　変え貯蔵する。

　　エ　脂質を分解した際に生じる毒性の強いアンモニアを，毒性の
　　　少ない尿素へと変える。

(3)　正常なヒトの空腹時の血液100mLあたりに含まれる血糖量とし

て最も適切なものを，次のア〜オから1つ選び，その符号を書きなさい。

ア　0.1mg　　イ　1mg　　ウ　10mg　　エ　100mg　　オ　1g

2　哺乳類の腎臓は，有害な代謝産物や過剰な物質を尿の成分として体外に排出し，生体の内部環境を維持するはたらきをもつ。1つの腎臓は，尿を生成するための基本構造である約100万個の(①)からなり，血しょう成分をろ過して原尿をつくるはたらきを持つ(②)と原尿から生体に必要な成分を再吸収するはたらきを持つ(③)からなる。水はほとんどが再吸収されるが，尿素などの老廃物は，あまり再吸収されずに濃縮され，集合管，腎う，(④)を経てぼうこうに集まり，尿として体外に放出される。

(1)　文章中の空欄①〜④に入る適切な語句を書きなさい。

(2)　体液の塩分濃度が上昇した際，水分の再吸収を促すために分泌されるホルモンは何か，書きなさい。また，そのホルモンを分泌する内分泌腺は何か，書きなさい。

(3)　(2)のホルモンが作用すると細胞膜上のチャネルが増加し，水分の再吸収速度が上昇する。このチャネルを何というか，書きなさい。

(4)　あるヒトにイヌリンを静脈注射し，血しょう中濃度が安定した後に，血しょう中及び尿中のイヌリン濃度を測定したところ，血しょう中濃度0.400mg/100mLに対して，尿中濃度が48.0mg/100mLであった。1分間の尿の生産量が1.00mLであるとき，1分間の原尿生成量は何mLか，求めなさい。なお，イヌリンは体内で再吸収も追加排出も全くされず，原尿に含まれていた全てのイヌリンが尿として排出される物質である。

(5)　(4)と同じヒトについて，血しょう中及び尿中の尿素濃度を測定したところ，血しょう中濃度30.00mg/100mLに対して，尿中濃度が2000mg/100mLであった。このとき，1分間に再吸収された尿素の総量は何mgか，求めなさい。

(☆☆☆◎◎◎◎)

166

【3】 バイオテクノロジーに関する下の問いに答えなさい。

1　PCR法を行うために，抽出・精製したDNAに加えて，DNAポリメラーゼ，ヌクレオチド，<u>増幅させたいDNA領域の両方の3'末端側に相補的な塩基配列を持つ短いDNA鎖</u>を含む反応混合液を調整した。これを，サーマルサイクラーを用いて，95℃，55℃，72℃のサイクルで温度変化を繰り返し，反応を進めた。

(1)　下線部を何というか，書きなさい。

(2)　PCR法で使用されるDNAポリメラーゼは，他の酵素には見られない特徴を持つ。その特徴について簡潔に説明しなさい。

(3)　サーマルサイクラーで95℃に設定されているとき，どのような反応が起こっているか，簡潔に説明しなさい。

(4)　サーマルサイクラーによる温度変化を5サイクル行ったとき，鋳型となる2本鎖DNA1組から，増幅させたい領域と同じ長さを持つ2本鎖DNA断片は何組できるか，求めなさい。ただし，PCR反応は理想的な条件で行われ，5サイクル後は鋳型DNAを含めて，2本鎖DNAが32組存在するものとする。

(5)　PCR法の開発により，1993年にノーベル化学賞を受賞したアメリカの生化学者の人物名を書きなさい。

2　糖尿病の治療に使用されるインスリンは，ヒトのインスリン遺伝子を導入した大腸菌により生産されている。ヒトのインスリンを生産する大腸菌を得る方法として，<u>小型の環状DNA</u>をベクターとして用いる操作1～4が行われる。図は大腸菌で増殖する人工的に改変した環状DNAの模式図である。*Amp^r*は抗生物質であるアンピシリンの耐性遺伝子であり，*lacZ*はβ-ガラクトシダーゼ遺伝子である。

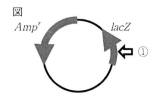

図
Amp^r　　*lacZ*
①

操作1　図の環状DNAを①の位置で酵素を用いて切断する。

操作2　ヒトのゲノムDNAから酵素で切断して得たインスリン遺伝子のDNA(Ⅰ遺伝子)と，ヒトのすい臓細胞に含まれるインスリン遺伝子のmRNAから人工的に合成したDNA(Ⅱ遺伝子)を，それぞれ操作Ⅰで切断された環状DNAに酵素を用いて結合させる。

操作3　操作2で作成した環状DNAをそれぞれ大腸菌に取り込ませる。

操作4　X-galを含む寒天培地で大腸菌を培養し，大腸菌の中から目的の環状DNAを持った大腸菌を選別する。なお，X-galはβ-ガラクトシダーゼの基質であり，β-ガラクトシダーゼの加水分解により青色を呈する物質である。

(1)　下線部を何というか，書きなさい。

(2)　DNAを切断する酵素と，結合させる酵素をそれぞれ何というか，書きなさい。

(3)　操作4において，Ⅰ遺伝子又はⅡ遺伝子が組み込まれた環状DNAを持つ大腸菌だけを選別する方法として適切なものを，次のア〜エから1つ選び，その符号を書きなさい。

　ア　X-galが含まれる寒天培地で培養し，青色のコロニーを形成した大腸菌を選別する。

　イ　X-galが含まれる寒天培地で培養し，白色のコロニーを形成した大腸菌を選別する。

　ウ　アンピシリンとX-galが含まれる寒天培地で培養し，青色のコロニーを形成した大腸菌を選別する。

　エ　アンピシリンとX-galが含まれる寒天培地で培養し，白色のコロニーを形成した大腸菌を選別する。

(4)　操作4で選別したⅠ遺伝子またはⅡ遺伝子が組み込まれた大腸菌のうち，正しく機能するインスリンが合成されるのはどちらか一方のみである。その理由を説明した次の文の空欄①，②に入る最も適切な語句を書きなさい。ただし，空欄②は「Ⅰ遺伝子」又は「Ⅱ遺伝子」のいずれかを書きなさい。

　ヒトのインスリン遺伝子には(　①　)が含まれており，大腸菌はスプライシングを行わないため，(　②　)が組み込まれた大腸

菌のみ正しく機能するインスリンを合成できる。

(☆☆☆☆◎◎◎◎)

【4】植物の花芽形成に関する次の問いに答えなさい。
 1 花芽形成のように、生物が日長の変化に影響を受ける性質を何というか、書きなさい。
 2 花芽形成に影響を及ぼす赤色光受容体を何というか、書きなさい。
 3 図は、異なる5種類の植物A〜Eについて、1日あたりの日照時間の長さと花芽形成までに要する日数の関係を示したものである。

図

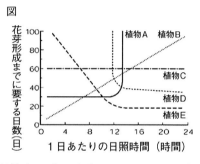

 (1) これらの植物を同時に発芽させ、それぞれ適温で明期8時間、暗期16時間で生育させた場合、花芽を形成しない植物として適切なものを、図のA〜Eから1つ選び、その符号を書きなさい。
 (2) (1)の条件で花芽を形成しない植物を、明期8時間、暗期16時間の周期で花芽形成させるために必要な操作として最も適切なものを、次のア〜エから1つ選び、その符号を書きなさい。
   ア 暗期開始3時間後に光中断を行う。
   イ 暗期開始5時間後に光中断を行う。
   ウ 明期開始3時間後に照明を消し明期の中断を行う。
   エ 明期開始5時間後に照明を消し明期の中断を行う。
 (3) 植物Cと同じ性質を持つ植物として適切なものを、次のア〜エから1つ選び、その符号を書きなさい。
   ア トウモロコシ　イ オナモミ　　ウ コスモス

　　エ　ホウレンソウ
4　異なる2種類の植物X，Yは，11時間の明期と13時間の暗期という
　周期で育てるとどちらも花芽を形成する。しかし，13時間の明期と
　11時間の暗期という周期で育てると，植物Xのみが花芽を形成する。
　この実験結果から植物X及び植物Yについての考察として適切なも
　のを，次のア～ウからそれぞれ1つずつ選び，その符号を書きなさ
　い。
　ア　長日植物である。　　イ　短日植物である。
　ウ　長日植物か短日植物か判別できない。
5　高緯度地方には一般的に短日植物に比べて，長日植物が広く分布
　している。その理由を季節の移り変わりに注目して説明しなさい。

　　　　　　　　　　　　　　　　　　　　　　　　（☆☆☆☆◎◎）

解答・解説

中　高　共　通

【1】1　(1)　55〔度〕
　(2)

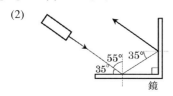

　(3)　平行　　2　①　ウ　　②　ア　　③　イ　　3　1.5×10² 〔m〕
〈解説〉1　(1)　入射角と反射角は，鏡の法線からの角度で表す。入射角
　は90°－35°＝55°　反射の法則より，入射角と反射角は等しいから，
　反射角は55°　(2)　1回目の反射光と2枚の鏡からなる直角三角形を考
　えて，2回目の反射光を作図する。　(3)　1　解答参照。　2　X線はレ

ントゲン撮影や手荷物検査など，γ線は滅菌や放射線治療などに利用されている。　3　$v=f\times\lambda$より，$\lambda=\dfrac{v}{f}=\dfrac{3.0\times10^8}{2.0\times10^6}=1.5\times10^2$〔m〕

【2】1　(1)　生物B…草食動物　　生物Cの変化…増加する　　(2)　分解者　　(3)　エ　　(4)　ア　　2　(1)　窒素同化　　(2)　根粒菌
(3)　イ

〈解説〉1　(1)　生物Aは緑色植物，生物Bは草食動物，生物Cは肉食動物である。生物Bが増加すると，生物Bに捕食される生物Aの個体数は減少し，生物Bを捕食する生物Cの個体数は増加する。　(2)　生物体の死がいや排出物などの有機窒素化合物を無機物に変えることでエネルギーを得る生物を総称して分解者とよぶ。　(3)　解答参照。　(4)　栄養段階が上位になるにつれてその総重量は下位の総重量より小さくなる。したがって，イやエは不適。個体数について，例えば，樹木の個体数1に対して樹木の葉を食べるガの幼虫は1以上であるため，アは適当である。なお，ウについては，コウノトリの個体数よりも，コウノトリが捕食する魚や小動物の個体数の方が多いため，不適。
2　(1)　解答参照。　(2)　根粒菌はマメ科植物の根粒に共生する窒素固定細菌である。窒素固定細菌の例としては，アゾトバクターやクロストリジウムなどもあげられる。　(3)　ヒメジョオン，セイタカアワダチソウ，セイヨウタンポポは全てキク科植物である。

【3】1　(1)　5.3〔g〕　　(2)　青(色の水溶液の色が)薄くなる。
(3)　塩素　　(4)　ウ　　2　(1)　水素　　(2)　$2H_2O\rightarrow O_2+4H^++4e^-$
〈解説〉1　(1)　溶かす塩化銅(Ⅱ)の質量をx〔g〕とすると，$\dfrac{x}{100+x}\times$
$100=5.0$より，$x=5.26\cdots\fallingdotseq5.3$〔g〕である。　(2)　水溶液中で塩化銅(Ⅱ)は，$CuCl_2\rightarrow Cu^{2+}+2Cl^-$と電離している。電流が流れると陰極では$Cu^{2+}+2e^-\rightarrow Cu$により，青色を呈する$Cu^{2+}$が減少するので青色が薄くなる。　(3)　陽極では$2Cl^-\rightarrow Cl_2+2e^-$により，塩素が発生する。
(4)　(2)より，陰極の炭素棒の表面には赤褐色の銅Cuが析出する。
2　(1)　希硫酸は，$H_2SO_4\rightarrow 2H^++SO_4^{2-}$のように電離しており，陰極

では$2H^++2e^-\to H_2$により水素が発生する。　(2)　陽極では水が酸化されて，$2H_2O\to O_2+4H^++4e^-$により酸素が発生する。

【4】1　(1)　イ　　(2)　①　ウ　　②　イ　　③　カ　　2　(1)　フェーン現象　　(2)　①　15　　②　35　　③　潜熱

〈解説〉1　(1)　グラフは移動中の台風について風速を示したものである。中心に向かうにつれて風速は急激に大きくなり，中心から30〜100kmのところで最大になっている。中心では弱い下降気流が生じるために雲のない台風の目が現れることがあり，台風の目では風が弱い。また，中心より右側(東側)の方が左側(西側)より風速が大きいのは，台風は日本付近では一般的に西から東へ進行するので，進行方向右側では台風自身の風速に移動速度が加わるためである。　(2)　解答参照。

2　(1)　空気が山を越えて吹き下りてくるときに，風上側よりも風下側の山麓の方で気温が高くなる現象をフェーン現象という。

(2)　①　AからBまでは雲があり雨が降っているため，湿潤断熱減率0.5℃/100mで気温が下がる。山頂Bの気温は$25-0.5\times\dfrac{2000}{100}=15$〔℃〕

②　BからCまでは雲が無いため，乾燥断熱減率1℃/100mで気温が上がる。風下Cの気温は$15+1\times\dfrac{2000}{100}=35$〔℃〕　　③　状態変化にともなって出入りする熱を潜熱という。

中　学　理　科

【1】1　(1)　A君の体重計…300〔N〕　　B君の体重計…300〔N〕

(2)　400〔N〕　　2　(1)　294〔N〕　　(2)　7.0〔W〕　　3　(1)　0〜3秒の間…2〔m/s^2〕　　12〜16秒の間…−1.5〔m/s^2〕　　(2)　0〜3秒の間…1180〔N〕　　12〜16秒の間…830〔N〕　　(3)　75〔m〕

4　(1)　49〔N〕　　(2)　1.7〔倍〕

〈解説〉1　(1)　条件から，ひもがA君，B君を引く力は，ともに上向きに200Nである。したがって，求める体重は，A君，B君ともに，500−

$200＝300$〔N〕　(2)　滑車には，滑車の左側と右側からそれぞれ200N の力が下向きにはたらくから，$200×2＝400$〔N〕　2　(1)　重力490N の，斜面方向に沿う分力を考えると，$490×\dfrac{6}{10}＝294$〔N〕

(2)　真上に持ち上げるときの仕事は$490×6.0＝2940$〔J〕であるから，求める仕事率は，$2940÷(7×60)＝7.0$〔W〕　3　(1)　$v-t$グラフの傾きが加速度である。0〜3秒の間の加速度は，$\dfrac{6}{3}＝2$〔m/s²〕，12〜16秒 の間の加速度は，$-\dfrac{6}{16-12}＝-1.5$〔m/s²〕　(2)　エレベータの床にある荷物には，重力の他に加速度運動による慣性力がかかる。980Nの重さをもつ物体の質量は，$\dfrac{980}{9.8}＝100$〔kg〕だから，運動方程式より，0〜3秒の間では，$100×(9.8＋2)＝1180$〔N〕，12〜16秒の間では，$100×(9.8-1.5)＝830$〔N〕　(3)　$v-t$グラフの面積が移動距離である。よって，$\dfrac{1}{2}×(9＋16)×6＝75$〔m〕　4　糸a，糸bの張力をそれぞれS，Tとする。糸a，糸b，おもりをつるす糸が交わる点における水平方向の力のつり合いは，$S\cos30°＝T\cos60°$となる。これより，$T＝\sqrt{3}\,S$ 一方，鉛直方向の力のつり合いは，$S\sin30°＋T\sin60°＝10×9.8$となる。これに$T＝\sqrt{3}\,S$を代入すると，$\dfrac{1}{2}S＋\dfrac{3}{2}S＝98$　∴　$S＝49$〔N〕

(2)　前問の過程から，$T＝\sqrt{3}\,S$　よって，$\sqrt{3}≒1.7$〔倍〕

【2】1　$2NH_4Cl＋Ca(OH)_2→CaCl_2＋2H_2O＋2NH_3$　2　$NaCl＋H_2SO_4→NaHSO_4＋HCl$　3　$NH_3＋HCl→NH_4Cl$　4　気体C…酸素 気体D…硫化水素　5　触媒　6　ウ　7　エ

〈解説〉1　解答参照。　2　解答参照。　3　気体AはアンモニアNH_3，気体Bは塩化水素HClであり，これらを混合すると塩化アンモニウムNH_4Clが生じる。　4　実験3では，$2H_2O_2→2H_2O＋O_2$より，酸素が発生する。実験4では，$FeS＋2HCl→FeCl_2＋H_2S$より，硫化水素が発生する。5　化学反応の前後で自身は変化しないが，反応速度を変化させる物質を触媒という。実験3の場合は反応速度を大きくする正触媒である。6　各物質とその分子量は，A…アンモニアNH_3(17)，B…塩化水素 HCl(36)，C…酸素O_2(32)，D…硫化水素H_2S(34)であり，空気(窒素80％，

酸素20%とする)の平均分子量は，28×0.8＋32×0.2＝28.8である。これより，最も重い気体はB，最も軽い気体はAである。

7　硫化水素は，無色・腐乱臭・有毒の気体で水によく溶ける。

【3】1　A　ウ　　B　エ　　C　オ　　D　イ　　E　カ　　F　キ　　G　ア　　2　①　変態　　②　幼生　　③　えら　　④　肺　　3　(1)　ろうと　　(2)　外とう膜　　(3)　貝殻　　4　①　外骨格　　②　気門

〈解説〉1　解答参照。　2　カエルを例にとると，オタマジャクシは幼生であり，変態して成体のカエルとなる。オタマジャクシはえら呼吸で，成体のカエルは肺呼吸と皮膚呼吸を行う。　3　解答参照。　4　節足動物には骨がなく，外骨格が体を支え保護するはたらきをもつ。呼吸は気門を介して行う。

【4】1　①　おおいぬ　　②　ウ　　③　キ　　2　(1)　火星…B　土星…F　　輪をもつ惑星…D, E, F, G　　(2)　水素

(3)

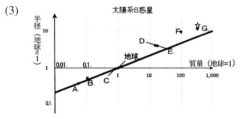

3　(1)　78.8〔度〕　　(2)　ア

〈解説〉1　①　解答参照。　②　5等級差で100倍，1等級差で約2.5倍の明るさの比であるから，4等級差では約$\frac{100}{2.5}$＝40〔倍〕の明るさの比である。　③　太陽の表面温度は約5800Kである。　2　(1)　火星の半径は地球の約$\frac{1}{2}$，質量は約$\frac{1}{10}$である。土星の半径は地球の約10倍，質量は約100倍である。土星は巨大ガス惑星で，平均密度が最も小さいことも判断の根拠となる。また，木星型惑星にはすべて環(リング)がある。　(2)　木星・土星は地球質量の10倍程度の岩石と氷からなる核

と，地球質量の100～300倍の水素とヘリウムからなる外層部をもつと推定されている。　(3)　半径をr，質量をmとおき，惑星を球形とすると，平均密度 $\rho = m \div \dfrac{4}{3} \pi r^3$である。両辺の常用対数をとると，

$\log \rho = \log m - 3\log r - \log \dfrac{4}{3} \pi$，すなわち

$\log r = \dfrac{1}{3} \log m - \dfrac{1}{3} \left(\log \dfrac{4}{3} \pi + \log \rho \right)$となる。よって，平均密度が同じ惑星は，両対数グラフで傾き$\dfrac{1}{3}$の直線上にのる。　3　(1)　北半球の北緯φ度の地点での太陽の南中高度は，春分と秋分では$90 - \varphi$〔度〕，夏至では$90 - \varphi + 23.4$〔度〕，冬至では$90 - \varphi - 23.4$〔度〕である。したがって，明石市の夏至では，$90 - 34.6 + 23.4 = 78.8$〔度〕　(2)　弧の長さは中心角に比例することを用いる。1〔度〕＝60〔分〕であることに注意すると二つの地点がなす中心角，35度34分－34度38分＝56〔分〕＝$\dfrac{56}{60}$〔度〕に対する弧の長さが102.9kmに相当するので，求める長さをLとすると，$360 : \dfrac{56}{60} = L : 102.9$　∴　$L = 39690$〔km〕

高 校 理 科

【物理】

【1】　1　抵抗…0　　コンデンサー…$\dfrac{E}{3r}$　　2　$\dfrac{CE}{4}$　　3　$\dfrac{3E}{8r}$

4　電池がした仕事…$\dfrac{3}{4}CE^2$　　ジュール熱…$\dfrac{9}{32}CE^2$

〈解説〉1　スイッチを入れた直後は，コンデンサーの電位差は0なので，コンデンサーに並列につながれている抵抗値rの抵抗に流れる電流は0であり，コンデンサーに流れる電流の大きさは，オームの法則より，$\dfrac{E}{3r}$　　2　十分に時間が経過すると，コンデンサーに流れる電流が0になることから，抵抗値rの抵抗と抵抗値$3r$の抵抗に流れる電流は等しい。抵抗値rの抵抗と抵抗値$3r$の抵抗が直列に接続されていることから，抵抗値rの抵抗の両端の電圧は，$E \times \dfrac{r}{r+3r} = \dfrac{E}{4}$　　よって，コンデ

ンサーの両端の電圧は$\dfrac{E}{4}$であるので，求める電気量は，$\dfrac{CE}{4}$　　3　求

める電流の大きさをIとすると，キルヒホッフの法則より，$E-\dfrac{E}{4}-$

$2rI=0$　$\therefore$　$I=\dfrac{3E}{8r}$　　4　十分に時間が経過すると，コンデンサーの

電位差はEになるから，電気量の増分は，$CE-\dfrac{CE}{4}=\dfrac{3}{4}CE$　この電

気量を電池が運んだから，電池がした仕事は，$\dfrac{3}{4}CE\times E=\dfrac{3}{4}CE^2$

一方，コンデンサーの蓄えているエネルギーの増加量は，$\dfrac{1}{2}CE^2-$

$\dfrac{1}{2}C\left(\dfrac{E}{4}\right)^2=\dfrac{15}{32}CE^2$　したがって，抵抗で発生したジュール熱は，電

池がした仕事からコンデンサーの蓄えているエネルギーの増加量を引

いて，$\dfrac{3}{4}CE^2-\dfrac{15}{32}CE^2=\dfrac{9}{32}CE^2$

【2】1　振幅…0.40〔m〕　　波長…12〔m〕　　速さ…7.5〔m/s〕　　振動

数…0.63〔Hz〕　　2　$0.4+0.8n$〔s〕　　3　$6+12a$〔m〕

4　1.6〔m/s〕

5

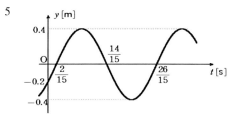

6　$y=-0.4\sin2\pi\left(\dfrac{5t}{8}-\dfrac{x}{12}\right)$〔m〕

〈解説〉1　グラフから，振幅は0.40m，波長は12mである。PQ間を1.2sで

進んだという記述から，速さは$\dfrac{9}{1.2}=7.5$〔m/s〕　振動数は，$v=f\times\lambda$

より，$7.5\div12=0.625\fallingdotseq0.63$〔Hz〕　　2　位置$x=0$が波の山あるいは谷

になるときに，媒質は静止する。最初に媒質が静止するのは0.4sのと

きであり，そこから0.8s毎に波の山あるいは谷が$x=0$の地点を通過す

る。よって，求める時刻は，$0.4+0.8n$〔s〕　　3　該当位置において，

媒質の変位が正から負になる部分が，求める位置である。図のグラフ

上では，$x=6$，$x=18$が該当する。したがって，求める位置は，$x=6+12a$〔m〕　**4**　最大の速さは，振幅をA，角振動数をωとすると，$A\omega$と表される。一方，振動数をfとすれば，$\omega=2\pi f$であるから，求める速さは，$0.4\times2\pi\times0.625=1.57\fallingdotseq1.6$〔m/s〕　**5**　解答参照。

6　周期Tは，振動数の逆数であるから，$T=\dfrac{1}{0.625}=1.6$〔s〕である。一般に，原点が$y=A\sin2\pi\left(\dfrac{t}{T}\right)$の振動をしているとき，正方向に進む正弦波の式は，$A\sin2\pi\left(\dfrac{t}{T}-\dfrac{x}{\lambda}\right)$と表される。原点の振動が$y=-A\sin2\pi\left(\dfrac{t}{T}\right)$であるので各数値を代入すると$y=-0.4\sin2\pi\left(\dfrac{5t}{8}-\dfrac{x}{12}\right)$となる。

【**3**】**1**　(1)　初速$\cdots\sqrt{\dfrac{GM}{R}}$　　周期$\cdots2\pi R\sqrt{\dfrac{R}{GM}}$　　(2)　(i)　$\dfrac{1}{a}$〔倍〕

(ii)　$\sqrt{\dfrac{2a}{a+1}}$〔倍〕　　(iii)　$\left(\dfrac{1+a}{2}\right)^{\frac{3}{2}}$〔倍〕　　(3)　地球の半径

$R=6.4\times10^6$〔m〕であるから，月の公転軌道の距離は，地球半径の

$\dfrac{3.84\times10^8}{6.4\times10^6}=60$〔倍〕　したがって，(2)(ii)の結果から，$v_2$は$v_0$の

$\sqrt{\dfrac{2\times60}{60+1}}=\sqrt{1.96}=1.4$〔倍〕　また，$v_0$は重力加速度$g=9.8$〔m/s²〕

を使って，$v_0=\sqrt{gR}$と表されるから，$v_0=\sqrt{9.8\times6.4\times10^6}=7.9\times10^3$

〔m/s〕　したがって，$v_2=1.4\times(7.9\times10^3)=1.1\times10^4$〔m/s〕

2　(1)　ケ　　(2)　カ

〈解説〉**1**　(1)　万有引力が物体の向心力になるから，物体の質量をmと

すると，運動方程式は，$\dfrac{mv_0^2}{R}=\dfrac{GMm}{R^2}$　これを解いて，$v_0=\sqrt{\dfrac{GM}{R}}$

また，周期は，$2\pi\dfrac{R}{v_0}=2\pi R\sqrt{\dfrac{R}{GM}}$　　(2)　(i)　求める速さをv'とする

と，ケプラーの第2法則(面積速度一定の法則)より，$\dfrac{1}{2}Rv_1=\dfrac{1}{2}(aR)v'$

$\therefore\ v'=\dfrac{1}{a}v_1$　よって，$\dfrac{1}{a}$倍　　(ii)　力学的エネルギー保存則より，

$\dfrac{1}{2}mv_1^2-\dfrac{GMm}{R}=\dfrac{1}{2}mv'^2-\dfrac{GMm}{aR}=\dfrac{1}{2a^2}mv_1^2-\dfrac{GMm}{aR}$　これを整理

すると，$v_1 = \sqrt{\dfrac{2aGM}{(a+1)R}}$　これとv_0を比較すると，v_1はv_0の$\sqrt{\dfrac{2a}{a+1}}$倍

(iii)　ケプラーの第3法則より，周期の2乗は，半長軸の長さの3乗に比

例する。求める周期をT'とすると，$\dfrac{T'^2}{T^2} = \dfrac{\left(\dfrac{(1+a)R}{2}\right)^3}{R^3}$　∴　$T' = T \times$

$\left(\dfrac{1+a}{2}\right)^{\frac{3}{2}}$　よって，$\left(\dfrac{1+a}{2}\right)^{\frac{3}{2}}$倍　(3)　解答参照。　2　(1)　1(1)より，

v_0は$\sqrt{\dfrac{(質量)}{(半径)}}$に比例する。この値が最も小さいのは，冥王星の$\sqrt{\dfrac{0.0022}{0.18}}$

である。　(2)　1(1)より，周期は$\sqrt{\dfrac{(半径)^3}{(質量)}}$に比例する。一方，$(半径)^3$

は体積に比例するから，周期は$\sqrt{\dfrac{(体積)}{(質量)}}$に比例，すなわち，密度の平

方根に反比例するといえる。最
も密度が小さいのは土星である。

【4】1　①　$\dfrac{qE}{m}$　　②　$\dfrac{L}{v_0}$　　③　$\dfrac{qEL^2}{2mv_0^2}$　　④　qv_0B　　⑤　$\dfrac{mv_0}{qB}$

　⑥　$\sqrt{R^2-L^2}$　　⑦　$\dfrac{qBL^2}{2mv_0}$　　2　(1)　$(2x_0,\ 2y_0)$

(2)

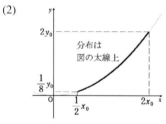

〈解説〉1　①　α粒子の加速度をaとすると，運動方程式は$ma = qE$であ

るから，$a = \dfrac{qE}{m}$　　②　水平方向の速さはv_0のままであるから，求める

時間は$\dfrac{L}{v_0}$　　③　$y_0 = \dfrac{1}{2}at^2 = \dfrac{1}{2}\left(\dfrac{qE}{m}\right)\left(\dfrac{L}{v_0}\right)^2 = \dfrac{qEL^2}{2mv_0^2}$　　④　ローレンツ

力の大きさはqv_0B　　⑤　運動方程式は$\dfrac{mv_0^2}{R} = qv_0B$であるから，

$R = \dfrac{mv_0}{qB}$　　⑥　三平方の定理を用いて，$\sqrt{R^2-L^2}$　　⑦　$\sqrt{R^2-L^2} =$

$$R\left\{1-\left(\frac{L}{R}\right)^2\right\}^{\frac{1}{2}} \doteqdot R\left\{1-\frac{1}{2}\left(\frac{L}{R}\right)^2\right\} = R-\frac{L^2}{2R} \text{ となるから, } x_0 = R-$$

$\left(R-\dfrac{L^2}{2R}\right)=\dfrac{qBL^2}{2mv_0}$ **2** (1) α粒子と比較して陽子の質量が$\dfrac{1}{4}$倍,

電荷が$\dfrac{1}{2}$倍になることを考慮すると, y座標は2倍, x座標も2倍に

なる。よって, $(2x_0, 2y_0)$ (2) x_0, y_0の式からv_0を消去すると,

$y_0=\left(\dfrac{2mE}{qB^2L^2}\right)x_0^2$となり, y_0はx_0に関する2次関数となる。また, x座標は

速さに反比例し, 速さv_0のとき$2x_0$となるので, $4v_0$のとき$\dfrac{1}{2}x_0$となる。

【化学】

【1】 **1** 11〔℃〕   **2** 2.4〔kJ〕   **3** NaOHaq＋HClaq＝NaClaq＋

H₂O(液)＋58〔kJ〕   **4** $5.2 \times 10^{-1}(0.52)$〔L〕   **5** 34〔kJ〕

〈解説〉 **1** グラフにおいて, 温度が低下していく直線を伸ばして0秒の縦軸

と交わった点が温度上昇点になり31℃である。よって, 上昇した温度は

31−20＝11〔℃〕である。   **2** 水溶液の質量は50×1.0＋2.0＝52.0〔g〕

である。この水溶液が11℃上昇したので, 発熱量は4.2×52.0×11＝

2402.4〔J〕より2.4〔kJ〕である。   **3** 水酸化ナトリウム2.0gは$\dfrac{2.0}{40}$＝

0.05〔mol〕であり, 塩酸は$1.0 \times \dfrac{75}{1000}=0.075$〔mol〕だから, れぞれ

0.05molずつで中和している。発熱量は4.2×(52＋75×1.0)×5.4＝

2880.36〔J〕だから, 1molあたり$\dfrac{2880.36}{0.05} \doteqdot 57.6 \times 10^3$〔J/mol〕より58

〔kJ/mol〕発生する。よって, 熱化学方程式はNaOHaq＋HClaq＝

NaClaq＋H₂O(液)＋58〔kJ〕である。   **4** 吸収させたアンモニア

をx〔mol〕とすると, 塩酸のモル濃度は, $\dfrac{1.0 \times \dfrac{75}{1000}-\dfrac{2.0}{40}-x}{2.0}$＝

$\dfrac{0.025-x}{2.0}$〔mol/L〕である。pH＝3より, [H⁺]＝1.0×10^{-3}〔mol/L〕だ

から, $\dfrac{0.025-x}{2.0}=1.0 \times 10^{-3}$から, $x=0.023$〔mol〕である。よって,

標準状態でのアンモニアの体積は22.4×0.023≒0.52〔L〕である。

5 〔実験4〕で水溶液の温度は6.0℃上昇したので, 発生した熱量は

4.2×(1.8×10＋500)×6.0≒1.31×10^4〔J〕より13.1〔kJ〕である。〔実

験5〕において，硫酸は$18 \times \dfrac{10}{1000} = 0.18$〔mol〕，水酸化ナトリウムは

$1.0 \times \dfrac{500}{1000} = 0.5$〔mol〕であり，反応式$H_2SO_4 + 2NaOH \rightarrow Na_2SO_4 + 2H_2O$

より，硫酸はすべて反応するので，水酸化ナトリウムは$0.18 \times 2 = 0.36$

〔mol〕反応している。〔実験2〕より中和反応では水酸化ナトリウム

1molあたり58kJの熱量が発生するので，この場合$58 \times 0.36 \fallingdotseq 20.9$〔kJ〕

発生する。よって，求める発熱量は$13.1 + 20.9 = 34$〔kJ〕である。

【２】1　ア　理想気体　　イ　分子間(ファンデルワールス)　　ウ　体
積　エ　ファンデルワールス　　オ　減少　　カ　小さ　　キ　反
比例　　ク　$\dfrac{1}{V^2}$　　ケ　大き　　コ　$V-b$　　2　a　大きくなる

b　大きくなる　　3　低圧，高温　　4　2.2×10^6〔Pa〕

〈解説〉1　ア・イ・ウ　実在の気体分子には分子自身の体積があり，分
子間には分子間力(ファンデルワールス力)がはたらくが，それらを無
視して0とした場合を理想気体といい，気体の状態方程式$PV = nRT$が
成り立つ。　エ　ファンデルワールスは，分子の体積と分子間力の考
えを提唱して，気体の状態方程式を修正した式を求め，実在気体にも
当てはまるようにした。　オ・カ　器壁におよぼす圧力は，分子間力
によって内側にある分子の方に引かれるため，その力は減少して弱く
なる。　キ・ク　実在気体における圧力の減少分は，気体の体積の2
乗に反比例するので，定数aに$\dfrac{1}{V^2}$を掛けた値になる。　ケ・コ　実際
に測定される気体の体積は，気体分子の体積分も含まれるため大き
くなる。そのため，分子自身の体積に比例する定数bを引くと，気体
分子が動き回れる空間の体積になる。　2　それぞれの分子量は，メタン
CH_4(16)，エタンC_2H_6(30)，プロパンC_3H_8(44)である。分子量が大きく
なるにつれて，分子間力とともに体積も増加する。aは分子間力の大
きさを示す定数であり，分子量が増加するほどその値も大きくなる。
bは分子の体積に関する定数であり，分子量が増加するほど大きくな
る。　3　低圧にすると，分子の密度が小さくなるので，分子間力と
ともに分子の体積の影響が小さくなる。高温にすると，分子の運動エ

ネルギーが増加するので，分子間力の影響が小さくなる。

4 実在気体の状態方程式$\left(P+a\times\dfrac{1}{V^2}\right)(V-b)=RT$の式に代入すると，

$\left(P+3.6\times10^5\times\dfrac{1}{1.0^2}\right)\times(1.0-0.040)=8.3\times10^3\times(273+27)$より，

$P\fallingdotseq2.2\times10^6$〔Pa〕である。

【3】 1 (1) エ (2) ア (3) オ 2 A…Al B…Ni
C…Mg D…K E…Ag F…Cu G…Pb ⑤ Pb
⑥ K ⑦ K, Mg, Al

〈解説〉 1 最初にそれぞれの実験の結果について考察する。〔実験A〕よ
り，硫酸銅(Ⅱ)水溶液と硝酸鉛(Ⅱ)水溶液は亜鉛板と反応したので，
$CuSO_4+Zn\rightarrow ZnSO_4+Cu$，及び$Pb(NO_3)_2+Zn\rightarrow Zn(NO_3)_2+Pb$より，イオ
ン化傾向はZn＞Cu及びZn＞Pbである。また，硫酸銅(Ⅱ)水溶液は鉛板
と反応したので，$CuSO_4+Pb\rightarrow PbSO_4+Cu$より，Pb＞Cuである。硝酸
亜鉛水溶液と鉛板及び銅板は変化しないので，Zn＞Pb及びZn＞Cuで
ある。硝酸鉛(Ⅱ)水溶液と銅板は変化しないので，Pb＞Cuである。次
に，硝酸銀水溶液と銅板は反応したので，$2AgNO_3+Cu\rightarrow Cu(NO_3)_2+$
$2Ag$より，Cu＞Agである。硫酸銅(Ⅱ)水溶液と銀板は変化しないので，
Cu＞Agである。以上より，イオン化傾向は，Zn＞Pb＞Cu＞Agである。
〔実験B〕より，臭素水と銅の反応は$Cu+Br_2\rightarrow CuBr_2$であり，銅は酸化
され臭素は還元される。この溶液と硝酸銀の反応は，$CuBr_2+2AgNO_3$
$\rightarrow Cu(NO_3)_2+2AgBr$である。また，ヘキサシアニド鉄(Ⅱ)酸カリウム水
溶液とは，$K_4[Fe(CN)_6]+2CuBr_2\rightarrow Cu_2[Fe(CN)_6]+4KBr$により，ヘキサ
シアニド鉄(Ⅱ)酸銅が生じる。臭素水と塩化カリウム水溶液では変化
しないので，酸化力はCl＞Brである。塩素水と臭化カリウムは反応す
るので，$2KBr+Cl_2\rightarrow2KCl+Br_2$より，Cl＞Brである。 (1) ハロゲン
は陰イオンになっており，〔実験1〕と〔実験2〕の考察から，イオン
化傾向が最も大きいZnが最も強い還元剤である。 (2) ハロゲンの
Br_2は酸化剤であるのでもっとも還元されやすく，金属のイオン化傾向
がZn＞Cuだから，Cu^{2+}の方がZn^{2+}より還元されやすい。よって，還元

されやすい順は，Br_2，Cu^{2+}，Zn^{2+}になる。　（3）　鉛を鉛(Ⅱ)イオンに酸化できるのは，酸化剤のCl_2と鉛よりイオン化傾向が小さいCuのイオンであるCu^{2+}である。また，選択肢の中で，臭化物イオンを臭素に酸化することができるのは，臭素より酸化力が強いCl_2だけである。

2　①　常温で水と激しく反応するDはアルカリ金属であるカリウムKである。磁性をもつBはニッケルNiである。　②　希硫酸で水素を発生して溶けるA，B，C，Dは，アルミニウムAl，カリウムK，マグネシウムMg，ニッケルNiのいずれかである。さらに，水酸化ナトリウム水溶液を加えても溶けているAとDは，両性元素のAlと，ナトリウムよりイオン化傾向が大きいKである。①より，DはKなので，AはAlである。また，BはNiなので，CはMgである。　③　E，F，Gは希硫酸に溶けず酸化力がある希硝酸には溶けるので，銀Ag，銅Cu，鉛Pbのいずれかである。Fは青色のイオンになっているのでCuである。アンモニアで塩基性にしたとき，CuとAgは錯イオンになって溶けるので，沈殿として残るGはPbである。よって，EはAgである。　④　水素で還元できるB，E，F，Gの酸化物の元素は，Ni，Ag，Cu，Pbであり，還元が困難な元素A，C，Dは，Al，Mg，Kである。以上をまとめると，AはAl，BはNi，CはMg，DはK，EはAg，FはCu，GはPbである。⑤・⑥　選択群の金属元素の密度は，Pb＞Ag＞Cu＞Ni＞Al＞Mg＞Kである。　⑦　イオン化傾向の大きいK，Mg，Alである。

【4】1　A

B

D

E

F

2　呈色しない。　　3　フェノール性ヒドロキシ基がないため(フェノール類ではないため)呈色しない。

4

5　小さくなる。

〈解説〉化合物Aはエステルで，水酸化ナトリウム水溶液で加水分解すると化合物Bと化合物Cが生成する。化合物Bの分子式は$C_7H_6O_3$であり，炭酸水素ナトリウム水溶液には発泡して溶解したのでCOOH基をもつ。また，ベンゼン環をもつので，分子式$C_7H_6O_3$からC_6H_4とCOOHを引くとOHになるのでOH基をもつ。ベンゼン環の水素原子の1つを塩素原子で置き換えると2種類の化合物しかできないので，2つの官能基はパラ位にあるHOC_6H_4COOHである。化合物Bとメタノールの反応は，$HOC_6H_4COOH+CH_3OH \rightarrow HOC_6H_4COOCH_3+H_2O$より，化合物Dは$HOC_6H_4COOCH_3$である。化合物Dと無水酢酸の反応は，$HOC_6H_4COOCH_3+(CH_3CO)_2O \rightarrow CH_3COOC_6H_4COOCH_3+CH_3COOH$より，化合物Eは$CH_3COOC_6H_4COOCH_3$である。化合物Cの分子式は$C_6H_6O$であり，エステルが加水分解してCOOH基をもつ化合物Bとともに生成したので，C_6H_5OHである。臭素水との反応は，$C_6H_5OH+3Br_2 \rightarrow C_6H_2(OH)Br_3+3HBr$より，2，4，6トリブロモフェノールを生じる。濃硝酸と濃硫酸との反応は，$C_6H_5OH+3HNO_3 \rightarrow C_6H_2OH(NO_2)_3 3H_2O$より，2，4，6トリニトロフェノールを生じる。化合物Aは，化合物Bと化合物Cがエステル結合したので，$HOC_6H_4COOH+C_6H_5OH \rightarrow HOC_6H_4COOC_6H_5+H_2O$より，$HOC_6H_4COOC_6H_5$である。　1　解答参照。

2・3　フェノール類の水溶液は，塩化鉄(Ⅲ)FeCl₃の水溶液で呈色反応(青紫〜赤紫色)するが，化合物EはOH基をもたずフェノール類ではないので呈色しない。　4　解答参照。　5　臭素水との反応$C_6H_5OH＋3Br_2→C_6H_2(OH)Br_3＋3HBr$により，HBrが生じて水素イオン濃度が増加するのでpHは小さくなる。

【生物】

【1】1　(1)　①　真核　　②　原核　　③　転写　　④　核膜孔(核孔)　⑤　リボソーム　　⑥　翻訳　　(2)　ミトコンドリア，葉緑体　(3)　ア　　(4)　ウ，オ　　(5)　ウ　　(6)　ペプチド結合　(7)　一方のアミノ酸のカルボキシ基と他方のアミノ酸のアミノ基から水1分子がとれる結合。　2　(1)　固定　　(2)　間期…17.6〔時間〕

(3)

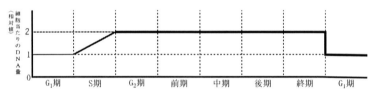

〈解説〉1　(1)　真核細胞では転写やスプライシングは核内で行われるのに対し，原核細胞では転写は細胞質基質で行われる。翻訳は真核細胞，原核細胞ともに細胞質基質で行われるが，原核細胞では転写と翻訳が同時に行われる。　(2)　ミトコンドリアと葉緑体は内部に独自のDNAをもつ。これは細胞内共生説を支持する1つの根拠でもある。

(3)　中心体は，2つの中心粒が互いに直行することで構成される細胞小器官であり，膜構造をもっていない。　(4)　イシクラゲ，ネンジュモ，ユレモ，硝酸菌は原核生物である。　(5)　ミオシン，ダイニン，キネシンはモータータンパク質であり，ヒストンはDNAと結合してヌクレオソームを構成するタンパク質である。　(6)　解答参照。

(7)　解答参照。　2　(1)　固定には酢酸を用いる。核の染色も行えることから，酢酸カーミンを用いることもある。

(2) $\dfrac{640}{640+124+12+8+16}\times22＝17.6〔時間〕$　　(3)　体細胞分裂における細胞1つ当たりのDNA量は，S期に倍の値まで徐々に増え，M期が終了したと同時にDNA量は2から1へ減少する。

【2】1　(1)　①　肝小葉　　②　肝門脈　　(2)　ア　　(3)　エ
2　(1)　①　腎単位(ネフロン)　　②　腎小体(マルピーギ小体)
③　腎細管(細尿管)　　④　輸尿管　　(2)　ホルモン…バソプレシン
内分泌腺…脳下垂体後葉　　(3)　アクアポリン　　(4)　120〔mL〕
(5)　16〔mg〕

〈解説〉1　(1)　肝小葉は約50万個の肝細胞からなっている。さらに，肝小葉が約50万個集まって肝臓が構成される。肝臓は，消化管とひ臓からの血液が流れ込む肝門脈も接続している。　(2)　イ　胆汁は脂肪の乳化を行うため誤り。　ウ　肝臓はグルコースをグリコーゲンに合成して貯蔵するため誤り。　エ　アンモニアは脂質ではなく，タンパク質を分解した際に生じるため誤り。　(3)　解答参照。2　(1)　解答参照。　(2)　脳下垂体後葉から分泌されるバソプレシンは集合管での水の再吸収を促進する。水の再吸収が促進されると，血液の浸透圧が減少したり，血圧が上昇したりする。　(3)　解答参照。　(4)　イヌリンの濃縮率は$\dfrac{48.0}{0.400}＝120〔倍〕$である。よって，1分間の尿量が1mLのとき，1分間で生成される原尿量は120×1＝120〔mL〕となる。
(5)　尿素濃度は血しょう中では0.3mg/mL，尿中では20mg/mLである。このとき尿素量は，血しょう中では0.3×120＝36〔mg〕，尿中では20×1＝20〔mg〕なので，尿素の再吸収量は36－20＝16〔mg〕となる。

【3】1　(1)　プライマー　　(2)　高温条件下でも活性を失わない。
(3)　DNAの塩基間の水素結合が切断され1本鎖になる。　　(4)　22〔組〕　　(5)　マリス　2　(1)　プラスミド　　(2)　切断…制限酵素
結合…DNAリガーゼ　　(3)　エ　　(4)　①　イントロン　　②　Ⅱ
遺伝子

〈解説〉1　(1)　PCR法ではDNAプライマーを用いる。　(2)　熱水噴出孔

に存在する好熱菌などから抽出された酵素で*Taq*ポリメラーゼとも呼ばれる。　(3)　解答参照。　(4)　増幅させたい領域と同じ長さをもつ2本鎖DNA断片は3サイクル目から現れる。3サイクル目では2組であり，4サイクル目では8組，5サイクル目では22組となる。作図しながら考える方法と，サイクル数をnとして一般式2^n-2nから求める方法がある。例えば，5サイクル目において，一般式では，$2^5-2\times5=22$〔組〕となる。　(5)　解答参照。　2　(1)　解答参照。　(2)　解答参照。　(3)　Ⅰ遺伝子またはⅡ遺伝子を組み込んだ環状DNAを導入した大腸菌は，アンピシリン耐性があり，かつ，*lacZ*を翻訳しない。X-gal存在下でもX-galは分解されないため，アンピシリンとX-galが含まれる寒天培地で培養したときに，白色のコロニーを形成するものを選別すればよい。　(4)　原核生物である大腸菌において，イントロンを取り除くスプライシングは行われない。Ⅰ遺伝子にはイントロンが含まれており，Ⅱ遺伝子にはイントロンが含まれていないから，正しく機能するインスリンを合成できる遺伝子はⅡ遺伝子である。

【4】1　光周性　　2　フィトクロム　　3　(1)　D　　(2)　イ

(3)　ア　　4　植物X…ウ　　植物Y…イ　　5　高緯度地方は秋が短く冬をすぐに迎えるため，夏から秋にかけて開花する短日植物では，受粉してから種子をつくるまでの間に低温である冬を迎え枯死してしまうから。

〈解説〉1　解答参照。　2　赤色光受容体はフィトクロムであり，青色光受容体としてはフォトトロピンやクリプトクロムなどがある。

3　(1)　明期8時間を日照時間8時間として図を見ると，植物A，B，C，Eの花芽形成までに要する日数はそれぞれ30日，35日，60日，50日となるが，植物Dのみ花芽形成までに要する日数を測定できない。

(2)　植物Dは長日植物であり，限界暗期は12時間である。暗期開始5時間後に光中断を行えば，連続する暗期は11時間以内となり，花芽形成する条件を満たす。　(3)　植物Cは中性植物である。オナモミとコスモスは短日植物，ホウレンソウは長日植物である。　(4)　植物Yは暗

期が13時間より短い11時間で花芽形成しなかったので，短日植物である。一方，植物Xは暗期が13時間より短い11時間でも花芽形成したが，これよりも短い暗期で花芽形成する可能性もあり，長日植物なのか短日植物なのかは判断できない。花芽形成における限界暗期は個体にとって一定の尺度で考えるため，例えば暗期12時間より長いか短いかで判断することはできない。　5　解答参照。

2020年度　実施問題

中　高　共　通

【1】磁界について次の問いに答えなさい。

1　次の(1)，(2)の法則の名称を書きなさい。

(1)　左手の親指，人差し指，中指を互いに直角になるようにして，中指を電流の向きに，人差し指を磁界の向きに合わせると，親指の指す向きが電流が磁界から受ける力の向きになる。

(2)　磁界を変化させるとその変化を妨げる向きに誘導電流が生じる。

2　図1のように棒磁石をコイルから引き出すときに抵抗に流れる電流の向きについて書かれた下の文の空欄①，②にあてはまる適切な語句を，下のア〜エから1つずつ選び，その符号を書きなさい。

図1

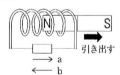

コイル内の磁界の大きさが(　①　)なるので，抵抗に流れる電流の向きは(　②　)である。

ア　大きく　　イ　小さく　　ウ　a　　エ　b

3　図2のように平行な2本の金属製のレールを敷き，磁石のS極を上にして並べ，金属の棒をのせた。レールに電流を流したところ，金属の棒が動き出した。あとの問いに答えなさい。

図2

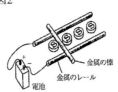

(1) 電池の＋と－を入れ替え，磁石のN極を上にしたときの，金属の棒の動きについて書かれた次の文の空欄①，②にあてはまる正しい語句を，下のア～エから1つずつ選び，その符号を書きなさい。

　電流の向きは(①)なり，金属の棒が動く向きは(②)なる。
　ア 同じに　イ 逆に　ウ 大きく　エ 小さく

(2) (1)の状態で流れる電流を増加させた。このときの金属の棒の動きについて書かれた次の文の空欄①，②にあてはまる正しい語句を，下のア～カから1つずつ選び，その符号を書きなさい。

　電流が大きくなると金属の棒にはたらく力が(①)なるため，金属の棒は，さらに(②)動く。
　ア 同じに　イ 逆に　ウ 大きく　エ 小さく
　オ 速く　　カ 遅く

(☆☆◎◎◎◎)

【2】呼吸や血液循環に関して，次の問いに答えなさい。

1　肺における外呼吸に関して，次の文の空欄①～④にあてはまる適切な語句を，下のア～カから1つずつ選び，その符号を書きなさい。

　ヒトが息を吐くときは，ろっ骨が(①)がり，横隔膜が(②)がって，胸腔が(③)られると，胸腔内の体積が(④)なり，空気がおし出される。
　ア 上　イ 下　ウ 広げ　エ 狭め　オ 大きく
　カ 小さく

2　次の①～③の外呼吸を行う生物を，あとのア～カから2つずつ選び，

その符号を書きなさい。

① 肺呼吸　　② えら呼吸　　③ 気管呼吸

ア　シャチ　　イ　サメ　　ウ　カブトムシ　　エ　サワガニ

オ　ハト　　　カ　ゲンゴロウ

3　次の①～③の生物の心臓のつくりとして最も適切なものを，下の
ア～ウから1つずつ選び，その符号を書きなさい。

①　カラス　　　②　オオサンショウウオ　　　③　フナ

ア　1心房1心室　　　イ　2心房1心室　　　ウ　2心房2心室

4　次の図は，ヒトの血液循環の様子を表している。

図

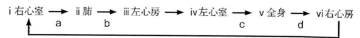

(1)　肺循環を次のア～オから1つ選び，その符号を書きなさい。

ア　i→ii　　イ　i→ii→iii　　ウ　ii→iii　　エ　ii→iii→iv

オ　ii→iii→iv→v

(2)　図中のa～dは血管を示している。動脈血が流れる血管をa～dか
らすべて選び，その符号を書きなさい。

(☆☆◎◎◎◎)

【3】化学部の生徒が，台所で重曹の成分表示に炭酸水素ナトリウムと記
載されていることに気づき，重曹について調べた。次の問いに答えな
さい。

1　重曹は，酢と組み合わせることでコンロなどの掃除に使うことが
できる。次の文の（　①　），（　②　）にあてはまる適切な語句を書
きなさい。

　炭酸水素ナトリウムの粒子は比較的硬く，コンロの表面などを磨
きながら汚れを落とす。また弱（　①　）性で油汚れやタンパク質の
汚れなどを落とす。さらに酢を加えることで気体が発生し，これが
泡状になって汚れを落としやすくする。この気体が発生するしくみ
は，炭酸と酢酸では炭酸の方が（　②　）い酸であるため，炭酸が遊

離し二酸化炭素となるからである。

2　次の文は，ケーキとパンがふくらむしくみの違いについて生徒が調べたものである。空欄①〜③に入る適切な語句を書きなさい。

　　ケーキもパンも，発生した二酸化炭素が小麦粉の生地の中に閉じ込められて空洞ができ，スポンジ状になりふくらむ。多くの場合，ケーキは，炭酸水素ナトリウムが化学反応式（　①　）で示される化学変化をし，二酸化炭素を発生する。一方，パンは，重曹を使うこともあるが，（　②　）という微生物による発酵により発生する二酸化炭素を利用することが多い。例えばアルコール発酵は（　③　）のような化学反応式で示される。

3　次の文は，この重曹の純度を調べるために，生徒が考えた方法を示している。（　　）にあてはまる適切な数値を書きなさい。ただし，$H=1.0$，$C=12$，$O=16$，$Na=23$とし，重曹に含まれる炭酸水素ナトリウムは無水物であるとする。

　　炭酸水素ナトリウムは加熱により分解し，水と二酸化炭素を生じる。重曹の質量をあらかじめ測っておき，熱分解させた結果，生じた二酸化炭素の量がわかれば重曹の純度がわかる。例えば，16.8gの重曹から4.18gの二酸化炭素が生じたとすると，重曹の純度は（　　）％である。ただし，発生した二酸化炭素は炭酸水素ナトリウムの加熱分解によるもののみであるものとする。

(☆☆☆◎◎)

【4】火山について，次の問いに答えなさい。

1　図1は火山の形の3つのモデルである。

図1

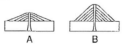

(1)　鹿児島県の桜島はA〜Cのどれか，符号で書きなさい。

(2)　火山A〜Cについて書かれた次の文の空欄①，②にあてはまるものをA〜Cから1つずつ選び，その符号を書きなさい。

191

　　溶岩の粘り気が最も弱い火山は(　①　)の形状となることが多く，溶岩の粘り気が強いため激しい噴火をともなうことが多い火山は(　②　)である。

2　図2は，ある火成岩のつくりを模式的に表したものである。

図2

(1)　比較的大きな鉱物のaのような部分を何というか，その名称を書きなさい。

(2)　図2の火成岩のつくりのような組織を何というか，その名称を書きなさい。

3　火成岩について書かれた次の文の空欄①，②にあてはまる正しい語句を，下のア〜エから1つずつ選び，その符号を書きなさい。

　　マグマが地表や地表付近で短い時間で冷え固まったものを(　①　)といい，(　②　)はその1つである。

ア　深成岩　　イ　火山岩　　ウ　安山岩　　エ　花こう岩

(☆☆◎◎◎)

中 学 理 科

【1】回路を流れる電流について，次の問いに答えなさい。

1　2.0Ωの抵抗A〜Cと1.5Vの電池を使って，図1のような回路をつくった。

図1

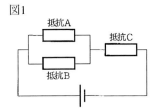

(1) 回路の合成抵抗を求めなさい。

(2) 抵抗A，Cに流れる電流の大きさを，それぞれ求めなさい。

(3) 抵抗A，Cの電力を，それぞれ求めなさい。

2 図2は，ある豆電球に電圧を加えたときに流れる電流の大きさを表したものである。

図2

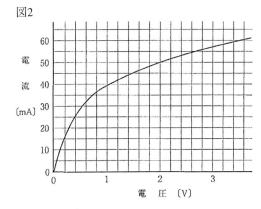

(1) この豆電球と，100Ωの抵抗，2.0Vの電池を使って，図3のような回路をつくった。

図3

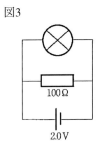

　　①　このとき，100Ωの抵抗に流れる電流の大きさを求めなさい。

　　②　このとき，豆電球に流れる電流の大きさを求めなさい。

　(2)　この豆電球と，50Ωの抵抗，3.0Vの電池を使って，図4のような回路をつくった。このとき，豆電球に流れる電流の大きさを求めなさい。

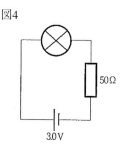

図4

50Ω

3.0V

　　　　　　　　　　　　　　　　　　　　　(☆☆☆◎◎◎◎)

【2】遺伝に関する次の問いに答えなさい。

　1　遺伝に関する次の人物の名前を書きなさい。なお(2)については，2名書きなさい。

　(1)　エンドウを用いて遺伝の研究をし，優性の法則などを発見した。

　(2)　DNAの二重らせん構造モデルを提唱し，ノーベル賞を受賞した。

　2　エンドウには，種子が丸くなるものとしわになるもの，子葉の色が黄色になるものと緑色になるものがある。なお，種子の形と子葉の色の2つの遺伝形質は互いに独立して遺伝し，それぞれ丸い形質，黄色い形質が優性形質である。

　(1)　代々丸い種子で子葉が緑色になる個体と，代々しわの種子で子葉が緑色になる個体を交雑したとき，雑種第二代にはどんな形質のものがどんな割合で生じるか，例にならって書きなさい。

　　(例)　丸緑：丸黄：しわ緑＝1：2：1

　(2)　遺伝子型の不明な丸の種子で子葉が黄色の個体があるとき，遺

194

伝子型を調べるためにはどのような形質の個体を交雑すればよい
か。また，そのような交雑を何というか，書きなさい。

3 ヒトのABO式血液型に関する遺伝子にはA，B，Oの3種類がある。
図はある家系の血液型を示す。□は女性，○は男性を示している。

図

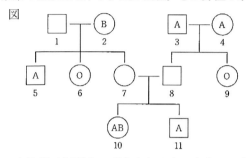

(1) 1，7の血液型は何型か。考えられるものをすべて書きなさい。

(2) 5がAB型の人と結婚して子ができた場合，生まれてくる子の血
液型とその可能性をそれぞれ書きなさい。

4 表はキイロショウジョウバエとヒトの体細胞あたりの染色体数及
び，ゲノムあたりの総塩基対数と遺伝子の数を示している。ただし，
相同染色体のどちらか一方の組の染色体に含まれるすべての遺伝情
報をゲノムとする。

(1) ヒトの1本の染色体に含まれる平均の遺伝子の数を，小数第1位
を四捨五入して整数で求めなさい。

(2) キイロショウジョウバエの遺伝子としてはたらいている領域の
割合は何％か，小数第2位を四捨五入して小数第1位まで求めなさ
い。ただし，1個の遺伝子は平均1.2×10^3塩基対からなるものとす
る。

表

生物名	染色体数	総塩基対数	遺伝子の数
ヒト	46	3.0×10^9	22,000
キイロショウジョウバエ	8	1.8×10^8	13,600

(☆☆☆☆○○○○)

【3】物質の化学変化に関する次の問いに答えなさい。

1　ろうそくの炎に関して，次の①～③の状態や温度などを説明した文として適切なものを，下のア～ウから1つずつ選び，その符号を書きなさい。

①　炎心　　②　内炎　　③　外炎

ア　ロウが気体になっている。①～③のうち最も温度が低い。

イ　炭素の粒が熱せられて，①～③のうち最も明るく光って見える。

ウ　ロウの気体が完全に燃えている。①～③のうち最も温度が高い。

2　ろうそくが燃えてできた気体を，集気びんに集めた。この気体が何であるか確かめる実験のために石灰水をつくるとき，水以外に必要な化合物の名称と化学式を書きなさい。

3　ある使い捨てカイロには，鉄粉，木粉，活性炭，食塩，水などが含まれていた。この使い捨てカイロのしくみを説明した次の文中の空欄①，②にあてはまる語句を書きなさい。

　　使い捨てカイロを外袋から出すと外気と触れることで鉄粉が酸素と反応する。その際，温度が上がるのは，この酸化反応が（　①　）反応だからである。これは，鉄がさびる反応と同じだが，通常はゆっくり反応がすすむため，熱くなったと感じることはない。しかし使い捨てカイロでは，鉄粉をさびやすくする水と，反応の前後で変化せず反応を促進する物質である（　②　）の働きをする食塩が含まれており，反応が早く進むため，熱くなったと感じる。また，活性炭は非常に小さな穴が多くあり，反応に必要な酸素を供給する役目がある。また木粉はあらかじめ多くの水を含ませておく保水材として役立っている。

4　使い捨てカイロで起こっている反応はいくつか考えられる。次はそのうちの1つで，水酸化鉄(Ⅲ)が生成するときの反応を示している。空欄に係数を書いて，化学反応式を完成させなさい。

（　　）Fe＋（　　）O_2＋（　　）H_2O→（　　）$Fe(OH)_3$

5　使い捨てカイロとは逆に瞬間冷却パックでは，温度が下がる反応を利用している。反応して温度が下がる物質の組み合わせを，次の

ア～カから2つ選び，その符号を書きなさい。

ア　鉄と硫黄

イ　塩化アンモニウムとクエン酸

ウ　塩化アンモニウムと水酸化バリウム

エ　炭酸水素ナトリウムとクエン酸

オ　炭酸水素ナトリウムとマグネシウム

カ　クエン酸と水酸化バリウム

(☆☆☆◎◎◎)

【4】地震について次の問いに答えなさい。

1　マグニチュード6の地震から放出されるエネルギーは，マグニチュード4の地震から放出されるエネルギーの何倍か。最も適切なものを，次のア～エから1つ選び，その符号を書きなさい。

　ア　2　　イ　4　　ウ　100　　エ　1000

2　次の(1)～(4)は地震に関して述べた文である。文中の空欄①～④にあてはまる適切な語句や数値を，下のア～ケから1つずつ選び，その符号を書きなさい。

(1)　震度階級表はある地点での揺れの強さを(　①　)段階に分けて表したものである。

(2)　活断層のずれによる地震を(　②　)型地震という。

(3)　小さくこきざみな揺れのあとからくる大きな揺れのことを(　③　)という。

(4)　海洋プレートが大陸プレートを引きずり込むことが要因となって起きた地震を(　④　)型地震という。

　ア　海溝　　イ　10　　ウ　7　　エ　8　　オ　プレート

　カ　内陸　　キ　主要動　　ク　P波　　ケ　S波

3　ある地震で，震央での初期微動継続時間が7.2秒で，震央から40km離れたA地点での初期微動継続時間は12秒であった。

(1)　A地点から震源までの距離は何kmか，求めなさい。

(2)　地震が発生してからP波が震央に達したのは5秒後であった。P

波の伝わる速さは何km/sか，求めなさい。

(3) 地震が発生してからS波がA地点に達するのは何秒後か，小数第2位を四捨五入して小数点第1位まで求めなさい。

4 図は震源までの距離が100km，150km，200kmであるA，B，Cの各地点で観測されたP波，S波の到達時刻と，震源までの距離との関係を示したものである。

図

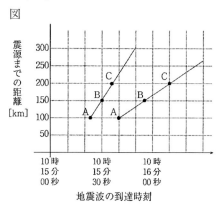

(1) この地震が起きた時刻を求めなさい。

(2) 図の地震と震源が同じであり，さらにマグニチュードの大きい地震が生じたときの変化として適切なものを，次のア～ケから2つ選び，その符号を書きなさい。

ア　初期微動継続時間が長くなる。

イ　S波の速度だけが遅くなる。

ウ　P波とS波の速度が共に遅くなる。

エ　P波の速度だけが遅くなる。

オ　初期微動継続時間はあまり変化しない。

カ　初期微動継続時間が短くなる。

キ　S波の速度だけが速くなる。

ク　P波の速度だけが速くなる。

ケ　P波とS波の速度は共に変化が小さい。

(☆☆☆◎◎◎)

高 校 理 科

【物理】

【1】図のように，滑車の付いた質量3mの台Aが，なめらかな床に置かれている。さらに，台Aのなめらかな上面に置かれた質量mの物体Bから水平に張った伸び縮みしない糸を滑車にかけ，その先端には糸が鉛直になるように質量mの物体Cをつり下げる。物体Cは台Aと離れないが，鉛直方向には自由に動くような構造となっている。重力加速度の大きさをgとして，下の1～3の問いに答えなさい。

図

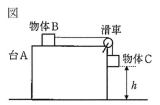

　ただし，1～3の各問いとも，運動させる直前は，台Aおよび物体B，Cはそれぞれ静止しており，物体Cは床からhの高さにあったものとする。また，滑車と糸の質量は無視できるものとする。

1　台Aに水平方向の力を加えて台Aを動かないようにし，物体B，Cを運動させた。このとき，台Aに加えた水平方向の力の大きさ，台Aが床から受ける垂直抗力の大きさ，物体Cが床に着くまでの時間をそれぞれ求めなさい。

2　台Aに水平方向の力を加えて，物体B，Cが台Aに対して動かないように運動させた。このとき，台Aに加えた水平方向の力の大きさを求めなさい。

3　台Aに水平方向の力を加えず，台Aおよび物体B，Cを運動させた。このとき，台Aが床から受ける垂直抗力の大きさ，物体Bの加速度の大きさ，物体Cが床に着くまでの時間をそれぞれ求めなさい。

(☆☆☆◎◎◎)

【２】干渉について，次の問いに答えなさい。

　1　水面上の2つの波源S₁，S₂から，同じ振幅，同じ位相で，波長10.0cm，周期0.50sの波が出ている。図1は，水面上の各点の位置関係を上から見た図で表したものである。下の問いに答えなさい。

図1

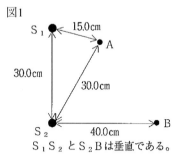

S₁S₂とS₂Bは垂直である。

　(1)　点A，Bは，2つの波が強め合う点か，弱め合う点か，それぞれ答えなさい。

　(2)　点S₁，S₂を含む線分S₁S₂上に，2つの波が弱め合う点はいくつあるか，答えなさい。

　(3)　点S₂，Bを含む線分S₂B上に，2つの波が弱め合う点はいくつあるか，答えなさい。

　(4)　点S₁からの距離が18.0cm，点S₂からの距離が35.5cmの点Cがある。2つの波源から出る波を，同位相のまま周期を少しずつ短くしていったとき，初めて点Cが2つの波が弱め合う点になるときの波の周期を求めなさい。

　2　図2は，波長λの単色光を用いた複スリットによる光の干渉の装置を表しており，スクリーンには点Oを明線とした等間隔の干渉縞が生じている。S₀，S₁，S₂はそれぞれスリットを表しており，S₀とスクリーン上の点Oは，S₁とS₂の垂直二等分線上にある。スリットS₁，S₂間の距離をd，複スリットからスクリーンまでの距離をLとして，あとの問いに答えなさい。

図2

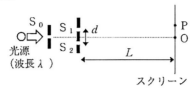

(1) この装置におけるスリットS_0のはたらきとして適切なものを, 次のア〜エから1つ選び, その符号を書きなさい。

ア スリットS_1, S_2に入る光量を等しくする。

イ スリットS_1, S_2に入射する光の位相を揃える。

ウ スリットS_1, S_2に入る光量を少なくする。

エ スリットS_1, S_2の位置に明るい干渉縞を生じさせる。

(2) 点Oにある明線の隣の暗線上に点Pがある。点Pの, S_1からの距離とS_2からの距離の差を, λを用いて表しなさい。

(3) スクリーンに生じた干渉縞の間隔を求めなさい。

(4) 次の文の①, ②に入る適切な語句を, それぞれア〜ウから1つ選び, 符号で書きなさい。

スリットS_0を図2の右方向に動かしたとき, 干渉縞の暗線の間隔は(① ア 広くなる イ 狭くなる ウ 変わらない)。

また, スリットS_0を図2の下方向に動かしたとき, 干渉縞は(② ア 上に移動する イ 下に移動する ウ 移動しない)。

(☆☆☆◎◎◎)

【3】荷電粒子の運動について, 次の問いに答えなさい。ただし, 重力が無視できる真空中について考えるものとし, クーロンの法則の比例定数をkとする。

1 図1のように, x軸上の原点Oに, 質量M, 電気量$+Q$の正電荷Aがあり, x軸上負方向の無限遠点から, 質量m, 電気量$+q$の正電荷をもつ粒子Bを, x軸正の向きに初速v_0で運動させることを考える。あとの問いに答えなさい。

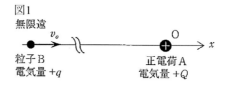

図1
無限遠

粒子B
電気量 +q

正電荷A
電気量 +Q

(1)　正電荷Aが固定されているとき，AとBの最接近距離を求めなさい。

(2)　正電荷Aはx軸上を自由に動けるものとする。

①　AとBが最接近したときのBの速さを求めなさい。また，最接近距離を求めなさい。

②　再びA，Bが十分に離れたときのAの速さを求めなさい。

2　図2のように，xy平面上の原点Oに電気量 $+Q$ の正電荷Cと，点(0, a)に電気量 $+\dfrac{1}{4}Q$ の正電荷Dが固定されている。下の問いに答えなさい。

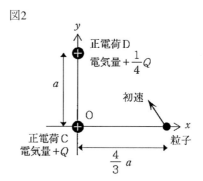

図2

正電荷D
電気量 $+\dfrac{1}{4}Q$

初速

粒子

正電荷C
電気量 $+Q$

$\dfrac{4}{3}a$

(1)　y軸上において，電界の強さが0となる位置のy座標を求めなさい。

(2)　点 $\left(\dfrac{3}{4}a,\ 0\right)$ に置いた，質量m，電気量 $+q$ の正電荷をもつ粒子に初速を与えてCD間を通過させたい。このとき初速は，いくらより大きくなければならないか，求めなさい。

(☆☆☆◎◎◎)

【4】 国際単位系(SI)に関する次の文について，下の問いに答えなさい。

　今年の5月にキログラム原器が廃止され，単位kgなどのSI基本単位の定義が見直されたのは記憶に新しい。この定義の見直しにおいて，基本単位のうちs，m，cdについてはほぼ変更がなかったが，その他の単位については定義が大きく変わり，それによって，mの定義に使用されている真空中の光速$c=2.99792458\times10^8$m/sと同様に，プランク定数h，電気素量e，ボルツマン定数k，アボガドロ定数N_Aが不確かさのない定義値となった。

1　kgのkは単位の接頭語の記号であり，10^3を表す。10^{12}と10^{-12}を表す単位の接頭語の記号は何か，それぞれ書きなさい。

2　力の単位Nは，SI基本単位で表すと$s^{-2}\cdot m\cdot kg$となる。次の(1)〜(3)の単位をこれと同様に表すとどうなるか，書きなさい。ただし，SI基本単位は，s，m，kg，A，K，mol，cdの順に示すこと。

　(1)　電力の単位　W　　(2)　電気容量の単位　F

　(3)　磁束の単位　Wb

3　下線部の4つの定数の値を，有効数字3桁でそれぞれ書きなさい。

4　時間の単位sの定義だけがさらに変わり，図のように，今までのa〔s〕の長さが1sと表されることになったとする。つまり，時間1sが現在のa倍になったとする。mの定義は真空中の光速cの値を基としているため，このとき長さ1mも現在のa倍となる。

図

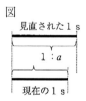

見直された1 s

1：a

現在の1 s

　(1)　このとき，電流の強さ1Aは現在の何倍になるか，書きなさい。

　(2)　万有引力定数の数値は，現在の何倍になるか，書きなさい。

(☆☆◎◎)

【化学】

> 解答の際に必要ならば，次の値を使いなさい。
> 原子量　H＝1.0　　C＝12　　N＝14　　O＝16　　S＝32
> 　　　　Na＝23　　　Pb＝207

【１】 鉛蓄電池に関する次の文を読んで，下の問いに答えなさい。

　鉛蓄電池は広く実用に供されている電池で，自動車のバッテリーなどに用いられている。1859年にフランスのプランテにより考案され，実用化までに多くの改良が加えられた。鉛蓄電池は負極活物質に（　①　），正極活物質に（　②　），電解質水溶液に希硫酸を用いた構造をしている。

　鉛蓄電池を放電させると，両極では，それぞれ次のような変化がおこる。

　　負極　（　①　）＋SO$_4^{2-}$→PbSO$_4$＋2e$^-$

　　正極　（　②　）＋4H$^+$＋SO$_4^{2-}$＋2e$^-$→PbSO$_4$＋2H$_2$O

　鉛蓄電池の起電力は約（　③　）Vであるが，放電を続けると，電圧が低下する。これは，放電によって，希硫酸の密度が（　④　）し，両電極がしだいに白色の硫酸鉛(Ⅱ)PbSO$_4$に覆われ，希硫酸と電極が接触しにくくなるからである。そこで，別の電源の負極と鉛蓄電池の（　⑤　）極，別の電源の正極と鉛蓄電池の（　⑥　)極をそれぞれ接続し，放電の場合とは逆向きに電流を流すと，放電の場合と逆向きの反応がおこり，希硫酸の密度と両電極はもとの状態にもどり，起電力が回復する。このような操作を充電という。鉛蓄電池のように，充電できる電池を二次電池，または蓄電池という。

１　文中の空欄①，②に入る適切な化学式を書きなさい。

２　文中の空欄③に入る適切な数値を，次のア～オから1つ選び，その符号を書きなさい。

　　ア　1.2　　イ　1.5　　ウ　2.0　　エ　3.0　　オ　3.7

３　文中の空欄④～⑥に入る適切な語句を，次のア～エからそれぞれ1つ選び，その符号を書きなさい。

　　ア　増加　　イ　減少　　ウ　正　　エ　負

4　実用化されている電池のうち，文中の下線部の例として適切なものを，次のア～エから1つ選び，その符号を書きなさい。

　　ア　リチウム電池　　　　　　イ　アルカリマンガン乾電池
　　ウ　ニッケル・水素電池　　　エ　酸化銀電池

5　鉛蓄電池の充電時に正極と負極でおこる反応をまとめて化学反応式で書きなさい。

6　鉛蓄電池を放電したところ，負極の質量が9.6g増加した。このとき流れた電気量は何Cか，求めなさい。ただし，ファラデー定数＝9.65×10^4C/molとする。

7　6のとき，正極の質量はどれだけ変化したか，求めなさい。ただし，増加した場合は数値の前に＋を，減少した場合は－を付して書きなさい。

8　6のとき，鉛蓄電池内の溶液の質量はどれだけ変化したか，求めなさい。ただし，増加した場合は数値の前に＋を，減少した場合は－を付して書きなさい。

（☆☆☆◎◎◎）

【2】アンモニアに関する次の文について，あとの問いに答えなさい。
　　アンモニアは，実験室では，塩化アンモニウムに水酸化カルシウムを混合し，加熱して得られる。図はアンモニアを発生させるために組み立てた装置の様子を示したものである。

　　　　図

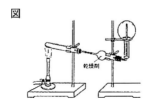

　　一方，アンモニアは，工業的には，鉄を含む（　①　）などの触媒を用いて，式1で示すように窒素と水素から直接合成される。この工業的製法を（　②　）法という。

205

N_2　+　$3H_2$　$\rightleftarrows$　$2NH_3$　…式1

アンモニアは，無色，刺激臭の気体で，加圧すると容易に液体となる。また，水によく溶け，式2で示すように電離し，弱い（　③　）性を示す。

NH_3　+　H_2O　$\rightleftarrows$　NH_4^+　+　OH^-　…式2

アンモニアは，蒸発熱が大きく，液体のアンモニアを気体にするとき，周囲から大量の熱を奪う。この性質を利用して，業務用の冷蔵庫などの冷媒として用いられる。

1　文中の下線部の反応を化学反応式で書きなさい。

2　図に関する記述として誤っているものを次のア～エからすべて選び，その符号を書きなさい。

　ア　実験終了後，試験管内には固体が残る。

　イ　乾燥剤にはソーダ石灰を用いることが多いが，代わりに塩化カルシウムを用いてもよい。

　ウ　アンモニアを集めた丸底フラスコの口に，濃塩酸をつけたガラス棒を近づけると，白煙を生じる。

　エ　水酸化カルシウムの代わりに硫酸カルシウムを用いると，アンモニアがより激しく発生する。

3　図に示す実験を生徒がおこなった際，誤って試験管の口を上向きにしてしまった。このとき考えられる危険性について，理由とともに簡潔に書きなさい。

4　文中の空欄①に入る最も適切な化学式を書きなさい。

5　文中の空欄②，③に入る適切な語句をそれぞれ書きなさい。

6　文中の式1の反応が平衡状態にあるとき，下の(1)～(4)のように条件を変化させると，平衡はどちらに移動するか。左向きに移動する場合は「左」，右向きに移動する場合は「右」，移動しない場合は「×」を，それぞれ書きなさい。ただし，式1の反応の熱化学方程式は次式で表されるものとする。

　N_2(気)　+　$3H_2$(気)　=　$2NH_3$(気)　+　92kJ

(1)　加熱する。

(2)　加圧する。

(3)　温度・全圧を一定に保ち，アルゴンを加える。

(4)　温度・体積を一定に保ち，アルゴンを加える。

7　文中の式2に示すように，アンモニア水中では電離平衡が成立している。2.0〔mol/L〕のアンモニア水中の水酸化物イオン濃度およびpHを求めなさい。ただし，水のイオン積を$1.0×10^{-14}$〔mol^2/L^2〕，アンモニアの電離定数を$1.8×10^{-5}$〔mol/L〕とし，アンモニアの電離度は1よりも非常に小さいものとし，$\log_{10}2=0.30$，$\log_{10}3=0.48$とする。

(☆☆☆◎◎◎)

【3】セッケンおよび合成洗剤を合成し，それらの性質を比較するために，次の実験1～3を行った。これらの実験について，下の問いに答えなさい。

実験1

　〔操作1〕油脂A10gに水酸化ナトリウム2.0g，エタノール20mL，水20mLを混合して，沸騰水浴上で約20分間よくかき混ぜながら加熱する。

　〔操作2〕この反応液に飽和食塩水を注ぐ。

実験2

　〔操作1〕ラウリルアルコール$CH_3(CH_2)_{11}OH$10mLに濃硫酸を4.5mL加え，30～40℃くらいの温浴でかき混ぜる。

　〔操作2〕この反応液に炭酸水素ナトリウムを加えてかき混ぜて溶かす。

実験3

　〔操作1〕2.0%程度に薄めたセッケン，合成洗剤の水溶液にフェノールフタレイン溶液をそれぞれ数滴加える。

　〔操作2〕5.0%程度に薄めたセッケン，合成洗剤の水溶液に5.0%の塩化カルシウム水溶液をそれぞれ1.0mL加える。

1　油脂Aの構成脂肪酸はパルミチン酸$C_{15}H_{31}COOH$およびリノール酸$C_{17}H_{31}COOH$の2種類である。また，油脂Aの分子量は854であり，鏡

像異性体が存在することがわかっている。このとき，油脂Aの構造式を書くとともに不斉炭素原子に*を記しなさい。

2　油脂A100gから何gのセッケンができるか，書きなさい。

3　油脂A10gに水素を完全に付加させるのに必要な水素は，27℃，1.013×10^5Paで何Lか，書きなさい。ただし，気体定数を8.31×10^3Pa・L/(K・mol)とする。

4　実験1の〔操作1〕によって油脂Aが加水分解され，構成脂肪酸のナトリウム塩が生じた。この反応は何とよばれるか，書きなさい。

5　実験1の〔操作2〕によって，白色の固体が生じた。この操作は何とよばれるか，書きなさい。

6　実験2の〔操作2〕で生じる変化を化学反応式で書きなさい。

7　実験3の〔操作1〕の結果として適切なものを，次のア〜エから1つ選び，その符号を書きなさい。

	セッケン	合成洗剤
ア	赤変	変化なし
イ	赤変	赤変
ウ	変化なし	変化なし
エ	変化なし	赤変

8　実験3の〔操作2〕の結果として適切なものを，次のア〜エから1つ選び，その符号を書きなさい。

	セッケン	合成洗剤
ア	白色沈殿生成	変化なし
イ	白色沈殿生成	白色沈殿生成
ウ	変化なし	変化なし
エ	変化なし	白色沈殿生成

(☆☆☆◎◎◎)

【4】アルケンの反応に関する次の文を読んで，あとの問いに答えなさい。

アルケンの二重結合は，適当な条件下で（　①　）剤によって（　②　）される。たとえば，アルケンにオゾンO_3を作用させると，オゾニドとよばれる五員環の不安定な物質が生成する。これを亜鉛などで（　③　）すると，カルボニル化合物になる。このような反応をオゾン分解という。また，アルケンに硫酸酸性の条件下で過マンガン酸カリ

ウム水溶液を加えると，アルケンの二重結合が切断され，オゾン分解と同様にカルボニル化合物を生じる。このとき生じたアルデヒドは，さらに（　④　）され，（　⑤　）になる。

　分子式がC_5H_{10}で表されるアルケンA，アルケンB，アルケンCがある。アルケンAおよびアルケンBをオゾン分解したところ，アルケンAからは化合物Dと化合物Eが，アルケンBからは化合物Dと化合物Fがそれぞれ生成した。一方，アルケンBおよびアルケンCに硫酸酸性の条件下で過マンガン酸カリウム水溶液を加えると，アルケンBからは化合物Fと酢酸が，アルケンCからは化合物Gと二酸化炭素がそれぞれ生成した。化合物D，化合物Eはともにアルデヒド基をもつ化合物であり，化合物F，化合物Gはカルボニル基に炭化水素基が2つ結合した化合物であった。

1　文中の空欄①～④には「酸化」もしくは「還元」という語句が入る。それぞれに入る語句の組み合わせとして適切なものを，次のア～エから1つ選んで書きなさい。

	①	②	③	④
ア	酸化	酸化	還元	酸化
イ	還元	還元	酸化	酸化
ウ	還元	還元	還元	酸化
エ	酸化	酸化	酸化	還元

2　文中の空欄⑤に入る適切な語句を書きなさい。

3　オゾンを電子式で書きなさい。

4　アルケンAには2種類の異性体が考えられる。それらの構造式を違いが分かるように書きなさい。

5　アルケンBの構造式を書きなさい。

6　化合物D，化合物E，化合物F，化合物Gの示性式を書きなさい。

7　アルケンA～C，及び化合物D～Gのうち，ヨードホルム反応を示すものをすべて選び，その符号を書きなさい。

8　アルケンBを塩基性の条件下で過マンガン酸カリウム水溶液を加えると，どのような化合物が生成すると考えられるか，その構造式を書きなさい。

（☆☆☆◎◎◎）

【生物】

【1】 光合成に関する次の問いに答えなさい。

1　クロロフィルa，クロロフィルbおよびカロテンの光の吸収に関する説明として，最も適切なものを次のア～エから1つ選び，その符号を書きなさい。

ア　クロロフィルa，クロロフィルbは緑色光を，カロテンは青色光をおもに吸収する。

イ　クロロフィルa，クロロフィルbは青色光を，カロテンは赤色光をおもに吸収する。

ウ　クロロフィルaは赤色光を，クロロフィルbおよびカロテンは青色光をおもに吸収する。

エ　クロロフィルbは赤色光を，クロロフィルaおよびカロテンは緑色光をおもに吸収する。

2　サザンカの葉では，光合成の反応過程において1分子の二酸化炭素はリブロースビスリン酸(RuBP)と反応し，C_3化合物である（　①　）が（　②　）分子できる。このような植物はC_3植物という。

トウモロコシの葉では，二酸化炭素が（　③　）回路に入る前に，（　④　）細胞内でホスホエノールピルビン酸(PEP)に結合されてC_4化合物である（　⑤　）を生じる。（　⑤　）は，リンゴ酸などに変えられたのち原形質連絡を通じて（　⑥　）細胞へ輸送され，ここで分解され二酸化炭素を生じる。このような植物はC_4植物という。

サボテンなどの多肉植物では，夜間に気孔を開いて（　④　）細胞に二酸化炭素をC_4化合物として取り込み，昼間には夜間に蓄積したC_4化合物を分解して二酸化炭素を取り出し光合成を行う。このような代謝経路をもつ植物を（　⑦　）植物という。

この植物とC_4植物はともに二酸化炭素を一旦取り込んで（　⑧　）化合物として貯蔵するという点では同じであるが，C_4植物は，細胞間の分業によって光合成を行っているのに対して，（　⑦　）植物は二酸化炭素取り込みの時間を分けている。

(1)　文章中の空欄①～⑧に入る適切な語句，数字を書きなさい。

(2) 下線部の反応を触媒する酵素を何というか，書きなさい。

3 表は，ある植物の葉で，光の強さと光合成速度の関係を示したものである。二酸化炭素濃度は十分あり，15℃で実験した。次の(1)～(3)のそれぞれの量を求めなさい。ただし，H＝1.0，C＝12，O＝16とし，答えは小数第2位を四捨五入し，小数第1位まで求めなさい。

表

		CO_2吸収量（mg／時間）
光の強さ（万ルクス）	0	－ 1.0
	1	0
	2	1.0
	3	2.0
	4	3.0
	5	4.0
	6	4.0
	7	4.0

(1) 4万ルクスの光を3時間照射したときに同化したグルコースの量

(2) 5万ルクスの光を2時間照射したときに増加したグルコースの量

(3) 6万ルクスの光を8時間照射し，その後暗黒下に16時間置いたときに増加したグルコースの量

(☆☆☆◎◎◎◎)

【2】遺伝に関する次の問いに答えなさい。

1 生物の性決定の様式には，雄ヘテロ型としてXY型とXO型，雌ヘテロ型としてZW型とZO型がある。次の(1)～(3)の性決定様式を書きなさい。また，(1)～(3)の性決定様式をもつ生物を，あとのア～エからそれぞれ1つずつ選んで，その符号を書きなさい。

(1) 雄が23本，雌が24本の染色体を持つ。

(2) 雌雄同数の染色体をもち，性染色体上の一対の遺伝子に支配されている形質に関して，優性形質の雄と劣性形質の雌を交雑すると，雌はすべて優性形質，雄はすべて劣性形質となった。

(3) 雌雄とも偶数の染色体数である。幼期に雌性ホルモンを与えると，雄になるべき個体も雌の機能を持つようになった。このように，性転換した個体と正常な雄を交雑すると，生じた子はすべて雄となった。

〈生物〉

　　ア　ウマ　　イ　バッタ　　ウ　ニワトリ　　エ　ミノガ

2　ヒトのX染色体上にある遺伝子として適切なものを，次のア～エから1つ選び，その符号を書きなさい。

　　ア　ABO式血液型　　イ　Rh式血液型　　ウ　血友病

　　エ　アセトアルデヒド脱水素酵素

3　ヒトの生殖腺原基を精巣に分化させるはたらきをもつ遺伝子は，X染色体，Y染色体のどちらにあるか，書きなさい。またその染色体上にある性決定遺伝子を何というか，書きなさい。

4　キイロショウジョウバエの2組の対立遺伝子(A，aとB，b)は，同一染色体上に存在する。表現型[AB]の雌と表現型[ab]の雄を交配して得たF_1は雌雄が同数生じ，雌雄ともすべて[AB]の表現型であった。F_1を自由に交配させることによって生じたF_2の1,000個体について調べたところ，表のような結果になった。

表

性	表現型	個体数
雌	[AB]	500
雄	[AB]	205
雄	[Ab]	45
雄	[aB]	55
雄	[ab]	195

(1)　A，aとB，bの遺伝子間の組換え価を求めなさい。

(2)　表現型[aB]の雄と表現型[Ab]の雌を交雑して生じた雌はすべて表現型[AB]となった。

　　　生じた表現型[AB]の雌と表現型[ab]の雄と交雑したとき，生まれた子の表現型の分離比を雄，雌についてそれぞれ求めなさい。

5　染色体数が$2n=8$であるキイロショウジョウバエにおいて，ある一次精母細胞が減数分裂する途中，すべての常染色体で1か所ずつ乗換えが生じていた。このとき，この一次精母細胞から生じる配偶子の染色体の組合せは何通りあると考えられるか，求めなさい。

(☆☆☆☆◎◎◎)

【3】 血液に関する次の問いに答えなさい。

1 ヘモグロビンは，α鎖(①)本，β鎖(②)本のポリペプチド鎖から形成される複合体タンパク質である。

　1本のポリペプチド鎖には(③)分子のヘム鉄が結合しており，1つのヘモグロビン複合体では最大(④)分子の酸素が可逆的に結合できる。

(1) 文章中の空欄①～④に入る適切な語句や数字を書きなさい。

(2) 下線部について，複数のポリペプチド鎖が組み合わさって形成されるタンパク質の立体構造を何というか，書きなさい。

(3) 表は，二酸化炭素分圧が40mmHg，60mmHg，酸素分圧が30mmHg，100mmHgにおける酸素ヘモグロビンの割合を示したものである。

　肺胞内の酸素分圧と組織内の酸素分圧を計測したところ，それぞれ100mmHgと30mmHg，肺胞内の二酸化炭素分圧と組織内の二酸化炭素分圧は，それぞれ40mmHgと60mmHgであった。肺胞における酸素ヘモグロビンの何％が組織において酸素を放出するか求めなさい。ただし，答えは小数第2位を四捨五入し，小数第1位まで書きなさい。

表

		二酸化炭素分圧	
		40mmHg	60mmHg
酸素分圧	30mmHg	60 %	50 %
	100mmHg	95 %	94 %

(4) ヒトの男性の血液1μL中には，およそ5×10⁶個の赤血球がある。
　1mLの血液中のヘモグロビンの量を150mgとして，赤血球1個あたりのヘモグロビン量を求めなさい。

(5) (4)で求めた赤血球1個あたりのヘモグロビン量を用いて赤血球1個にヘモグロビン分子が何分子含まれるか求めなさい。ただし，ヘモグロビンの分子量を60,000とし，アボガドロ定数を6×10²³/molとして計算しなさい。

2　血管が傷ついて出血が起きると，まず血小板が応急の血栓をつくり，そこにフィブリンがからみついて強固な血栓となる。

(1)　血しょう中のフィブリノーゲンをフィブリンに変える酵素を何というか，書きなさい。

(2)　血液凝固因子として適切なものを，次のア～エから1つ選び，その符号を書きなさい。

ア　H^+　　イ　Na^+　　ウ　Fe^{2+}　　エ　Ca^{2+}

(☆☆☆◎◎◎◎)

【4】バイオームと生態系に関する次の問いに答えなさい。

1　バイオームに関する次の問いに答えなさい。

(1)　温帯地方で雨が少なくイネ科植物を主とした草原を何というか，書きなさい。

(2)　(1)のバイオームでは，アメリカバイソンのような群れを作る哺乳類の他に，肉食性動物も見られる。この肉食性動物として適切なものを，次のア～エから1つ選び，その符号を書きなさい。

ア　ハイエナ　　イ　ライオン　　ウ　プレーリードッグ

エ　コヨーテ

(3)　次の文中の①，②に入る季節を書きなさい。

硬葉樹林が分布する気候は(　①　)に雨が多く，(　②　)に雨が少ない。

(4)　硬葉樹林とは違い，亜寒帯地方には針葉樹林が分布するが，落葉性の針葉樹を次のア～エから1つ選び，その符号を書きなさい。

ア　カラマツ　　イ　トウヒ　　ウ　モミ　　エ　ヘゴ

(5)　日本の森林のバイオームにおいて，ブナが生息する夏緑樹林よりも標高が高い場所に成立する亜高山帯林の森林として適切なものを，次のア～エから1つ選び，その符号を書きなさい。

ア　針葉樹林　　イ　雨緑樹林　　ウ　硬葉樹林

エ　照葉樹林

(6)　一般に生物の種類数は熱帯地域で多く，高緯度地方にいくほど

少なくなる。これを生物多様性の何というか，漢字4文字で書きなさい。

2　生態系のバランスと保全に関する次の問いに答えなさい。

(1)　生態系の中には，岩礁潮間帯のヒトデのように，取り除くとその生態系のバランスそのものに大きな影響を及ぼす生物が存在することがある。このような生物を何というか，書きなさい。

(2)　河川や海の富栄養化により，プランクトンの異常な増殖がおこり，淡水域の水面が青緑色に変化する現象を何というか，書きなさい。

(3)　1971年にイランにおいて国際会議で採択された「湿地の保護，保全に関する条約」を採択の地にちなみ何というか，書きなさい。また，平成24年にその条約湿地に登録された兵庫県内の湿地が所在する都市を書きなさい。

(4)　魚食性の鳥類と，その魚食性の鳥類が主に捕食する小型の魚類から，それぞれ体重100gあたり0.48mgと0.02mgのDDTが検出された。小型の魚類から魚食性の鳥類へのDDTの濃縮率と，海水から魚食性の鳥類への濃縮率を求めなさい。ただし，海水中のDDT濃度を0.00005ppmとする。また，1ppmは100万分の1を示す。

(☆☆☆◎◎◎◎)

解答・解説

中　高　共　通

【 1 】1　(1)　フレミングの左手の法則　　(2)　レンツの法則
2　①　イ　　②　ウ　　3　(1)　①　イ　　②　ア　　(2)　①　ウ
②　オ

〈解説〉1　解答参照。　2　磁力線は磁石のN極から出てS極に入る。磁石のN極をコイルから遠ざけると，コイル内の磁力線の数は減少するため，コイル内の磁界の大きさが小さくなる。また，コイルは磁界の変化を嫌うため，コイル内の磁力線の数を増やす向きに誘導電流が流れる(レンツの法則)。右ねじの法則を用いれば，親指は左を向くので，誘導電流はaの向きに流れる。　3　(1)　初期条件での金属の棒に流れる電流の向きは，電池の向きによるので，奥から手前の向きである。また，力の向きは，磁界が下向きなので，フレミングの左手の法則より，電池から離れる向きとなる。電池の＋と－を入れ替え，磁石のN極を上にすると，電流の向きは逆になるが，磁界が上向きなので，フレミングの左手の法則より，力の向きは電池から離れる向きになる。(2)　棒にはたらく力は，電流の大きさに比例するので，電流を増加させると力は大きくなる。また，金属の棒の速さは，それに加わる力が大きくなるにつれて速くなる。

【2】1　①　イ　　②　ア　　③　エ　　④　カ　　2　①　ア，オ
　　②　イ，エ　　③　ウ，カ　　3　①　ウ　　②　イ　　③　ア
　　4　(1)　イ　　(2)　b，c

〈解説〉1　ヒトの外呼吸に関しては，横隔膜の動きを中心に考えると良い。息を吐くときは，横隔膜が上がり，胸腔が狭められ，胸腔内の体積が小さくなる。息を吸うときは，横隔膜が下がり，胸腔が広がり，胸腔内の体積が大きくなる。　2　①　シャチは哺乳類，ハトは鳥類であり，共に肺呼吸を行う。　②　サメは魚類でえら呼吸を行う。また，サワガニは陸上でえら呼吸を行う節足動物である。体の中に水を溜めており，その水に溶けた酸素を取り込んでいる。カニが陸上で泡を吹くのは，体内の水をたくさん空気に触れさせて酸素を取り込むためである。　③　気管呼吸を行うのは，陸上に生息する節足動物の一部であり，カブトムシやゲンゴロウはこれに該当する。　3　2心房2心室は哺乳類や鳥類が，2心房1心室は両生類や爬虫類が，1心房1心室は魚類が持つ心臓の構造である。①カラスは鳥類，②オオサンショ

ウウオは両生類，③フナは魚類である。　4　(1)　肺循環は，右心室
から出た血液が肺にてガス交換(血中の酸素濃度が上昇する)を行い，
左心房へ流れ込む循環のことを指す。該当するのは，i→ii→iiiである。
(2)　動脈血は酸素濃度が高い血液のことだから，これが流れる血管と
しては，bとcが適当である。なお，aやdを流れる血液は，静脈血であ
る。

【3】1　①　塩基　　②　弱　　2　①　2NaHCO₃→Na₂CO₃＋H₂O＋CO₂
　②　酵母菌(イースト菌)　　③　C₆H₁₂O₆→2C₂H₅OH＋2CO₂
3　95〔％〕
〈解説〉1　①　炭酸水素ナトリウムは，強塩基と弱酸の塩であり，水和
反応を考えると，NaHCO₃＋H₂O→NaOH＋H₂CO₃となり弱塩基性を示
すことが分かる。　②　酸性の強さは，H⁺を放出しやすいほど強くな
る。炭酸の酸解離定数は，1段階目はpKa₁＝6.4，2段階目はpKa₂＝10.3
であり，酢酸の酸解離定数は，pKa＝4.8である。また，H₂O＋CO₂⇄
H₂CO₃の平衡は左に傾いているため，水溶液中の二酸化炭素はCO₂分子
として存在する。そのため，二酸化炭素との平衡により，酢酸の酸解
離定数はより小さい値を示す。よって，炭酸のほうが弱酸性である。
2　①　炭酸水素ナトリウムは，加熱により，炭酸ナトリウムと水と
二酸化炭素を発生する。　②　酵母菌のアルコール発酵によってパン
生地を膨らませることができる。　③　単糖類(六単糖)の水溶液に酵
母菌を加えると，酵素群のはたらきにより，エタノールと二酸化炭素
を生成する。　3　このときの化学反応式は，2①の解答の通りである。
重曹は16.8gあるため，$\frac{16.8}{84}$＝0.2〔mol〕となる。化学反応式の係数よ
り，0.2molの重曹からは，0.1molつまり4.4gの二酸化炭素が発生する。
今回の実験では，二酸化炭素は4.18gしか発生していないため，重曹の
純度は，$\frac{4.18}{4.4}$×100＝95〔％〕となる。

【4】1　(1)　B　　(2)　①　A　　②　C　　2　(1)　斑晶　　(2)　斑状
組織　　3　①　イ　　②　ウ

217

〈解説〉1　(1)　図1の水平スケールは正しくないが，Aは盾状火山，Bは成層火山，Cは溶岩円頂丘(溶岩ドーム)と考えられる。桜島は成層火山であり，中心火道から溶岩と火山砕屑物が繰り返し交互に噴出し積み重なって形成された地形をなす。なお，桜島の噴火の様式はブルカノ式であり，粘性の大きいマグマが爆発的噴火を起こす。マグマの組成はやや粘性が大きい安山岩質である。　　(2)　粘性の小さいマグマでは傾斜が緩やかなAの盾状火山になることが多く，粘性の大きいマグマでは傾斜が急なCの溶岩円頂丘の形状になることが多い。　　2　地表や地下の浅い所でマグマが急速に冷却されてできた火山岩では，鉱物の結晶は大きくなれないので，粒径が小さくなり，斑晶と細粒の石基からなる斑状組織を示す。斑晶は固化する前のマグマ中に含まれていた結晶であり，石基はマグマが急冷する際にできた細粒の結晶とガラスである。　　3　①　地下深くでマグマがゆっくり冷却されてできた深成岩では，鉱物の結晶が大きくなり，粗粒で粒径が揃った結晶の集合体である等粒状組織となり，ガラスは含まれない。　　②　安山岩は火山岩，花こう岩は深成岩である。なお，花こう岩と同じケイ長質岩に分類される火成岩はデイサイトあるいは流紋岩である。

中 学 理 科

【1】1　(1)　3〔Ω〕　　(2)　抵抗A…250〔mA〕　　抵抗C…500〔mA〕
　　(3)　抵抗A…0.125〔W〕　　抵抗C…0.5〔W〕
　　2　(1)　①　20〔mA〕　　②　50〔mA〕　　(2)　40〔mA〕

〈解説〉1　(1)　並列回路の合成抵抗は，$\frac{1}{R} = \frac{1}{R_A} + \frac{1}{R_B}$で求められるので，抵抗A，Bの並列回路の合成抵抗は，1.0Ωである。直列回路の合成抵抗はそのまま足すことができるので，回路全体の合成抵抗は，3.0Ωとなる。　　(2)　全体抵抗3.0Ω，電圧が1.5Vの回路に流れる電流は，オームの法則より，500mAである。よって，抵抗Cに流れる電流は，

500mAである。抵抗A，Bの並列回路と抵抗Cに加わる電圧は，電池の電圧(1.5V)をそれぞれの抵抗の比で分けた値となる。抵抗の比は1：2なので，それぞれの電圧は，0.5V，1.0Vとなる。よって，抵抗Aに流れる電流は，オームの法則より，250mAである。　(3)　電力Pは$P=IV$で求められる。よって，抵抗Aの電力は，$P_A=0.250×0.5=0.125$〔W〕，抵抗Cの電力は，$P_C=0.500×1.0=0.500$〔W〕　2　(1)　図3の回路は並列回路なので，抵抗と豆電球に加わる電圧は等しい。電圧2.0V，抵抗値100Ωなので，オームの法則より，100Ωの抵抗に流れる電流は，20mAである。また，豆電球に加わる電圧も2.0Vなので，図2のグラフから，豆電球に流れる電流は，50mAと読み取ることができる。

(2)　回路に流れる電流をI，豆電球に加わる電圧をVとする。図4の回路に対してキルヒホッフの第二法則を用いると，$3.0=V+50I$という式が成り立つ。この式は，図2のグラフで，(電圧，電流)=(3，0)，(0，60)の2点を結ぶ直線となる。よって，この直線と図2の曲線の交点が，豆電球に流れる電流と豆電球に加わる電圧である。したがって，豆電球に流れる電流は，40mAである。

【2】1　(1)　メンデル　　(2)　ワトソン，クリック　　2　(1)　丸緑：しわ緑＝3：1　　(2)　交雑する個体の形質…しわ緑　　交雑の名称…検定交雑　　3　(1)　1…A型　　7…B型，AB型　　(2)　A型…50〔%〕　　B型…25〔%〕　　O型…0〔%〕　　AB型…25〔%〕　4　(1)　957〔個〕　　(2)　9.1〔%〕

〈解説〉1　科学史は教科書に出てくる範囲を押さえておくとよい。

2　エンドウの種子の形質について，丸形の遺伝子をA，しわ形の遺伝子をaとし，子葉の色について，黄色の遺伝子をB，緑色の遺伝子をbとする。　(1)　親AAbbとaabbの交雑で生じる雑種第一代(F_1)の遺伝子型は，Aabbである。このF_1は，Ab：ab＝1：1の比率で配偶子を形成する。したがって，このF_1同士を交雑した雑種第二代(F_2)は，AAbb：Aabb：aabb＝1：2：1の比率で生じる。よって，丸緑：しわ緑＝3：1となる。　(2)　検定交雑は，劣性の遺伝子をホモに持つ個体を遺伝子

型不明の個体と掛け合わせる方法である。　３　(1)　１，２の家系について，５がA型，６がO型なので，１はAO，２はBOとなる。また，３，４の家系について，９がO型なので，３，４ともにAOである。よって，８はAAかAOであるが，１０がAB型であるから，７には必ず２由来のB遺伝子が含まれることになる。このとき，７の遺伝子型として，２由来のBと１由来のAあるいはOのどちらかが含まれることになり，BO(B型)かAB(AB型)のどちらかとなる。　(2)　５の遺伝子型はAOである。AB型との子の遺伝子型は，AA：AB：AO：BO＝１：１：１：１となる。よって，各血液型の比は，A型：B型：O型：AB型＝２：１：０：１である。　４　(1)　ヒト染色体は46本であり，このうち23本が１つのゲノムである。遺伝子数が22000であるから，遺伝子１本あたりの遺伝子の平均の数は22000÷23＝956.5…≒957〔個〕となる。

(2)　１個の遺伝子は$1.2×10^3$塩基対からなるので，13600個の遺伝子では，$1.2×10^3×1.36×10^4＝1.632×10^7$〔塩基対〕からなる。よって，求める割合は，$\{(1.632×10^7)÷(1.8×10^8)\}×100＝9.06…≒9.1$〔％〕となる。

【３】１　①　ア　　②　イ　　③　ウ　　２　名称…水酸化カルシウム　化学式…$Ca(OH)_2$　３　①　発熱　　②　触媒　４　$4Fe＋3O_2＋6H_2O→4Fe(OH)_3$　　５　ウ，エ

〈解説〉１　①　炎心では，ろうそくの芯の周りで気体が残っている。一番温度が低い。　②　内炎は，炎心の外側であり，気体が不完全に燃えている。完全に燃えきらない炭素が熱せられて赤くなるため，一番明るく見える。　③　外炎では，気体が空気中の酸素と結びつき完全に燃えるため，一番温度が高い。　２　水酸化カルシウムの飽和水溶液を石灰水という。　３　①　熱を発しながら進む反応を発熱反応という。　②　反応の前後でそれ自体は変化しないが，少量でも反応速度に大きな影響を与える物質を触媒という。　４　解答参照。　５　熱を吸収しながら進む反応を吸熱反応という。塩化アンモニウムと水酸化バリウム(または水酸化カルシウム)によってアンモニアが発生する

反応や，クエン酸と炭酸水素ナトリウムによって二酸化炭素が発生する反応は，よく出題される吸熱反応であるため覚えておくとよい。

【4】1　エ　　2　①　イ　　②　カ　　③　キ　　④　ア
3　(1)　50〔km〕　　(2)　6〔km/s〕　　(3)　20.3〔秒〕　　4　(1)　10
〔時〕15〔分〕10〔秒〕　　(2)　オ，ケ

〈解説〉1　マグニチュードが1大きくなると地震のエネルギーは約32倍
($\sqrt{1000}$倍)に，マグニチュードが2大きくなると地震のエネルギーは約
1000倍になる。　2　①　1996年4月1日の気象庁震度階級改定により，
体感による観測を全廃して震度計による観測に完全移行するとともに，震度5と6にそれぞれ「弱」と「強」が設けられて，0～4，5弱，5強，6弱，6強，7の10段階となった。なお，日本以外の多くの国では12階級の震度階級が用いられている。　　②　大陸地殻の浅い場所でプレート内の岩盤が破壊されて起こる地震をプレート内地震といい，日本列島の地殻内で起こる地震を特に内陸(型)地震という。プレート内地震は数百～数千年程度の間隔で繰り返し発生する場合が多い。最近数十万年間に繰り返し活動した証拠がある断層で，今後も活動する可能性が高いと判断されたものを活断層という。　③　最初にくる小さくこきざみな揺れを初期微動，あとからくる大きな揺れを主要動という。④　海溝付近で，沈み込む海洋プレートに引きずり込まれてたわんだ大陸プレートが急激に反発して元に戻る際に発生する地震を，海溝型地震(あるいはプレート間地震)という。　　3　(1)　求めるA地点の震源距離をDkm，震源の深さを$d$kmとすると，大森公式より，$d:D=7.2:$12＝3：5となる。震源，震央，A地点で作る直角三角形を考え，A地点の震央距離をD'kmとすると，$D:D'=5:4$である。問題文より$D'=40$〔km〕なので，$D=50$〔km〕である。　(2)　(1)での考察により，震源の深さ(＝震央での震源距離)は30kmである。震源で発生したP波が5秒後に震央に到達したので，P波速度は$\frac{30}{5}=6$〔km/s〕である。(3)　地震発生から，5＋7.2＝12.2〔秒〕後にS波が震央に達し

たので，S波速度は，$\dfrac{30}{12.2}$〔km/s〕である。したがって，S波がA地点に達するのは地震発生から，$\dfrac{50}{\frac{30}{12.2}}=20.33\cdots\fallingdotseq20.3$〔秒〕後である。

4　(1)　図の2本の直線は，10時15分10秒において震源距離0kmで交わっている。　　(2)　地震の規模が大きくなっても地震波速度はあまり変化しない。大森公式の比例定数は地震波速度のみで表されるので，比例定数も変化しない。よって，震源距離が等しければ，初期微動継続時間もあまり変化しない。

高 校 理 科

【物理】

【1】1　水平方向の力の大きさ…$\dfrac{1}{2}mg$　　垂直抗力の大きさ…$\dfrac{9}{2}mg$

時間…$2\sqrt{\dfrac{h}{g}}$　　2　$5mg$　　3　垂直抗力の大きさ…$\dfrac{40}{9}mg$

Bの加速度の大きさ…$\dfrac{4}{9}g$　　時間…$\sqrt{\dfrac{18h}{5g}}$

〈解説〉1　台が動かないときの物体B，Cの運動方程式は，張力をTとすると，Bについて，$ma=T$，Cについて，$ma=mg-T$となる。2式を連立させて，$T=\dfrac{1}{2}mg$。台Aに加わる水平方向の力F_1は張力Tと等しいので，$F_1=\dfrac{1}{2}mg$となる。系全体で見ると，鉛直方向の力のつり合いは，求める垂直抗力をNとすると，$N+T=3mg+mg+mg$なので，$N=\dfrac{9}{2}mg$となる。物体B，Cの運動方程式より，加速度は$a=\dfrac{1}{2}g$であるため，$h=\dfrac{1}{2}at^2$より，$t=2\sqrt{\dfrac{h}{g}}$となる。　　2　物体B，Cが台Aに対して動かないように運動するとき，実験系は加速度Aで運動すると仮定する。そのときの実験系の運動方程式は，水平方向の力をF_2として，$5mA=F_2$となる。物体B，Cの力のつり合いはそれぞれ，$T-mA=0$，$mg-T=0$である。2式を連立させると，$A=g$であり，台Aに

はたらく水平方向の力は，$F_2 = 5mg$となる。　3　3物体はそれぞれ異なる加速度で運動することに注意する。台Aの加速度をα'，物体Bの加速度をαとする。物体Bは右向きに動くので，運動量保存則を考えると台Aは左向きに運動する。そのため，物体Cの加速度は台Aと物体Bの加速度の差となるので，物体Cの加速度は$\alpha - \alpha'$となる。それぞれの運動方程式を立てると，台Aについて，$4m\alpha' = -T$…(式①)，物体Bについて，$m\alpha = T$…(式②)，物体Cについて，$m(\alpha - \alpha') = mg - T$…(式③)となる。式①より，$\alpha' = -\dfrac{T}{4m}$。これと式②の張力$T$を式③に代入すると，$\alpha = \dfrac{4}{9}g$となる。台A鉛直方向の力のつり合いを考えると，$N_1 = mg$($N_1$は物体Bの垂直抗力であり，その反作用として台Aに加わっている)，$N + N_1 = 5mg + T$(Tは台Aの滑車に加わる)。よって，$N = \dfrac{40}{9}mg$となる。式③にα，式①のTを代入すると，$\alpha' = -\dfrac{1}{9}g$である。したがって，物体Cの加速度$\alpha - \alpha' = \dfrac{5}{9}g$となり，$h = \dfrac{1}{2}(\alpha - \alpha')t^2$より，求める時間$t$は，$t = \sqrt{\dfrac{18h}{5g}}$となる。

【2】1　(1)　点A…弱め合う点　　点B…強め合う点　　(2)　6〔個〕

(3)　2〔個〕　　(4)　0.35〔s〕　　2　(1)　イ　　(2)　$\dfrac{\lambda}{2}$　　(3)　$\dfrac{L\lambda}{d}$

(4)　①　ウ　　②　ア

〈解説〉1　(1)　点AにおけるS_1，S_2からの距離の差は15.0cmであり，波長10.0cmの$\left(1 + \dfrac{1}{2}\right)$倍であるため弱め合う。また，$S_1B = 50.0$〔cm〕より，点Bにおける$S_1$，$S_2$からの距離の差は10.0cmであり，波長の整数倍なので強め合う。　(2)　S_1S_2上にある弱め合う点のS_1からの距離を$a$cm，nを0以上の整数とすると，$|a - (30 - a)| = 10 \times \left(n + \dfrac{1}{2}\right)$が成り立つ。整理すると，$|2a - 30| = 10n + 5$。$0 \leq a \leq 30$でこの式をみたす$a$は，$a = 2.5$，7.5，12.5，17.5，22.5，27.5〔cm〕の6個である。

(3)　S_2B上にある弱め合う点のS_2からの距離を$a$cmとする。(2)と同様に考えると，$|\sqrt{900 + a^2} - a| = 10 \times \left(n + \dfrac{1}{2}\right)$が成り立ち，整理すると，

$a=875-100n^2-100n$。$0\leqq a\leqq 40$でこの式をみたすaは，$a=5.5$，22.5〔cm〕の2個である。　(4)　点CにおけるS_1，S_2からの距離の差は0.175mである。このとき，点Cが初めて弱め合う点になるn(nは整数)を求める。$0.175=\lambda\left(n+\dfrac{1}{2}\right)$において，$\lambda$に0.10を代入すると，$n=$1.25となり，最小の$n$は$n=2$である。このときの波長$\lambda'$は$0.175=\lambda'\left(2+\dfrac{1}{2}\right)$より，$\lambda'=0.07$〔m〕。$V=\dfrac{\lambda}{T}$を用いて，$\dfrac{0.10}{0.5}=\dfrac{0.07}{T}$。したがって，周期$T=0.35$〔s〕となる。　2　(1)　解答参照。　(2)　同位相かつ暗線なので，光路差$l_1-l_2=\lambda\left(n+\dfrac{1}{2}\right)$。求める光路差は$n=0$の暗線なので，$\dfrac{1}{2}\lambda$となる。　(3)　スクリーン上にある点Oから距離$x$の点における光路差は，$l_1-l_2=\sqrt{L^2+\left(x+\dfrac{d}{2}\right)^2}-\sqrt{L^2+\left(x-\dfrac{d}{2}\right)^2}$と表せる。$L\gg d$，$x$のとき，$(1+a)^n\fallingdotseq1+na$と近似できるから，$l_1-l_2\fallingdotseq$$L\left(1+\dfrac{1}{2}\left(\dfrac{x+\dfrac{d}{2}}{L}\right)^2\right)-L\left(1+\dfrac{1}{2}\left(\dfrac{x-\dfrac{d}{2}}{L}\right)^2\right)\fallingdotseq\dfrac{1}{2L}\left(\left(x+\dfrac{d}{2}\right)^2-\left(x-\dfrac{d}{2}\right)^2\right)=$$\dfrac{dx}{L}$となる。明線の条件$\dfrac{dx}{L}=m\lambda$($m$は整数)より，明線の間隔は，$\varDelta x=$$\dfrac{(m+1)L\lambda}{d}-\dfrac{mL\lambda}{d}=\dfrac{L\lambda}{d}$となる。　(4)　(3)で求めたように，干渉縞の間隔は，光の波長λ，複スリットS_1S_2の距離d，複スリットとスクリーンとの距離Lに依存し，スリットS_0と複スリットとの距離には依存しないので，S_0を図2の右方向に移動させても干渉縞の間隔は変わらない。また，S_0を図2の下方向に移動させると，$S_0S_1>S_0S_2$となり，スクリーン上で光源からの光路差が0となるには，複スリット通過後のS_2側の光路長がS_1側の光路長より長くならなければならない。よって，干渉縞は上に移動する。

【3】1　(1)　$\dfrac{2kQq}{mv_0^2}$　　(2)　①　Bの速さ…$\dfrac{m}{M+m}v_0$　　最接近距離…$\dfrac{2k(M+m)Qq}{Mmv_0^2}$　②　$\dfrac{2m}{M+m}v_0$　　2　(1)　$\dfrac{2}{3}a$　　(2)　$\sqrt{\dfrac{27kQq}{10ma}}$

〈解説〉1 (1) 力学的エネルギー保存の法則より，$\frac{1}{2}mv_0^2=\frac{1}{2}mv^2+k\frac{Qq}{r}$。最接近距離のとき，$v=0$となるので，$\frac{1}{2}mv_0^2=k\frac{Qq}{r}$。よって，求める$r$は，$r=\frac{2kQq}{mv_0^2}$　(2) ① 運動量保存則より，求めるBの速さをVとすると，2物体が最接近したとき2物体の速さは観測者から見て等しいので，$mv_0=(M+m)V$。よって，$V=\frac{mv_0}{M+m}$となる。また，2物体の最接近距離rは，力学的エネルギー保存の法則より，$\frac{1}{2}mv_0^2=\frac{1}{2}(M+m)V^2+k\frac{Qq}{r}$。これを解いて，$r=\frac{2k(M+m)Qq}{Mmv_0^2}$となる。

② 正電荷Aの速さをV_a，粒子Bの速さをV_bとすると，運動量保存則について，$(M+m)V=MV_a+mV_b$，力学的エネルギー保存の法則について，$\frac{1}{2}(M+m)V^2=\frac{1}{2}MV_a^2+\frac{1}{2}mV_b^2$（A，Bが十分に離れたとき電位による位置エネルギーは考慮しない）。これらからV_aを求めると，$V_a=\frac{2mv_0}{M+m}$となる。　2 (1) y軸上で電界の強さが0になる位置はCD間にある。求める位置は正電荷C，Dから受ける電界の強さが等しくなる位置である。求める位置のy座標をyとすると，$\frac{kQ}{y^2}=\frac{\frac{1}{4}kQ}{(a-y)^2}$。これを解くと，$y=2a$，$\frac{2}{3}a$であり，条件より求める位置は，$\frac{2}{3}a$となる。　(2) 求める初速度を$v$とする。CD間を通過させるには，粒子の初期位置の運動エネルギーが，y軸上の電場が0の点における電位による位置エネルギーと初期位置の電位による位置エネルギーとの差より大きければよい。すなわち，$\frac{1}{2}mv^2\geqq\left(k\frac{Qq}{\frac{2}{3}a}+k\frac{\frac{1}{4}Qq}{\frac{1}{3}a}\right)-\left(k\frac{Qq}{\frac{4}{3}a}+k\frac{\frac{1}{4}Qq}{\frac{5}{3}a}\right)$

これを解くと，求める初速度は，$v=\sqrt{\frac{27kQq}{10ma}}$となる。

【4】1 $10^{12}\cdots$T　$10^{-12}\cdots$p　2 (1) $s^{-3}\cdot m^2\cdot kg$
(2) $s^4\cdot m^{-2}\cdot kg^{-1}\cdot A^2$　(3) $s^{-2}\cdot m^2\cdot kg\cdot A^{-1}$　3 $h\cdots6.63\times10^{-34}$J・s
$e\cdots1.60\times10^{-19}$C　$k\cdots1.38\times10^{-23}$J/K　$N_A\cdots6.02\times10^{23}$mol^{-1}

4 (1) a^{-1}〔倍〕 (2) a^2〔倍〕

〈解説〉1 10の12乗はテラ，10のマイナス12乗はピコである。

2 (1) W＝J/sであり，Jは仕事量なので，J＝N·mである。N＝s^{-2}·m·kgを用いると，W＝s^{-3}·m^2·kgとなる。 (2) 電気容量F＝C/Vであり，C＝A·sである。V＝W/A＝s^{-3}·m^2·kg·A^{-1}より，F＝s^4·m^{-2}·kg^{-1}·A^{2}となる。 (3) ファラデーの電磁誘導の法則より，磁束Wb＝V·sであり，(2)のVを用いると，Wb＝s^{-2}·m^2·kg·A^{-1}となる。 3 解答参照。

4 (1) 1〔A〕＝1〔C/s〕なので，時間1sがa倍になると，1Aはa^{-1}倍となる。 (2) 万有引力をF，太陽の質量をM，地球の質量をm，太陽と地球との距離をrとすると，万有引力定数Gは，$G = F\dfrac{r^2}{Mm}$なので，長さ1mがa倍になると，万有引力定数はa^2倍となる。

【化学】

【1】1 ① Pb ② PbO_2 2 ウ 3 ④ イ ⑤ エ ⑥ ウ 4 ウ 5 $2PbSO_4 + 2H_2O \rightarrow Pb + 2H_2SO_4 + PbO_2$ 6 1.9×10^4〔C〕 7 ＋6.4〔g〕 8 －16〔g〕

〈解説〉1 解答参照。 2 解答参照。 3 ④ 反応式において，反応物に硫酸イオンがあることからもわかるように，希硫酸の密度は減少する。 ⑤⑥ 外部電源に同極同士を接続することで充電される。

4 二次電池には，鉛蓄電池やニッケル・カドミウム蓄電池，リチウムイオン電池等がある。 5 放電時の全体の反応は，$Pb + 2H_2SO_4 + PbO_2 \rightarrow 2PbSO_4 + 2H_2O$となり，充電時の反応は放電の反応と逆向きに進む。 6 負極においてはSO_4分の質量が増加する。問題文より，9.6g増加しており，これは0.1molに相当する。反応式より，電子2molあたり負極では1mol分の質量が増加するため，このとき電子は0.2mol移動していることになる。よって，このとき流れた電気量は，$9.65 \times 10^4 \times 0.2 = 1.93 \times 10^4$〔C〕となる。 7 6のとき正極では，$SO_4$ 0.1mol分の質量が増加する。よって，$0.1 \times 64 = 6.4$〔g〕となる。 8 6のとき全体の反応式より，0.2molのH_2SO_4が反応(減少)し，0.2molのH_2Oが生成(増加)する。よって，$-0.2 \times 98 + 0.2 \times 18 = -16$〔g〕となる。

【2】 1　$2NH_4Cl＋Ca(OH)_2→CaCl_2＋2H_2O＋2NH_3$　　2　イ，エ

3　生成する水が加熱部に流れて試験管が破損する恐れがある。

4　① Fe_3O_4　　5　② ハーバー・ボッシュ　　③ 塩基

6　(1) 左　　(2) 右　　(3) 左　　(4) ×　　7　水酸化物イオン

濃度…$6.0×10^{-3}$〔mol/L〕　　pH＝12(11.78)

〈解説〉1　解答参照。　2　イ　塩化カルシウムはアンモニアと反応して，$CaCl_2·8NH_3$という物質を生成してしまうので，乾燥剤として使用することができない。　エ　硫酸カルシウムを用いると，アンモニアではなく，硫酸アンモニウムが生成される。　3　解答参照。　4　式1の反応において，触媒に四酸化三鉄を用いる。　5　②　解答参照。　③　式2より，アンモニアが水に溶けると水酸化物イオンを放出することからもわかるように，塩基性を示す。　6　(1)　加熱すると，ルシャトリエの原理より，低い温度になるように平衡が移動するので，左向きに移動する。　(2)　加圧すると，減圧するように平衡が移動するので，反応式の係数より，右向きに移動する。　(3)　アルゴンを加えても全圧が一定であるためには，気体の体積が大きくなる必要がある。つまり，平衡に関係するN_2，H_2，NH_3の分圧がそれぞれ減少することになるため，平衡混合気体の全圧を下げたことになる。よって，圧力減少を緩和する方向に平衡が移動するので，左向きに移動する。

(4)　体積一定でアルゴンを加えても，平衡に関係するN_2，H_2，NH_3の物質量，体積のいずれも一定であるため，$[N_2]$，$[H_2]$，$[NH_3]$は変化しない。また，温度も一定なので，平衡定数も変化しない。したがって平衡移動は起こらない。　7　2.0mol/Lのアンモニアにおいて電離平衡が成立しているとすると，初めのアンモニアの濃度を$c$mol/L，電離度を$α$として，次のようになる。

$$NH_3 ＋ H_2O \rightleftarrows NH_4^+ ＋ OH^-$$

始め	c		〔mol/L〕
変化量	$-cα$	$+cα$	$+cα$ 〔mol/L〕
平衡時	$c(1-α)$	$cα$	$cα$ 〔mol/L〕

電離定数Kは，$K=\dfrac{[\mathrm{NH_4^+}][\mathrm{OH^-}]}{[\mathrm{NH_3}]}=\dfrac{(c\alpha)^2}{c(1-\alpha)}$となる。ここで，アンモニアの電離度は1よりも非常に小さいため，$1-\alpha\fallingdotseq1$の近似より，$K\fallingdotseq c\alpha^2$となる。求める水酸化物イオン濃度は，$[\mathrm{OH^-}]=c\alpha=c\sqrt{\dfrac{K}{c}}=\sqrt{cK}=\sqrt{2.0\times1.8\times10^{-5}}=6.0\times10^{-3}$〔mol/L〕。よって，$[\mathrm{H^+}]=\dfrac{1.0\times10^{-14}}{[\mathrm{OH^-}]}=\dfrac{1.0\times10^{-14}}{6.0\times10^{-3}}=6.0^{-1}\times10^{-11}$〔mol/L〕。求めるpHは，

$\mathrm{pH}=-\log_{10}(6.0^{-1}\times10^{-11})=(\log_{10}2+\log_{10}3)-(-11)=11.78\fallingdotseq12$。

【3】1
$$\begin{array}{l}\mathrm{CH_2-O-CO-C_{17}H_{31}}\\\ \ \ |\\\mathrm{H-C^*-O-CO-C_{17}H_{31}}\\\ \ \ |\\\mathrm{CH_2-O-CO-C_{15}H_{31}}\end{array}$$

2　103〔g〕　　3　1.2〔L〕(1.15〔L〕)　　4　けん化　　5　塩析

6　$\mathrm{CH_3(CH_2)_{11}OSO_3H+NaHCO_3\rightarrow CH_3(CH_2)_{11}OSO_3Na+H_2O+CO_2}$

7　ア　　8　ア

〈解説〉1　解答参照。互いに異なる4個の原子団が結合している炭素原子を不斉炭素原子という。　　2　セッケンが生成する反応式は次のようになる。

$$\begin{array}{l}\mathrm{CH_2-O-CO-C_{17}H_{31}}\\\ \ \ |\\\mathrm{H-C^*-O-CO-C_{17}H_{31}}\\\ \ \ |\\\mathrm{CH_2-O-CO-C_{15}H_{31}}\end{array}+3\mathrm{NaOH}\rightarrow 2\mathrm{C_{17}H_{31}COONa}+\mathrm{C_{15}H_{31}COONa}+\begin{array}{l}\mathrm{CH_2-OH}\\\ |\\\mathrm{CH\ -OH}\\\ |\\\mathrm{CH_2-OH}\end{array}$$

油脂Aの分子量は854，セッケンの分子量はそれぞれ，302($\mathrm{C_{17}H_{31}COONa}$)，278($\mathrm{C_{15}H_{31}COONa}$)より，生成されるセッケンは，$\dfrac{100}{854}\times(2\times302+278)=103.2\cdots\fallingdotseq103$〔g〕。　　3　油脂Aを構成しているリノール酸は二重結合を2つもつため，1molの油脂Aに水素(原子)は4mol付加する。よって付加する水素は，$\dfrac{10}{854}\times4$〔mol〕。状態方程式を用いて，このとき必要な水素の体積VLは，$1.013\times10^5\times V=\dfrac{10}{854}\times$

228

$4 \times 8.31 \times 10^3 \times 300$より，$V = 1.15 \cdots \fallingdotseq 1.2$〔L〕。　4　けん化とは，油脂を水酸化ナトリウムや水酸化カリウムなどの強塩基で分解する反応のことである。　5　親水コロイドに多量の電解質を加えると水和している水分子が奪われて，親水コロイドがくっつき沈殿する。これを塩析という。　6　解答参照。　7　セッケンは塩基性であるため，フェノールフタレイン溶液で赤変する。また，合成洗剤は中性であるため変化しない。　8　セッケンは塩化カルシウム水溶液と反応して，白色の脂肪酸カルシウムが沈殿する。合成洗剤は反応しない。

【4】1　ア　　2　カルボン酸　　3

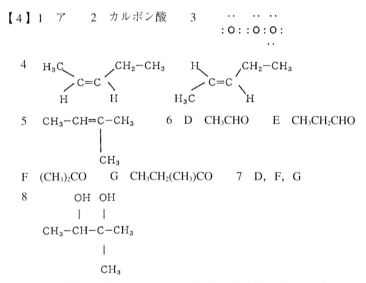

〈解説〉1　解答参照。　2　アルデヒドを酸化するとカルボン酸になる。3　解答参照。　4，5，6　アルケンBを硫酸酸性過マンガン酸カリウムで酸化すると化合物Fと酢酸(CH_3COOH)が生成したことから，化合物FはCH_3COCH_3であることがわかり，アルケンBは$CH_3CHC(CH_3)_2$である。よって，アルケンBをオゾン分解して生成する化合物Dは，CH_3CHOである。一方，アルケンAをオゾン分解すると化合物Dと化合物Eが生成することから，化合物EはCH_3CH_2CHOであり，アルケンAは

$CH_3CHCHCH_2CH_3$である。アルケンAには幾何異性体が存在する。また，アルケンCを硫酸酸性過マンガン酸カリウムで酸化すると化合物Gと二酸化炭素(CO_2)が生成したことから，化合物Gは$CH_3CH_2COCH_3$，アルケンCは$CH_2C(CH_3)CH_2CH_3$である。　7　ヨードホルム反応を示す化合物は，次のような構造をもつ。

$$CH_3-\underset{\underset{O}{\|}}{C}-R \qquad CH_3-\underset{\underset{OH}{|}}{C}-R \qquad \text{(R：炭化水素基)}$$

8　過マンガン酸カリウムによる酸化は，酸性または中性の条件下で反応させると，ケトンまたはカルボン酸を生じるが，塩基性の条件下であるとcis-1, 2-ジオールを生じる。この塩基性条件下での酸化の出題の頻度は少ないと思われる。

【生物】

【1】1　ウ　　2　(1)　①　ホスホグリセリン酸(PGA)　　②　2
③　カルビン・ベンソン　　④　葉肉　　⑤　オキサロ酢酸
⑥　維管束鞘　　⑦　CAM　　⑧　C_4　　(2)　PEPカルボキシラーゼ
3　(1)　8.2〔mg〕　　(2)　5.5〔mg〕　　(3)　10.9〔mg〕

〈解説〉1　一般に植物の葉が緑色に見えるのは，植物に入射した太陽光(白色光)のうち，緑色光以外の波長(主に赤色・青色)を吸収し，それ以外の波長の光を反射するためである。よって，緑色光を吸収するとあるア，エは不適。なお，カロテンは主に青色光を主に吸収する。
2　C_3植物は，温帯や亜寒帯などに生育する植物で，葉肉細胞で光合成を行う。C_4植物は熱帯や亜熱帯に生育する植物で，葉肉細胞の葉緑体内にてCO_2をC_4化合物へ固定する。このときPEPカルボキシラーゼが，$PEP(C_3)$からオキサロ酢酸(C_4)の合成を触媒する。その後，維管束鞘細胞の葉緑体でカルビン・ベンソン回路を進行させる。CAM植物は，乾燥地帯(砂漠など)に生育する植物で，夜に気孔を開いてCO_2をC_4化合物へ固定し，昼間に気孔を閉じてカルビン・ベンソン回路を進行させる。　3　光合成の反応式$6CO_2+12H_2O→(C_6H_{12}O_6)+6O_2+6H_2O$を使って考える。　(1)　4万ルクスを3時間照射したとき，CO_2(分子量44)吸

収量は全体で，4.0〔mg/時間〕×3〔時間〕＝12.0〔mg〕である。したがって，グルコース(分子量180)合成量は，$\frac{12\times10^{-3}}{44}\times\frac{1}{6}\times180\fallingdotseq8.2$〔mg〕となる。「同化量」であることに注意すること。　(2)　5万ルクスを2時間照射したときの「増加量」を求めるので，CO_2吸収量は，4.0〔mg/時間〕×2〔時間〕＝8.0〔mg〕である。したがって，グルコース合成量は，$\frac{8\times10^{-3}}{44}\times\frac{1}{6}\times180\fallingdotseq5.5$〔mg〕となる。　(3)　まず，6万ルクスを8時間照射したのだから，「増加分」としてのCO_2吸収量は，4.0〔mg/時間〕×8〔時間〕＝32.0〔mg〕である。ここから，0ルクス(暗黒下)で16時間置いたのだから，「減少量」としてのCO_2吸収量は，1.0〔mg/時間〕×16〔時間〕＝16.0〔mg〕である。よって，32.0－16.0＝16.0〔mg〕のCO_2が吸収され増加したと考えればよいから，求めるグルコース量は，$\frac{16\times10^{-3}}{44}\times\frac{1}{6}\times180\fallingdotseq10.9$〔mg〕となる。

【2】1　(1)　型…XO型　　符号…イ　　(2)　型…XY型　　符号…ア
(3)　型…ZW型　　符号…ウ　　2　ウ　　3　染色体…Y染色体
性決定遺伝子の名称…SRY遺伝子　　4　(1)　20〔％〕　　(2)　雄…
[AB]：[Ab]：[aB]：[ab]＝1：4：4：1　　雌…[AB]：[Ab]：[aB]：
[ab]＝1：4：4：1　　5　128〔通り〕

〈解説〉1　(1)　雄と雌を比較して，雄の方が雌よりも染色体が1本少ない。雄は性染色体が1本のヘテロ型と考えることができるため，XO型の性決定と考えることができる。XO型の例として，バッタ・トンボなどの昆虫類があげられる。　(2)　伴性遺伝の例である。優性形質を示す遺伝子をA(劣性形質の遺伝子はa)とすると，優性形質の雄はX^AY，劣性形質の雌はX^aX^aであり，交雑したときに生じる雄はすべて劣性形質(X^aY)，雌はすべて優性形質(X^AX^a)となる。　(3)　性転換した雄の遺伝子型を持つ雌(ZZ)と雄(ZZ)を交雑すると生じる子はすべて雄(ZZ)となることから，雌ヘテロ型(ZW型)の性決定である。　2　血友病の遺伝子はX染色体上に存在する。血友病が男性に多いのは，伴性遺伝するからである。なお，ABO式血液型に関する遺伝子は主に9番常染色体上に，Rh式血液型に関する遺伝子は主に1番常染色体上に，アセト

アルデヒド脱水酵素に関する遺伝子は主に12番常染色体に存在する。　3　精巣の分化に関わる遺伝子はSRY遺伝子(Sex-determining Region Y)と呼ばれ，Y染色体上に存在し，性決定に重要な役割を担っている。　4　キイロショウジョウバエの性決定はXY型である。また，性別によって表現型が異なるため，遺伝子A，BはX染色体に存在し，親Pの遺伝子型は[AB]の雌で$X^{AB}X^{AB}$，[ab]の雄で$X^{ab}Y$と仮定すると，F_1の遺伝子型は，雌で$X^{AB}X^{ab}$，雄で$X^{AB}Y$となる。したがって，雌のX遺伝子が一定の割合で組換えを起こし，X^{AB}，X^{ab}の他にX^{Ab}やX^{aB}などの配偶子を生じる可能性がある。しかし，F_1の雄から生じる配偶子は，X^{AB}あるいはYのみであるため，F_2の雌の表現型はすべて[AB]となる。(1)　F_2雄に着目して，組換え価を考えると，$\dfrac{45+55}{205+45+55+195} \times 100 = 20$〔％〕となる。　(2)　[aB]の雄と[Ab]の雌を交雑して生じた雌はすべて[AB]となったため，[aB]の雄の遺伝子型は$X^{aB}Y$，[Ab]の雌の遺伝子型は$X^{Ab}X^{Ab}$であり，生じた[AB]の雌の遺伝子型は$X^{Ab}X^{aB}$である。(1)の組換え価を用いて，[AB]の雌から生じる配偶子の比は，X^{AB}：X^{Ab}：X^{aB}：$X^{ab}=2：8：8：2=1：4：4：1$となる。[ab]の雄から生じる配偶子の比は，X^{ab}：Y＝1：1であるため，[AB]の雌の配偶子の比をもとに考えればよい。　5　$2n=8$のキイロショウジョウバエの染色体のうち1対(2本)は性染色体である。本問では，すべての常染色体で1か所ずつの組換えが起こったのだから，1対の常染色体に対して染色体の組合せは，4通りとなる。したがって，配偶子の染色体の組合せは$4^3 \times 2 = 128$〔通り〕となる。

【3】1　(1)　①　2　　②　2　　③　1　　④　4　　(2)　四次構造
(3)　47.4〔％〕　(4)　3×10^{-11}〔g〕　(5)　3×10^8〔分子〕
2　(1)　トロンビン　(2)　エ
〈解説〉1　(1)　ヘモグロビンは$\alpha_2 \beta_2$の四量体である。　(2)　タンパク質の構造の名称に関して，ポリペプチド鎖のことを一次構造，水素結合によって形成されるαヘリックスやβシート構造のことを二次構造，これらが複雑な立体構造となったものを三次構造，三次構造(サブ

ユニット)がいくつか集まり1つの構造を形成した場合，これを四次構造という。　(3)　肺胞内の酸素ヘモグロビンの割合は95％，組織内のそれは50％である。肺胞における酸素ヘモグロビン95％分のうち，組織において酸素を放出する割合は，$\dfrac{95-50}{95}\times100\fallingdotseq47.4$〔％〕となる。

(4)　ヒトの男性の血液1mL中では，$5\times10^6\times10^3$個の赤血球があることになる。この血液1mL中に含まれるヘモグロビンは150mgだから，赤血球1個当たりでは，$\dfrac{150\times10^{-3}}{5\times10^6\times10^3}=3.0\times10^{-11}$〔g〕となる。

(5)　ヘモグロビンの分子量は60,000であり，赤血球1個当たりのヘモグロビンは3.0×10^{-11}gであるから，$\dfrac{3.0\times10^{-11}}{60000}=5\times10^{-16}$〔mol〕の物質量と考えられる。したがって，赤血球1個に含まれるヘモグロビンは，$5\times10^{-16}\times6\times10^{23}=3.0\times10^8$〔分子〕となる。　2　血液中のカルシウムイオンや，血小板から放出される凝固因子などによって，プロトロンビンがトロンビンに変化する。このトロンビンが，フィブリノーゲンをフィブリンへ変えることで，血餅が形成され，血液凝固する。

【4】1　(1)　ステップ　　(2)　エ　　(3)　①　冬　　②　夏

(4)　ア　　(5)　ア　　(6)　緯度勾配　　2　(1)　キーストーン種

(2)　水の華　　(3)　条約…ラムサール条約　　都市…豊岡市

(4)　小型の魚類から魚食性の鳥類への濃縮率…24〔倍〕　　海水から魚食性の鳥類への濃縮率…96,000〔倍〕

〈解説〉1　(1)　ステップでは，イネ科などの草本は生育できる。一方で，低木は生育しない。　(2)　ハイエナやライオンはサバンナに生息する肉食性動物である。プレーリードッグやコヨーテはステップに生息するが，前者は植物食性動物である。よって，エが正しい。　(3)　硬葉樹林では，夏の乾燥に耐えられるようにクチクラ層が発達し，小葉となる。コルクガシやオリーブが代表的な樹木である。　(4)　トウヒやモミは常緑性の針葉樹，ヘゴは亜熱帯多雨林に生息する植物である。

(5)　夏緑樹林より標高が高い位置では，気温も低下するため，分布するバイオームは針葉樹林である。　(6)　専門的な用語であるが，押さえておきたい。　2　(1)　他の例として次のようなものがある。北太

平洋沿岸のラッコの減少に伴い，その餌となっていたウニの個体数が増加した。ウニがジャイアントケルプを捕食したため，ジャイアントケルプの海中林が破壊されたことから，ラッコもキーストーン種であると考えられる。　(2)　富栄養化の例として，赤潮も復習しておくこと。　(3)　日本は1980年に加入し，北海道の釧路湿原は国内最初に登録された湿原である。　(4)　小型の魚類の体内DDT濃度は，$\dfrac{0.02\times10^{-3}}{100}$＝$0.02\times10^{-5}$，魚食性の鳥類の体内DDT濃度は，$\dfrac{0.48\times10^{-3}}{100}$＝$0.48\times10^{-5}$であり，海水中のDDT濃度は，$0.00005$〔ppm〕＝$5\times10^{-11}$である。よって，小型の魚類から魚食性の鳥類への濃縮率は，$\dfrac{0.48\times10^{-5}}{0.02\times10^{-5}}$＝$24$〔倍〕であり，海水から魚食性の鳥類への濃縮率は，$\dfrac{0.48\times10^{-5}}{5\times10^{-11}}$＝$0.096\times10^{6}$＝$96000$〔倍〕である。

2019年度　実施問題

中 高 共 通

【1】次の語群は，いずれも学校内やその周辺で観察された植物の名称を記したものである。下の問いに答えなさい。

語群　　ツユクサ　ゼニゴケ　タンポポ　スギナ　イチョウ

1　語群から，種子植物をすべて選び，その名称を書きなさい。

2　種子植物で，子房がなく胚珠がむき出しになっている植物を語群から1つ選んで，書きなさい。また，そのような種子植物を何植物というか，書きなさい。

3　次の文の①，②にあてはまる適切な語句を書きなさい。

　　シダ植物やコケ植物は種子をつくらず，（　①　）という袋でつくられた（　②　）で繁殖する。

4　ツユクサの葉，茎および根の特徴として適切なものを，次のア～エから1つ選んで，その符号を書きなさい。

　ア　葉脈が網状脈で，維管束は散らばり，主根と側根からなる根をもつ。

　イ　葉脈が平行脈で，維管束は散らばり，ひげ根をもつ。

　ウ　葉脈が網状脈で，維管束は輪のように並び，主根と側根からなる根をもつ。

　エ　葉脈が平行脈で，維管束は輪のように並び，ひげ根をもつ。

5　次の①～④について，コケ植物の特徴として適切なものには○を，適切でないものには×を書きなさい。

①　葉，茎，根の区別がある。

②　葉緑体がある。

③　発達した維管束がある。

④　からだの表面全体から水や水にとけた養分を吸収する。

（☆☆☆◎◎◎）

【２】物質のもとになる粒子や物質に関する次の文章を読んで，下の問い
　に答えなさい。

　科学者Aは，物質はそれ以上分けることのできない原子からできて
いるという原子説を提唱した。現在は，原子は中心にある（　①　）
と，－の電気をもった（　②　）からできており，さらに，（　①　）
は，＋の電気をもった（　③　）と電気をもっていない（　④　）からでき
ていることがわかっている。原子が＋または－の電気を帯びたものは
イオンとよばれ，イオンもまた，物質をつくっている粒子の一つであ
る。また，科学者Bは，気体はいくつかの原子が結び付いて（　⑤　）と
いう粒子をつくっているという説を提唱した。一方，1種類の原子か
らできている純物質を（　⑥　）といい，2種類以上の原子が組み合わさ
ってできている純物質を（　⑦　）という。

表1

	科学者A	科学者B
ア	ラボアジェ	ドルトン
イ	ラボアジェ	アボガドロ
ウ	ドルトン	アボガドロ
エ	ドルトン	プルースト

1　①～⑦にあてはまる適切な語句を書きなさい。
2　表1のア～エのうち，下線部のそれぞれの説を提唱した科学者A，B
　の組合せとして正しいものを1つ選んで，その符号を書きなさい。
3　次に示す物質のうち，⑦に該当し，原子が共有結合して結びつい
　た物質を選んで，その化学式を書きなさい。
　　　酸素　　ダイヤモンド　　　二酸化ケイ素　　塩酸
　　　水銀　　塩化ナトリウム
4　黄銅は銅を含む2種類の金属からなる合金で，真鍮（しんちゅう）と
　もよばれ，仏具や金管楽器などの材科として広く用いられる。ある
　黄銅の密度を測定すると8.4g/cm³であった。この黄銅に含まれる銅
　の混合率は何％か，有効数字2桁で書きなさい。なお，表2は，いく
　つかの金属の密度を示したものである。

表2

	密度（g/cm³）
金	19.3
銅	9
鉄	7.9
亜鉛	7.1

(☆☆◎◎◎)

【3】 天体について，次の問いに答えなさい。

1　太陽系を構成する惑星の数と，公転周期が最も長い惑星の名称を書きなさい。

2　図は，太陽，地球と星座との位置関係を天の北極から示したものである。ある日の午前5時ごろ，ふたご座が西の空に見えていたとき，地球の位置を図のア～エから1つ選んで，その符号を書きなさい。

図

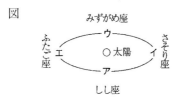

3　地球から見ると，月は常に同じ面を地球に向けている。その理由について書いた次の文の，①～④にあてはまる適切な語句を下のア～オからそれぞれ1つ選んで，その符号を書きなさい。ただし，同じものを2回以上選んでもよい。

（　①　）の（　②　）周期と，（　③　）の（　④　）周期が等しいから。

ア　地球　　イ　月　　ウ　太陽　　エ　自転　　オ　公転

4　忠臣蔵で有名な赤穂事件の「討ち入り」は，元禄15年12月14日に起きたと当時の記録に残っている。当日の月の形について，最も適切なものを次のア～エから1つ選んで，その符号を書きなさい。なお，当時は太陰暦が使われていた。

ア　新月　　イ　上弦の月　　ウ　満月　　エ　下弦の月

5　表は，日本のさまざまな都市の緯度を示したものである。あとの問いに答えなさい。

表

符号	都市	緯度(度)
ア	稚内	45.4
イ	秋田	39.7
ウ	東京	35.7
エ	鹿児島	31.6
オ	那覇	26.2

(1)　夏至の日に最も昼の長さが長くなる都市を表のア～オから1つ選んで，その符号を書きなさい。

(2)　表のア～オのうち，夏至の日の南中高度が最も高い都市の南中高度の値を書きなさい。

(☆☆☆◎◎)

【4】図のような装置を用いて，弦の直径，長さ(琴柱から滑車までの距離)，おもりの個数を変えて弦を指ではじいたときに出る音について調べた。表は，実験AからFの条件をまとめたものである。下の問いに答えなさい。ただし，滑車には摩擦はなく，弦の材質はすべて同じであり，おもり1個あたりの質量はすべて等しいものとする。

図

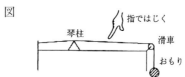

表

実験	弦の直径 (mm)	弦の長さ (cm)	おもりの 個数
A	0.20	30	1
B	0.40	30	1
C	0.60	50	1
D	0.60	60	1
E	0.20	30	2
F	0.60	40	3

1　音と振動の関係について示した次の文の①，②にあてはまる，適切な語句を書きなさい。

音源の(　①　)が大きいほど音は大きくなり，(　②　)が多いほど，音は高くなる。

2 弦の長さと音の高さの関係を調べるには，実験A〜Fのどれとどれを比べるとよいか。その符号を書きなさい。

3 最も低い音が出るのは実験A〜Fのどれか。その符号を書きなさい。

4 弦をはじいたときに出る音の高さは，弦の単位長さあたりの質量の平方根に反比例することがわかっている。弦の長さとおもりの個数を実験Aと同じにした状態で，音の高さを実験Aの0.50倍にするためには，弦の直径をいくらにすればよいか，求めなさい。

(☆☆☆◎◎◎)

中 学 理 科

【1】中和に関する以下の文章を読んで，下の問いに答えなさい。

濃度の異なる塩酸A，Bと水酸化ナトリウム水溶液Cがある。塩酸A，Bをそれぞれ10cm³ずつビーカーにとり，フェノールフタレイン溶液を数滴加えた後，水酸化ナトリウム水溶液Cを滴下したところ，塩酸Aは水酸化ナトリウム水溶液Cを10cm³，塩酸Bは水酸化ナトリウム水溶液Cを30cm³加えたときに水溶液の色がそれぞれ変化した。また，モル濃度が0.15mol/Lの硫酸水溶液20cm³を中和するのに必要な水酸化ナトリウム水溶液Cの体積は60cm³であった。

1 塩酸Aと塩酸Bの同体積中に含まれる水素イオンの数を最も簡単な整数比で表しなさい。

2 硫酸水溶液に水酸化ナトリウム水溶液を加えたときに起こる化学変化を，化学反応式で書きなさい。

3 0.15mol/Lの硫酸水溶液20cm³に水酸化ナトリウム水溶液C 60cm³を加えたときに水溶液中に最も多く存在するイオンは何か，イオン式を書きなさい。

4 塩酸Bのモル濃度は何mol/Lか，有効数字2桁で求めなさい。

5 塩酸B 10cm³と水酸化ナトリウム水溶液C 10cm³の混合溶液のpHはいくらか，書きなさい。

6 図のア〜エはいずれも中和滴定の操作に用いる器具である。これ

らの器具のうち，文章中の下線部に用いられる器具として適切なものを1つ選んで，その符号と名称をそれぞれ書きなさい。

図

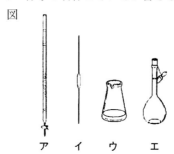

ア　イ　ウ　エ

7　6で選んだ器具を使うとき，使用する溶液で洗浄する理由を25字以内で書きなさい。

(☆☆☆◎◎◎)

【2】次の文章を読み，下の問いに答えなさい。

　　ウシやヒトのような動物の一生は，受精卵という1個の細胞から始まる。受精卵は_A(　①　)と卵が出会い，それらの核が合体することでできる。その後，受精卵は_B分裂をして胚になり，さらに分裂をして数を増やすとともに，形やはたらきのちがうさまざまな細胞へと変化していき，やがて成体となる。このような，受精卵から成体になるまでの過程を(　②　)という。

　　受精卵が分裂し始めたころの細胞は，いろいろな種類の細胞になる可能性があり，これを幹細胞という。1998年に，米ウィスコンシン大学グループは，ほとんどの細胞に分化できる_C胚性幹細胞を開発した。さらに，2007年に，山中伸弥博士は，ヒトの皮膚細胞から人工的に幹細胞をつくり出すことに成功した。これは_D人工多能性幹細胞とよばれ，これによって臓器や組織を人工的につくり出し，病気やけがの治療のために役立てることが期待されている。これらの功績により，山中伸弥博士は，2012年に_Eノーベル賞を受賞した。

1　文章中の①，②にあてはまる適切な語句を書きなさい。

2　下線部Aの細胞のように，子孫を残すための特別な細胞を何というか，その名称を書きなさい。

3　下線部Bの細胞分裂は何とよばれるか，書きなさい。

4　下線部Cの別の呼び方は何というか，アルファベットで書きなさい。

5　下線部Dの別の呼び方は何というか，アルファベットで書きなさい。

6　下線部Eについて，山中伸弥博士が受賞した賞は6つの部門のうち何か，その名称を書きなさい。

7　ウシの体細胞に含まれる染色体数は60本である。以下の①～③に含まれる染色体数はそれぞれいくらか，その数を書きなさい。

　　①　ウシの二次卵母細胞　　　②　ウシの受精卵

　　③　ウシの精原細胞

8　以下のア～オのうち，受精が体外で行われる生物をすべて選んで，その符号を書きなさい。

　　ア　モリアオガエル　　　イ　モンシロチョウ　　　ウ　ニワトリ

　　エ　バフンウニ　　　　　オ　ニホンヤモリ

9　図はある生物のからだをつくる細胞の核に含まれる染色体を模式的に表したものである。この生物の卵に染色体Ⅲが含まれる確率は何％か，書きなさい。また，染色体ⅠとⅤとⅨが同時に含まれる確率は何％か，書きなさい。

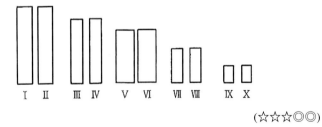

（☆☆☆◎◎）

【3】太郎さんは，授業で図のような植物の葉の化石を観察した。その化石は白っぽい石の中にあり，先生に聞くと，この岩石は火山灰によってできた堆積岩であること，そして，この葉はメタセコイアの葉であることを教えてもらった。また，これは兵庫県で産出したものだと聞

き，地質や地層に興味を持つようになった。下の問いに答えなさい。

図

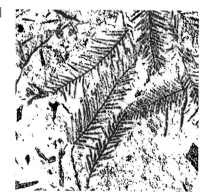

1　この岩石の名称を書きなさい。
2　メタセコイアの化石からは，その地層ができた地質年代を知ることができる。このような化石を何というか，書きなさい。
3　メタセコイアの化石からわかる地質年代は何か，書きなさい。
4　この岩石と同じ成分を持ったマグマが地上で固まると，どのような岩石になるか，次のア〜エから1つ選んで，その符号を書きなさい。
　　ア　石灰岩　　イ　砂岩　　ウ　流紋岩　　エ　花こう岩
5　次の(1)〜(4)の各市に最も関連が深い，岩石や地質，地層などに関する語句をア〜エからそれぞれ1つずつ選んで，その符号を書きなさい。ただし，同じ語句を2回以上選んではならない。
　(1)　神戸市　　(2)　丹波市　　(3)　淡路市　　(4)　朝来市
　　ア　銀鉱山　　イ　花こう岩　　ウ　恐竜化石　　エ　野島断層
（☆☆☆◎◎◎）

【4】電流に関する次の問いに答えなさい。

1　図1のように，2個の発光ダイオードの向きを逆にして並列につないだ。

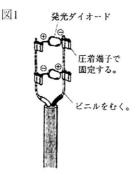

図1　発光ダイオード

圧着端子で
固定する。

ビニルをむく。

(1)　この装置を交流電源につないで左右に振ったとき，発光ダイオードはどのように点灯するか。最も適切なものを次のア〜エから1つ選んで，その符号を書きなさい。

ア　　　　　　イ　　　　　　ウ　　　　　　エ

(2)　この装置を直流電源につないで左右に振ったときには，発光ダイオードはどのように点灯するか，最も適切なものを(1)のア〜エから1つ選んで，その符号を書きなさい。

2　測定倍率と端子の極性を適切に調整し，オシロスコープによる波形の観察を行った。

(1)　家庭のコンセントに供給されている電流の様子を観察すると，どのような波形が見られるか。最も適切なものを次のア〜オから1つ選んで，その符号を書きなきい。

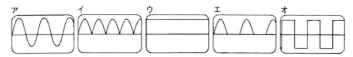

ア　　　イ　　　ウ　　　エ　　　オ

(2)　模型用モーターをオシロスコープにつなぎ，一定の速さで回転させて電流の様子を観察すると，どのような波形が見られるか。

最も適切なものを(1)のア～オから1つ選んで，その符号を書きなさい。

3　4つの抵抗R_1，R_2，R_3，R_4を使って図2のような回路をつくり，24Vの直流電源につないだところ，電源から流れる電流は8.0A，R_1を流れる電流は2.0A，R_1に加わる電圧は6.0Vであった。有効数字を2桁とし，導線の抵抗は無視できるものとして，下の問いに答えなさい。

図2

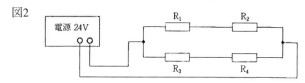

(1)　R_4を流れる電流を求めなさい。

(2)　R_2の抵抗値を求めなさい。

(3)　電源の電圧はそのままで，この回路の抵抗R_2とR_4の位置を入れかえたところ，R_1を流れる電流は4.0A，電源から流れる電流は6.4Aに変化した。このことから，R_3の抵抗値を求めなさい。

(☆☆◎◎◎◎)

高 校 理 科

【物理】

【1】図のように，鉛直上向きの一様な磁束密度B〔T〕の磁場(磁界)の中で，間隔l〔m〕の十分長い平行な2本の金属レールKL，MNを水平面内に固定した。これらと垂直に質量の無視できる導体棒PQを置いて，垂直な状態を保ちながら平行移動できるように軽い糸をつけ，滑車を通して質量m〔kg〕のおもりをつるし，はじめは手で固定しておく。KとMの間に電気抵抗R〔Ω〕の抵抗器とスイッチSをつなぎ，スイッチSによって起電力E〔V〕の電池(内部抵抗は無視する)に接続することもできる。重力加速度の大きさをg〔m/s²〕とし，金属レールの電気抵抗，金属レールと導体棒間の摩擦および接触抵抗，回路に流れる電流による磁場の変化は無視できるものとして，あとの問いに答えなさ

い。

図

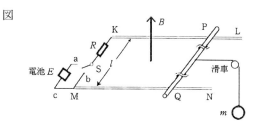

〔操作A〕はじめに，スイッチSをa側の電池に接続してから手をはなす
と，おもりが上昇した。

1　おもりを上昇させるための条件について，次の問いに答えなさ
い。

(1)　電池の正極は図のa，cのどちらになるか，a，cの符号で答え
なさい。

(2)　電池の起電力はE_0より大きな値が必要である。この起電力E_0
の大きさを求めなさい。

2　起電力が$E(E>E_0)$のとき，スイッチSを入れた瞬間のおもりの加
速度の大きさを求めなさい。

〔操作B〕次に，導体棒PQを元の状態に戻し，スイッチSをb側の導線
に接続してから手をはなしたところ，おもりは落下を始め，だんだ
ん速さを増し，やがて一定の速さv_1〔m/s〕で落下を続けた。

3　おもりの落下する速さがv〔m/s〕$(v<v_1)$のときについて，

(1)　導体棒P，Qのどちらの電位が高いか，P，Qの符号で答えな
さい。

(2)　回路に流れる誘導電流の大きさを求めなさい。

4　一定の速さv_1をm，B，R，l，gで表しなさい。

5　一定の速さv_1で落下しているとき，抵抗器で発生する単位時間あ
たりのジュール熱をm，B，R，l，gで表しなさい。

(☆☆☆◎◎◎◎)

【2】図1のように，断熱材で作られたシリンダーおよびなめらかに動く
ピストンからなる密閉された容器の中に，単原子分子の理想気体を入
れた。シリンダーの左端には，気体を加熱または冷却するための装置
が取りつけてある。この容器を用いて，図2に示す気体の状態A→B→
C→Aの1サイクルを考える。状態Aは圧力P_0，体積V_0，絶対温度T_0で
ある。

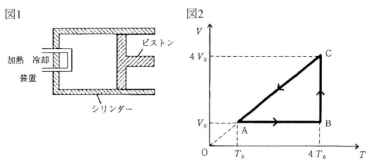

〔過程①〕状態Aから気体をゆっくり加熱し，温度が$4T_0$の状態Bへ変化
させる。

〔過程②〕次に，状態Bから加熱または冷却し，体積が$4V_0$の状態Cへ変
化させる。

〔過程③〕さらに，状態Cから気体をゆっくり冷却し，体積がV_0の状態
Aまで変化させる。

気体定数をRとして，次の問いに答えなさい。

1　容器に満たされている気体の物質量をR，T_0，P_0，V_0のうち必要な
記号を用いて表しなさい。

2　状態Bの圧力はP_0の何倍か，求めなさい。

3　縦軸に圧力P，横軸に体積Vをとって，状態A→B→C→Aの1サイク
ルの状態変化を表す曲線を描きなさい。グラフには，状態A，B，C
と圧力，体積の値を記入しなさい。

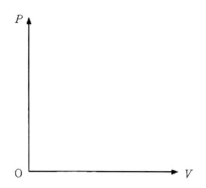

4 以下の(1)～(3)の値をP_0, V_0のうち必要な記号を用いて表しなさい。

(1) 過程①で，気体が外部から吸収した熱量Q_{AB}

(2) 過程②で，気体の内部エネルギーの変化量$\varDelta U_{BC}$

(3) 過程③で，気体が外部に放出した熱量Q_{CA}

5 状態変化A→B→C→Aの1サイクルを熱機関とみなす。過程②で，気体が外部から吸収した熱量が$Q_{BC}=5P_0V_0$のとき，この熱機関の熱効率を分数で求めなさい。

(☆☆☆◎◎◎◎)

【3】図のような水平面上で，ばね定数kのばねの左端を壁に固定し，このばねに質量mの物体を取り付ける。右向きにx軸を取り，ばねが自然長のときの物体の位置を原点($x=0$)とし，重力加速度の大きさをgとする。ばねは一直線上のみを運動し，ばねの質量は無視できるものとして，あとの問いに答えなさい。

図
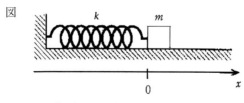

〔実験A〕なめらかな水平面上で運動させる。ばねをl($x=-l$)押し縮めたところから静かに手をはなしたところ，物体はx軸方向にすべり

　　はじめ振動した。

1　物体が最大の速さになるときの速さはいくらか，求めなさい。

2　手をはなしてから物体が最初に最大の速さになるまでの時間を求めなさい。

〔実験B〕摩擦のある水平面上で運動させる。ばねをゆっくり押し縮めて静かに手をはなす。押し縮める長さが小さいときは，物体は静止したままであった。押し縮める長さがdを超えたとき，物体はx軸の正の向きに動き出した。物体と水平面との静止摩擦係数をμ，動摩擦係数$\dfrac{4}{5}\mu$とする。

3　このときの長さdをm, g, k, μから必要な文字を使って表しなさい。

4　ばねを$2d\,(x=-2d)$押し縮めて静かに手をはなしたところ物体はすべり出した。

(1)　物体が最初に加速から減速に変わる地点をdを用いて表しなさい。

(2)　物体がすべり出してから初めて静止するまでの時間を求めなさい。

(3)　物体がすべり出してから初めて静止する地点をdを用いて表しなさい。

　　　　　　　　　　　　　　　　　　　　　　　　　　　（☆☆☆◎◎◎）

【4】原子核反応の有効利用について，あとの問いに答えなさい。

1　考古学，人類学，地震学などの研究では年代測定が重要であり，いくつかの科学的方法が使われている。その中でも有名なものが放射性炭素法である。放射性同位体を利用して，古い時代に枯れてしまった植物の年代を決定することができる。それは，生きている植物の体内には，放射性炭素${}^{14}_{6}\mathrm{C}$が炭素全量に対して常に一定の割合で含まれているという性質に基づくものである。${}^{14}_{6}\mathrm{C}$はβ崩壊をするが，その半減期は約5730年である。必要なら$\log_{10}2=0.30$を使いなさい。ただし，自然界の${}^{12}_{6}\mathrm{C}$と${}^{14}_{6}\mathrm{C}$の割合は常に一定であるとする。

(1) $^{14}_{6}C$がβ崩壊するときの核反応式を書きなさい。

(2) ある遺跡から出た木材の$^{14}_{6}C$の量を測ったら，現在の木材と比べて80％になっていた。このことから，この木材は約何年前のものと推定されるか，有効数字2桁で求めなさい。

2 原子力発電では，ウラン$^{235}_{92}U$の核分裂の際に発生する熱を利用している。$^{235}_{92}U$は1個の中性子を吸収して核分裂を起こし，次の核反応式のように2つの原子核に核分裂し，中性子を放出する反応がある。

$$^{235}_{92}U + ^{1}_{0}n \rightarrow \, ^{94}_{(\, \mathcal{P}\,)}Sr + ^{140}_{50}Xe + (\,\mathcal{イ}\,)^{1}_{0}n$$

ただし，$1u = 1.66 \times 10^{-27}kg$，光の速さは$3.00 \times 10^{8}m/s$，原子核$^{235}_{92}U$が，$^{94}_{(\,\mathcal{P}\,)}Sr$，$^{140}_{54}Xe$，中性子の質量をそれぞれ235.044u，93.915u，139.921u，1.009uとする。

(1) 核反応式の（ ア ），（ イ ）にあてはまる数字を求めなさい。

(2) 1個のウラン$^{235}_{92}U$が核分裂したときの質量欠損は何uか，求めなさい。

(3) 1個のウラン$^{235}_{92}U$が核分裂したときに放出されるエネルギーは何Jか，求めなさい。

(4) 1.0gの$^{235}_{92}U$が全て核分裂したときに放出されるエネルギーは，石油何kgのもつエネルギーに等しいか。ただし，石油1.0kgが燃焼するときに放出されるエネルギーを$4.0 \times 10^{7}J$として，有効数字2桁で求めなさい。

(☆☆☆◎◎◎)

【化学】

解答の際に必要ならば，原子量や定数は次の値を使いなさい。

H＝1.0　　C＝12　　O＝16　　Na＝23　　Al＝27

気体定数：8.3×10^{3}〔Pa・L/(mol・K)〕

ファラデー定数：9.65×10^{4}〔C/mol〕

【1】次の文は，化学の先生がコロイドの学習を終えた生徒のために作成中の実習プリントの一部である。あとの問いに答えなさい。

豆腐づくりを体験して，コロイド溶液の性質を振り返ろう！
＜手順＞
① 50gの大豆を洗い，150gの水とともにボウルに入れ，一昼夜冷暗所に置く。

② フードプロセッサーなどで滑らかなクリーム状になるまで攪拌する。クリーム状になったものを生呉(なまご)という。
③ 生呉を鍋に入れ，水150gを加える。
④ 鍋を強火で加熱する。このとき，焦げつかないように，木ベラで混ぜながら行う。
⑤ 沸騰したら，弱火にしてさらに8～9分加熱する。焦げ付かないように混ぜながら行う。加熱後のものを煮呉(にご)という。
⑥ 煮呉を布に入れて，ザルとボウルを使ってこしとり，強く絞る。ボウルに絞り出したものが豆乳で，布に残っているものがおからである。

⑦ 豆乳を鍋に入れ，再び火にかけ，75℃を保ちながら，にがりを混ぜながら加える。
⑧ 黄色っぽい透き通った上澄みができはじめたら，にがりを入れるのを止め，火を止め，ふたをして10～15分程度放置する。

---

⑨　さらしなどの布を敷いた水抜き穴のあいた木枠に入れて，重しをして15分程度，再び放置する。

⑩　放置して得られた沈殿を水にさらすと豆腐になる。

参考　豆腐から適当な方法で水分を除き乾燥させたものが高野豆腐である。高野豆腐のようなものを(ア)ゲルという。

1　(ア)にあてはまる語句を書きなさい。

2　にがりの主成分である化学物質をにがりの代わりに用いるとすれば何か，物質名を書きなさい。

3　手順⑥において，高校生に作業させる上で最優先すべき注意事項を加えるとすれば，どのような一文を加えるか。15文字以上20文字以内で書きなさい。

4　この実習のまとめとして，説明する次の文の(イ)〜(エ)にあてはまる適切な語句を書きなさい。

　　大豆に含まれていた物質のコロイドが水分子と水和し(イ)い(ウ)コロイドであり，にがりの主成分の化学物質が水和している水分子を奪うはたらきによって沈殿する。このような(ウ)コロイドが沈殿する現象を(エ)という。

5　先生は，実習の後，水酸化鉄(Ⅲ)コロイド溶液を用いてコロイド溶液の性質を示す演示実験をするために，次の(1)，(2)を準備した。どのような現象や操作を生徒に見せようとしているのか，それぞれ書きなさい。

　(1)　レーザーポインタ　　(2)　セロハン

6　0.500mol/L塩化鉄(Ⅲ)水溶液10.0mLを沸騰した水に加えて100mLとして，コロイド溶液をつくった。このコロイド溶液の浸透圧を測定

したところ27℃で1.24×10^{2}Paの浸透圧であった。このコロイド粒子1個中には，鉄(Ⅲ)イオンが平均何個含まれているか。ただし，塩化鉄(Ⅲ)から生じる鉄(Ⅲ)イオンは，すべてコロイド粒子になったものとする。

(☆☆☆◎◎◎)

【2】次の文章はアルミニウムの製法・産地・性質などをまとめたものである。あとの問いに答えなさい。

　アルミニウムは(①)を原料としてつくられる。(①)はオーストラリアや中国，ブラジルなどで多く産出され，日本はオーストラリアやロシアなどから，地金(じがね)を輸入し，それを加工して様々な製品を作っている。一方で，アルミニウムはリサイクルも盛んに行われ，日本で消費されるアルミニウムの約40％が再生された地金(二次合金地金)である。なお，地金とはインゴットとよばれることもあり，金属塊の総称である。

　(①)から地金をつくるとき，苛性ソーダ液で溶かしてアルミン酸ソーダ液をつくり，そこから(②)を抽出する。

　(②)は酸化アルミニウムのことである。次に酸化アルミニウムを氷晶石と混合して電気分解することでアルミ地金をつくる。

　アルミニウムは，その優れた特性から，様々な用途や目的で利用されている。アルミニウム鋳造品，鍛造品，加工製品の特性をあげてみると，「軽い」「強い」「耐食性がよい」「加工性がよい」「電気をよく通す」「磁気を帯びない」「熱をよく伝える」「低温に強い」「光や熱をよく反射する」「毒性がない」「美しい」「鋳造しやすい」「接合しやすい」「再生しやすい」などである。

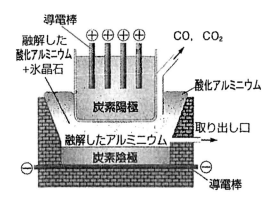

1　文章中の(①), (②)にあてはまる適切な語句を書きなさい。

2　文章中の苛性ソーダは慣用的な名称である。

  (1)　IUPACの規則を基にした日本化学会命名法専門委員会で定められている苛性ソーダの化学物質名を書きなさい。

  (2)　次の物質のうち，IUPACによる名称のものを1つ選んで，その符号を書きなさい。また，その慣用名を書きなさい。

    ア　硫酸第一鉄　　　イ　四塩化炭素　　　ウ　クロロホルム

    エ　青酸カリウム　　オ　プロペン

3　アルミニウムやナトリウムを金属の単体として取り出す場合，その水溶液を電気分解する方法は用いられない。その理由を示す次の文の(③), (④)にあてはまる適切な語句を書きなさい。

    アルミニウムは(③)より，イオン化傾向が(④)から。

4　アルミニウムが「耐食性がよい」理由として示した次の文の(⑤)にあてはまる適切な語句を書きなさい。

    アルミニウムやナトリウムはその表面に緻密な酸化皮膜をつくり(⑤)となり，内部まで腐食することが防がれるから。

5　アルミニウムと酸化鉄(III)の粉末を混ぜて点火すると，激しく反応して融解した鉄を生じる。

  (1)　この方法の名称を書きなさい。

  (2)　この方法でアルミニウムと酸化鉄(III)が反応するときの反応式

を書きなさい。

6　両極に炭素電極を用いて，酸化アルミニウムを文章中の氷晶石と混合し，電気分解したところ，$1.80×10^6$gのアルミニウムが析出した。また，陽極の質量が$1.14×10^6$g減少し，二酸化炭素と一酸化炭素が発生した。このとき，電気分解で生じた酸素はすべて二酸化炭素と一酸化炭素になった。

(1)　この電気分解に要した電気量は何Cか，書きなさい。

(2)　陽極で二酸化炭素と一酸化炭素が発生する反応は，次のように表される。

$$C+2O^{2-} \rightarrow CO_2+4e^- \qquad C+O^{2-} \rightarrow CO+2e^-$$

①　二酸化炭素に変化したCを$x$mol，一酸化炭素に変化したCを$y$molとするとき，陽極の減少した質量とxとyの関係を表す式を書きなさい。

②　(1)で答えた電気量とxとyの関係を表す式を書きなさい。

③　発生した二酸化炭素の物質量は何molか，答えなさい。

(☆☆☆◎◎◎)

【3】次の図は芳香族化合物の関係や反応を示す系統図である。下の問いに答えなさい。

図

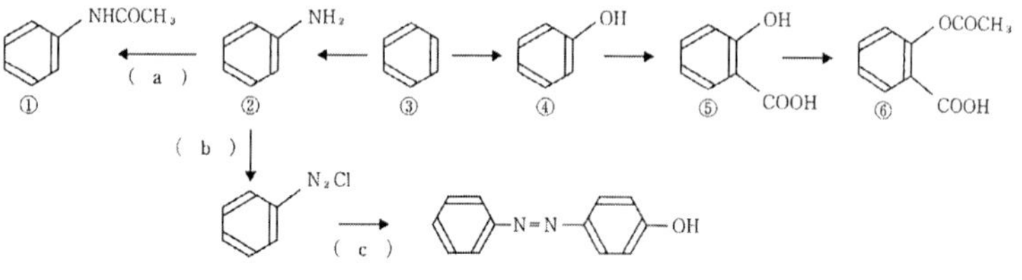

1　①～⑥の物質名を書きなさい。

2　(a)の反応で②に反応させる物質は何か，物質名を書きなさい。

3　(b)の反応を何というか，名称を書きなさい。

4　次の文章の(ア)，(イ)の空欄にあてはまる語句や符号を書きなさい。

　医薬品には，感染症などを引き起こす病原菌を死滅させ病気を根本的に治すために用いるAと，病気の症状を緩和する目的で用いるBがある。①や⑤の物質はかつて医薬品として用いられたが副作用があるため，アセトアミノフェノンや⑥の物質が開発された。これらはAとBのうち（　ア　）に該当し，（　ア　）の医薬品を（　イ　）薬という。

5　（　c　）の反応をさせる際は，溶液を冷却しながら行う必要がある。高温で行ったときに生じる有機化合物の名称を書きなさい。

6　1.0gの⑤を試験管にとり，2.0mLの無水酢酸を加えて，さらに濃硫酸を数滴加えて，試験管を60℃の水に浸した。10分後に試験管内の物質を水20mLによくかき混ぜながらゆっくり注ぐと⑥の結晶が得られた。用いた⑤がすべて⑥になり，さらに，実験において生じた⑥をすべて回収できたとすると，⑥は何g得られたか。

(☆☆☆◎◎◎)

【4】タンパク質に関する次の文章について，あとの問いに答えなさい。

　タンパク質は，アミノ酸が（　①　）結合してできた高分子化合物である。タンパク質を構成するアミノ酸の配列順序がタンパク質の一次構造である。アミノ酸が結合してできたポリペプチド鎖がらせん構造をとる。これを（　②　）といい，1本のポリペプチド鎖のペプチド結合の＞N－H基と＞C＝O基が分子内で水素結合することで安定に保たれている。また，折れ曲がったポリペプチド鎖どうしが，ひだ状の構造をとることがあり，これを（　③　）といい，絹を構成するフィブリンのような繊維状タンパク質などに見られる。

　タンパク質を構成するアミノ酸のもつカルボキシ基やアミノ基，ヒドロキシ基，チオール基(＝スルフヒドリル基，＝メルカプト基)などの官能基による水素結合や－S－S－で表される（　④　）結合，電荷を持った基と基の間にはたらくクーロン力などにより複雑な三次元構造をとる。また，赤血球中のヘモグロビンは三次元構造をもつポリペプチド鎖4つで構成されている。このように，複数のポリペプチド鎖が

255

共有結合以外の結合をもつ立体構造を四次構造という。

　生体内で様々なはたらきをする酵素は，タンパク質を主体とした高分子化合物である。酵素には，アミラーゼやリパーゼ，プロテアーゼなどの例がある。酵素は触媒としてはたらくが，酵素はある特定の物質にしか触媒作用を示さない。これを（　⑤　）という。

1　文章中の（　①　）～（　⑤　）にあてはまる適切な語句を書きなさい。

2　ゼラチンをゾル化した後に，冷やしてゲル化したものがゼリーである。パイナップルゼリーを作ろうとして，ゾル化したゼラチンにパイナップルを加えても，うまく固まらないことがある。それを防ぐ工夫を示す次の文章の（　①　）～（　③　）にあてはまる適切な語句を書きなさい。

　　ゼラチンは主に（　①　）で構成されており，パイナップルに含まれる（　②　）により，分解される。それを防ぐため，あらかじめパイナップルを加熱することにより，パイナップルに含まれる（　①　）でできている（　②　）を（　③　）させて失活させ，ゼラチンの（　①　）の分解を防ぎ，パイナップルゼリーをつくる。

3　次の①～③のタンパク質の検出反応にあてはまる試薬・操作をア～エから，その結果として最も適切なものをA～Dからそれぞれ1つずつ選んで，その符号を書きなさい。

①　ビウレット反応　　　②　キサントプロテイン反応

③　ニンヒドリン反応

ア　濃硝酸　　アンモニア水　　イ　NaOH，CuSO$_4$

ウ　NaOH，(CH$_3$COO)$_2$Pb　　　エ　ニンヒドリン

A　黄色から橙黄色　　B　赤紫～青紫色　　C　赤紫色

D　黒色

4　ある食品のタンパク質含有量を調べるためにある食品1.05gに水酸化ナトリウムを加えて加熱し，発生した気体を0.050mol/Lの希硫酸20.0mLに吸収させた。この溶液を完全に中和するのに0.100mol/Lの水酸化ナトリウム水溶液を10.0mL要した。この食品に含まれるタンパク質の質量の割合は何％か，求めなさい。ただし，発生したアン

モニアはすべてタンパク質由来のものとし，この食品のタンパク質は16.0%の窒素を含んでいるものとする。

(☆☆☆☆◎◎◎)

【生物】

【1】内分泌系に関する次の問いに答えなさい。

1　成熟した雄のラットの甲状腺を手術によって取り除き，3週間経過したのち甲状腺から分泌されるホルモンXを毎日一定量ずつ注射し続けた。このとき，ホルモンXおよび脳下垂体前葉から分泌されるホルモンYの血中濃度は，図の曲線a，bのような変化を示した。なお，図の横軸は，甲状腺除去手術時を0とした時間を週単位で示している。

図

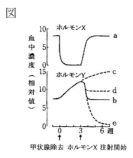

(1)　Yの名称を書きなさい。

(2)　Xの量を5倍に増やした場合，Yの血中濃度はどのように変化するか。図の曲線b〜eの中から最も適切なものを選んで，その符号を書きなさい。

(3)　Xが標的細胞へ情報伝達するしくみとして最も適切なものを，次のア〜エから1つ選んで，その符号を書きなさい。

　　ア　Xは，細胞膜を通過できないので，細胞膜表面にある受容体と結合する

　　イ　Xは，細胞膜を通過できないので，細胞膜表面にあるセカンドメッセンジャーと結合する

　　ウ　Xは，細胞膜を通過し，細胞内の受容体と結合する

　　エ　Xは，細胞膜を通過し，粗膳内のDNAと結合する

(4)　X，Yの血中濃度が図の曲線a，bのような変化を示すとき，間脳視床下部での放出ホルモンの濃度はどのようになるか，適切なものを，次のア～ウから1つ選んで，その符号を書きなさい，

　　ア　Xと同様に甲状腺除去後に減少し，X注射開始後に増加する

　　イ　Yと同様に甲状腺除去後に増加し，X注射開始後に減少する

　　ウ　全く変化せず，常に一定の濃度に保たれる

2　間脳視床下部において血糖量の増加が感知されると(　①　)神経によってすい臓のランゲルハンス島B細胞力が刺激されインスリン分泌が促される。一方，血糖量が減少すると，すい臓のランゲルハンス島A細胞からの(　②　)および，副腎髄質からの(　③　)の分泌が促進され，血糖量が増加する。また，間脳視床下部が脳下垂体前葉を刺激して(　④　)の分泌を促し，副腎皮質からは(　⑤　)が分泌され，血糖量が増加する。

(1)　文章中の①～⑤に入る適切な語句を書きなさい。

(2)　一般的なヒトの脳下垂体の重さとして最も適切なものを，次のア～エから1つ選んで，その符号を書きなさい。

　　ア　約0.7g　　イ　約7g　　ウ　約20g　　エ　約40g

(3)　健康なヒトの血液100mL中に含まれるグルコースの量として最も適切なものを，次のア～エから1つ選んで，その符号を書きなさい。

　　ア　約0.1mg　　イ　約1.0mg　　ウ　約10mg　　エ　約100mg

　　　　　　　　　　　　　　　　　　　　　　(☆☆☆◎◎)

【2】呼吸に関する次の問いに答えなさい。

1　好気呼吸に関する次の文章の①～⑥の空欄にあてはまる適切な語句や数字を書きなさい。

　　好気呼吸における反応経路のうち，細胞質基質における反応経路では，1分子のグルコースが，(　①　)分子のATPからエネルギーを

受け取って，2分子のグリセルアルデヒドリン酸になる。2分子のグリセルアルデヒドリン酸がピルビン酸になるとき，(②)分子のATPを生じる。また，好気呼吸における反応経路のうち，ミトコンドリアのマトリックスにおける反応経路では，アセチルCoAが，マトリックス内の(③)と結合してクエン酸になる。クエン酸は，何段階かの反応によって，(③)に戻る。この反応過程で生じた大量のH^+とe^-は，補酵素NAD^+または(④)に渡される。その結果，マトリックス内でグルコース1分子あたり生じる還元型補酵素は，全部で(⑤)分子となり，そのうちNADHは(⑥)分子である。

2　酸素濃度が低い条件で培養していた酵母に酸素を与えたところ，グルコース1分子あたりのATP合成量が多くなり，グルコースの消費量が大幅に下がった。この理由を30字以内で書きなさい。

3　薬品を用いてミトコンドリア内膜のH^+の透過性を高めると，ミトコンドリアのATP合成量は「多くなる」か，「少なくなる」か，書きなさい。

4　アミノ酸の一種であるバリン($C_5H_{11}O_2N$)を呼吸基質にする場合，呼吸商の理論値はいくらになるか。有効数字2桁で答えなさい。

5　体重60kgの男性がマラソンを2時間30分で完走した。この男性がマラソン中，1分間に体重1kg当たり平均して80mLの酸素を吸収し，そのうちの80％がATPの合成に用いられたとすると，マラソン中にATPは最大で何kg合成されたか，有効数字3桁で答えなさい。ただし，ATPはグルコースの分解のみによって得られたこととする。ここで，1molの酸素は22.4Lの体積を占め，ATPの分子量は507とする。

(☆☆☆☆◎◎◎)

【3】発生に関するあとの問いに答えなさい。

1　図のようにニワトリの前肢の形成におけるZPAと呼ばれる部位の役割を調べるために移植実験を行った。

　　ニワトリの正常胚では，前肢は前から2-3-4の3本の指が形成され

る。ところが，ZPAを含む組織を宿主の前肢の前方に移植すると前から4-3-2-2-3-4と前後に鏡像重複した指が形成される。

　なお，指のでき方は，移植片の大きさなどによって，前から4-3-4など3本の指で鏡像重複することもある。

図

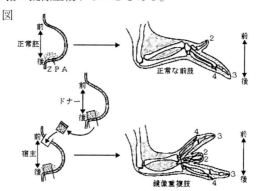

(1)　ニワトリ胚の特徴として，最も適切なものを，次のア～オから1つ選んで，その符号を書きなさい。

ア　10℃前後の低温でも正常に胚発生が進む。

イ　無精卵でも8細胞期までは発生が進行する。

ウ　無精卵の卵黄に精子をかけると受精が起こる。

エ　卵黄上部の表面で卵割が起こり，胚発生が進行する。

オ　肢芽以外の組織では，生着が難しいため移植ができない。

(2)　ドナーから切り取ったZPAの組織を，宿主前肢の中央部に移植したときに予想される指の形成パターンとして最も適切なものを，次のア～エから1つ選んで，その符号を書きなさい。

ア　前から2-3-4-3-4　　イ　前から4-3-2-3-4

ウ　前から2-2-2-2-2　　エ　前から2-3-4-3-2

(3)　ZPAを移植したときと同様に鏡像重複の指を形成するソニックヘッジホッグ(Shh)のように，濃度によって異なる発生の結果をもたらす物質を何というか，書きなさい。

2　1969年，(①)は，メキシコサンショウウオの胞胚を用いて誘導

に関する実験を行い，予定内胚葉域が予定外胚葉を中胚葉性の組織に誘導することを明らかにした。このような現象を(②)誘導という。

　細胞は発生の過程で，分化・増殖するだけではなく死ぬことがある。たとえば，ニワトリの後肢の指ができる過程では，指と指の間の部分にアポトーシスが観察できる。

(1)　文章中の①，②に入る適切な人名や語句を書きなさい。

(2)　アポトーシスの特徴として最も適切なものを，次のア～エから1つ選んで，その符号を書きなさい。

　　ア　細胞が異常増殖する　　イ　細胞が縮小する

　　ウ　DNAが断片化する　　　エ　細胞小器官が壊れる

(3)　さまざまな組織を構成する細胞に分化する能力をもつ細胞を総称して何というか，書きなさい。

3　次の文章中の①～④に入る適切な語句を書きなさい。

　ショウジョウバエの発生過程では，体節が形成されたのち，それぞれの体節から触角，眼，脚，翅などの器官が形成される。

　ペアルール遺伝子群やセグメントポラリティー遺伝子群の働きによって14に区画化された体節は，(①)遺伝子群と呼ばれる調節遺伝子が働くことによって特有の形態へと変化していく。(①)遺伝子群の中にはショウジョウバエの胸部の体節を特徴づけるのに関与する(②)遺伝子がある。この遺伝子が頭部の体節で発現すると頭部が胸部の特徴を持ってしまい，頭から脚が生えるという表現型を示す。ショウジョウバエの8つの(①)遺伝子には，それぞれ180塩基対からできた相同性の高い塩基配列がある。この配列を(③)という。ショウジョウバエの(①)遺伝子群と相同な遺伝子群は，すべての動物に存在することがわかっている。これらを総称して(④)遺伝子群という。

(☆☆☆◎◎◎)

【４】生物の系統に関する次の問いに答えなさい。

1　ウーズは，分子時計の手法を使って，界よりも上位の分類としてドメインと呼ばれる考え方を提唱し，生物全体を，大腸菌を例とする（　①　）ドメイン，メタン菌を例とする（　②　）ドメイン，動物や植物を例とする（　③　）ドメインの3つのグループに分けた。

(1)　文章中の①〜③に入る適切な語句を書きなさい。

(2)　3つのドメインに分ける説は，何をもととして全生物の系統関係を調べた結果導かれたものか。最も適切なものを，次のア〜エから1つ選んで，その符号を書きなさい。

　　ア　ミトコンドリアDNAの塩基配列

　　イ　葉緑体DNAの塩基配列

　　ウ　リボソームRNAの塩基配列

　　エ　DNAポリメラーゼの塩基配列

2　動物の系統分類について適切なものを，それぞれア〜オから1つ選んで，その符号を書きなさい。

(1)　三胚葉性ではない動物

　　ア　プラナリア　　イ　センチュウ　　ウ　クラゲ

　　エ　ウニ　　　　　オ　ミミズ

(2)　新口動物

　　ア　アサリ　　イ　ヒトデ　　ウ　イカ　　エ　ゴカイ

　　オ　カニ

(3)　脊索を形成しない動物

　　ア　サメ　　　　イ　ヤツメウナギ　　ウ　ナメクジウオ

　　エ　ナマコ　　オ　ホヤ

(4)　脱皮動物

　　ア　ワムシ　　イ　タコ　　ウ　サナダムシ　　エ　カイチュウ

　　オ　ヒル

3　ある生物の集団において，次のような条件が満たされている場合，生物の集団では進化が起こらないとされている。

> ・任意に交配がおこなわれ，遺伝子や染色体に(①)が起こらない場合
> ・個体間の生存・繁殖力に差がなく(②)がはたらかない場合
> ・他の同種集団との間に移出や移入がなく，十分に大きな集団で(③)の影響を無視できる場合

(1) 文章中の①〜③に入る語句として最も適切なものを次のア〜オからそれぞれ1つ選んで，その符号を書きなさい。

　　ア　自己増殖　　イ　性転換　　ウ　突然変異　　エ　自然選択
　　オ　遺伝的浮動

(2) 「集団内の遺伝子頻度は世代が進んでも変化することはない」という法則が，この動物集団の形質で成り立つとする。このとき対立遺伝子Aの頻度が0.6，対立遺伝子aの頻度が0.4として，600個体中のAaの個体数を求めよ。

(☆☆☆☆◎◎)

解答・解説

中　高　共　通

【1】1　ツユクサ，タンポポ，イチョウ　　2　語群…イチョウ
名称…裸子植物　　3　①　胞子のう　　②　胞子　　4　イ
5　①　×　　②　○　　③　×　　④　○

〈解説〉1　ツユクサは種子植物・被子植物・単子葉植物で，タンポポは種子植物・被子植物・双子葉植物である。イチョウは種子植物・裸子植物である。ゼニゴケはコケ植物，スギナはシダ植物である。

　2　解答参照。　　3　シダ植物・コケ植物では，胞子のうの中で減数分

裂が行われて胞子ができる。　4　単子葉植物の葉脈は平行脈で維管束はばらばらに存在し形成層がない。根は主根がなくひげ根である。5　コケ植物は陸上植物共通の光合成色素をもつ葉緑体で光合成をする。植物体を固定するための仮根をもつが維管束は発達していない。

【2】1　①　原子核　　②　電子　　③　陽子　　④　中性子
　　⑤　分子　　⑥　単体　　⑦　化合物　　2　ウ　　3　SiO_2
　　4　68％

〈解説〉1　解答参照。　　2　ドルトンは，全ての物質は，原子と呼ばれる最小でそれ以上分割不可能な粒子からできており，異なる原子が一定の数の割合で結合してできたものであるという原子説を提唱した。また，アボガドロは，ドルトンの原子説を補足する分子という概念を初めて提唱した。　　3　2種類以上の元素から構成され，共有結合で形成されているのは二酸化ケイ素である。塩酸と塩化ナトリウムは，イオン結合で形成された物質である。酸素，ダイヤモンド，水銀は単体である。　　4　黄銅(真鍮)は銅と亜鉛の合金である。合金中に含まれる銅の割合をxとすると，$9x + 7.1(1-x) = 8.4$の関係式が成立し，$x \fallingdotseq 0.684$となる。

【3】1　太陽系の惑星数…8　　惑星の名称…海王星　　2　エ
　　3　①　イ　　②　エ(オ)　　③　イ　　④　オ(エ)　　4　ウ
　　5　(1)　ア　　(2)　87.2度

〈解説〉1　太陽系を構成する惑星は，太陽に近い方から水星，金星，地球，火星，木星，土星，天王星，海王星の8個である。ケプラーの第3法則「惑星と太陽の平均距離の3乗は，惑星の公転周期の2乗に比例する」より，太陽との距離が最も長い海王星が，公転周期が最も長い。2　地球は図の反時計回りに公転しているので，反時計回りに自転している。北を向いた観測者をイメージして，観測者が太陽のほうへ向き始めた位置(図ではア…右側，イ…奥側，ウ…左側，エ…手前側)に

おいて，ふたご座が左手側(西)にあるのはエの位置である。　3　月は自転周期と公転周期が同じ(約27.32日)になっているので，常に地球に同じ面を向けている。自転と公転の同期(潮汐ロック)といい，月だけでなく太陽系の惑星にあるほとんどの衛星に見られる現象である。4　旧暦を含む太陰太陽暦では，月が新月になる日を月の始まりと考え，各月の1日とした。それから翌日を2日，その次の日を3日と数えた。そして，次の新月の日がやってくると，それを次の月の1日とした。新月から新月までは平均して約29.5日の間隔であるから，14日はほぼ満月である。　5　(1)　北半球では，春分から秋分までの間は，緯度が高いほど昼の時間が長くなる。高緯度の地域では白夜になる。これは，地軸が傾いているからである。　(2)　夏至のときの太陽の南中高度〔度〕＝90－(その場所の緯度)＋23.4で計算できる。北緯23.4度以北では，最も低緯度の那覇が夏至のときの太陽の南中高度が最も高く，90－26.2＋23.4＝87.2〔度〕である。

【4】①　振幅　　②　振動数　　2　実験Cと実験D　　3　実験D

4　0.40mm

〈解説〉1　音の大きさは，波の振幅の大小で決まる。振幅が大きいほど音は大きくなる。音の高さは，波の振動数で決まる。振動数が大きいほど，音は高くなる。　2　弦の直径，弦の長さ，おもりの個数のうち2つ以上を変えてしまうと，どのパラメーターが音の高さに影響したのか分からなくなってしまう。A〜Fのうち，弦の長さだけが異なり，弦の直径とおもりの個数が等しいのはCとDである。　3　波の速さをv，振動数をf，波長をλとすると，$v=f\lambda$　…①　の関係がある。また，弦にかかる張力をT，弦の線密度(1mあたりの質量)をρとすると，波の速さは，$v=\sqrt{\dfrac{T}{\rho}}$　…②　で表すことができる。①と②より，$\sqrt{\dfrac{T}{\rho}}=f\lambda$　…③　を得る。弦の材質が同じであれば，直径が大きいほど質量は大きくなるので線密度は大きくなり，②より速さは小さくなる。したがって③より振動数は小さくなる。弦の長さが長いほど，

波長が大きくなるので，①より振動数が小さくなる。おもりの個数が多いほど張力が大きくなるので，②より速さは大きくなり，①より振動数が大きくなる。以上から，A～Fのうち弦の直径が大きく，弦の長さが長く，おもりの個数が少ないものが振動数がもっとも小さい。それらを満たすのはDである。　4　弦の長さとおもりの個数を変えずに振動数を0.5倍にするためには，③の左辺が0.5倍になればよい。ρは平方根に反比例しているので，左辺を0.5倍するためには，ρを4倍にすればよい。線密度を4倍にするためには弦の断面積を4倍にすればよい。円の面積は$\pi \times \left(\dfrac{直径}{2}\right)^2$で表されるので，直径が2倍になると断面積は4倍になる。したがって，$0.20 \times 2 = 0.40$〔mm〕である。

中 学 理 科

【1】1　塩酸A：塩酸B＝1：3　　2　$H_2SO_4 + 2NaOH \rightarrow Na_2SO_4 + 2H_2O$
3　Na^+　4　0.30mol/L　5　pH＝1.0　6　符号…ア　名称…ビュレット　　7　器具中の水滴等による溶液の濃度の変化を防ぐため。(24字)

〈解説〉1　塩酸Aと塩酸Bの滴定に要する水酸化ナトリウムの体積が10cm³と30cm³であるため，塩酸Aと塩酸Bの濃度比は1：3である。
2　解答参照。　3　H^+とOH^-は平衡状態でH_2Oを形成する。SO_4^{2-}は2価イオンである。　4　水酸化ナトリウム水溶液Cの濃度xは，$2 \times 0.15 \times \dfrac{20}{1000} = x \times \dfrac{60}{1000}$　ゆえに，$x = 0.10$〔mol/L〕である。したがって，塩酸水溶液Bの濃度yは，$0.10 \times \dfrac{30}{1000} = y \times \dfrac{10}{1000}$　ゆえに，$y = 0.30$〔mol/L〕である。　5　塩酸水溶液B10cm³と水酸化ナトリウム水溶液C10cm³の混合溶液(20cm³)中の水素イオンの物質量は，$0.30 \times \dfrac{10}{1000} - 0.1 \times \dfrac{10}{1000} = 2.0 \times 10^{-3}$〔mol〕である。したがって，水素イオンの濃度は，$[H^+] = 2.0 \times 10^{-3} \times \dfrac{1000}{20} = 0.10$〔mol/L〕　ゆえに，

pH＝－log[H$^+$]＝1.0 である。　6，7　解答参照。

【2】1　①　精子　　②　発生　　2　生殖細胞　　3　卵割(体細胞分裂)　　4　ES細胞　　5　iPS細胞　　6　生理学・医学賞　7　①　30　　②　60　　③　60　　8　ア，エ　　9　染色体Ⅲが含まれる確率…50.0％　　染色体ⅠとⅤとⅨが同時に含まれる確率…12.5％

〈解説〉1　有性生殖は配偶子(n)の接合によりできる接合子($2n$)が新個体となる。配偶子のうち，大きくて卵黄に富み運動しないものを卵，小さくて運動するものを精子という。卵と精子の接合を受精という。受精卵が卵割をし，胚を経て幼生となり，さらに成熟した成体となった後，一連の退化的変化ののち死に至るまでの全過程を発生という。2　卵・精子や胞子など生殖のための細胞を生殖細胞という。対して，体を作る細胞は体細胞である。　3　解答参照。　4　ES細胞は，embryonic stem cell の略である。発生初期の胚盤胞の中で，将来胚体を形成する領域(内部細胞塊)から樹立される。　5　iPS細胞は，induced pluripotent stem cell の略である。誘導多能性幹細胞ともいう。分化した体細胞に人工的な操作を加えることで，増殖能と分化多能性を獲得させたものである。　6　解答参照。　7　①　二次卵母細胞は，減数分裂第二分裂の母細胞であり核相はnである。　②　受精卵の核相は$2n$である。　③　精原細胞は減数分裂を行う母細胞のもととなる細胞で，核相は$2n$である。　8　動物の進化で，陸上に上がり卵殻を持つ卵を産む昆虫および爬虫類から後の生物は体内受精を行い，それ以前の生物は，水を介して受精する体外受精を行う。モリアオガエルは両生類，バフンウニは棘皮動物である。　9　相同染色体(ⅠとⅡ，ⅢとⅣ，ⅤとⅥ，ⅦとⅧ，ⅨとⅩ)の各2本のうちのどちらかの1本が卵細胞に含まれる。染色体ⅢとⅣのうちⅢが含まれる確率は，$\frac{1}{2}$(＝50％)である。ⅠとⅤとⅩが含まれる確率は，$\frac{1}{2}×\frac{1}{2}×\frac{1}{2}×100$〔％〕＝12.5〔％〕

【3】1　凝灰岩　　2　示準化石　　3　新生代　　4　ウ　　5　(1)　イ
(2)　ウ　　(3)　エ　　(4)　ア

〈解説〉1　火山灰(直径2mm未満の火山砕屑物)が堆積し，続成作用を経
てできた堆積岩を凝灰岩という。　2　特定の地質時代にのみ発見さ
れるため，地層の年代特定に用いられる化石を示準化石という。示準
化石の特徴として，(a)種の生存期間が短い，(b)地理的分布が広い，
(c)化石の産出数が多い，などが挙げられる。　3　メタセコイアは新
生代のみでなく，中生代白亜紀の地層からも多くの化石が発見されて
おり，示準化石とはいえない。ただし，この問題では出題者が想定し
た一般的な解答である新生代を答えておくのが無難である。メタセコ
イアはスギ科の裸子植物で，北半球の高緯度に広く分布していた。現
生種が存在し，生きている化石(太古の昔から姿を変えることなくいま
だに生息している生物)といわれている。　4　選択肢の中で火山岩は
流紋岩のみである。　5　(1)　神戸市周辺の地質は，六甲山地に露出
する花崗岩類などの中生代白亜紀以前(約7000万年前)に形成された基
盤岩類と，新生代古第三紀以降(約3000万年前)に基盤岩類を覆って堆
積した被覆層に大別される。　(2)　2006年に丹波市で大型のティタノ
サウルス形類の恐竜化石が発見された。その後の調査で，多くの化石
が発見されている。　(3)　1995年(平成7年)の兵庫県南部地震は六甲・
淡路島断層帯の活動が原因で起こった地震で，その構成断層の1つで
ある野島断層は震源に最も近い断層である。　(4)　朝来市では，生野
銀山が有名である。

【4】1　(1)　エ　　(2)　ア　　2　(1)　ア　　(2)　イ　　3　(1)　6.0A
(2)　9.0Ω　　(3)　1.0Ω

〈解説〉1　(1)　ダイオードには整流作用があり，一方向の電流は流すが，
その逆の向きの電流は流さない。また，交流は電流の大きさと向きが
変化する電流である。図のように発光ダイオードを逆につなぐと，一
方の発光ダイオードに電流が流れて光っているとき，もう一方の発光
ダイオードには電流が流れないから光らない。次の瞬間には，光って

いたダイオードが光らなくなり，もう一方が光るようになる。すなわち，それぞれの発光ダイオードはずれたタイミングで点滅するようになる。 (2) 直流は電流の向きが決まっているので，一方の発光ダイオードは光るが，もう一方は光らない。交流のときとは違い，発光ダイオードは常に光り続けるので，左右に振ると光の線はつながっている。 2 (1) 家庭用コンセントには，実効値が100Vの交流が流れている。電流の大きさと向きは三角関数で表され，常に変化する。

(2) モーターは電流を流すと軸が回転する電気器具であるが，軸を回転させれば電流を流す発電機としても機能する。モーター内部では，磁石がつくる磁場の中でコイルが回転しているため，発生する電流は交流になる。そこで整流子という部品を用いて，電流が一定の方向に流れるようにしている。したがって，アの波形において電流値が負の部分を上下に反転することになるので，イの波形のようになる。

3 (1) 直列回路に流れる電流の大きさは等しい。したがって，抵抗R2に流れる電流は2.0Aになる。回路全体を流れる電流は8.0Aだから，抵抗R3と抵抗R4に流れる電流は8.0－2.0＝6.0〔A〕である。 (2) 抵抗R1と抵抗R2にかかる電圧の和は24Vに等しい。したがって，抵抗R2にかかる電圧は24－6.0＝18〔V〕である。オームの法則より，18V÷2.0A＝9.0Ωである。 (3) 抵抗R_2と抵抗R_3に流れる電流は6.4－4.0＝2.4〔A〕である。オームの法則より，抵抗R_2にかかる電圧は2.4A×9.0Ω＝21.6Vである。抵抗R_2と抵抗R_3にかかる電圧の和は24Vに等しいから，抵抗R_3にかかる電圧は24－21.6＝2.4〔V〕となる。オームの法則より，2.4V÷2.4A＝1.0Ωである。

高 校 理 科

【物理】

【 1 】 1 (1) a (2) $\dfrac{mgR}{Bl}$〔V〕 2 $\dfrac{EBl}{mR}-g$〔m/s²〕

3 (1) Q (2) $\dfrac{vBl}{R}$〔A〕 4 $\dfrac{mgR}{B^2l^2}$〔m/s〕 5 m^2g^2R〔W〕

〈解説〉1　(1)　おもりが上昇するには，図において導体棒PQに流れる電流が磁場から左向きに力がはたらけばよい。フレミングの左手の法則(または右ねじの法則)より，電流はP→Qの向きに流れればよいから，電池の正極はa側である。　(2)　導体棒に流れる電流は$I = \dfrac{E}{R}$であり，この電流が磁場から受ける力は$IBl = \dfrac{EBl}{R}$である。導体棒の質量を無視するので，運動方程式より導体棒の加速度は0とみなせる。したがって導体棒とおもりは等速度運動をする。このとき，おもりにはたらく力はつり合っているから，糸の張力の大きさはmgである。電流が磁場から受ける力が，この張力の大きさよりも大きければよい。よって，$\dfrac{E_0 Bl}{R} = mg$より，$E_0 = \dfrac{mgR}{Bl}$である。　2　求める加速度をaとしておもりの運動方程式を立てると，$ma = \dfrac{EBl}{R} - mg$となるから，$a = \dfrac{EBl}{mR} - g$である。　3　(1)　電磁誘導により導体棒PQには誘導起電力が発生する。レンツの法則より誘導電流はP→Qの向きに流れるので，Qのほうが高電位である。　(2)　誘導起電力の大きさはvBlだから，オームの法則より$\dfrac{vBl}{R}$である。　4　誘導電流が磁場から受ける力は$\dfrac{vBl}{R} \times Bl = \dfrac{vB^2l^2}{R}$である。この式から分かるように，速さ$v$が大きいほどこの力も大きくなる。よって，はじめ導体棒は加速していくが，いずれ誘導電流が磁場から受ける力と糸の張力が等しくなり力はつり合う。すると，導体棒とおもりは等速度運動になる。力のつり合いより，$\dfrac{v_1 B^2 l^2}{R} = mg$となるので，$v_1 = \dfrac{mgR}{B^2 l^2}$である。　5　導体棒が一定の速さで運動しているときの誘導起電力の大きさは$v_1 Bl$であり，回路を流れる電流は$\dfrac{v_1 Bl}{R}$である。抵抗で発生する単位時間あたりのジュール熱は(電流)×(電圧)で表されるので，$v_1 Bl \times \dfrac{v_1 Bl}{R} = \dfrac{v_1^2 B^2 l^2}{R}$となる。これに4の結果を代入して，$\left(\dfrac{mgR}{B^2 l^2}\right)^2 \times \dfrac{B^2 l^2}{R} = \dfrac{m^2 g^2 R}{B^2 l^2}$である。

【2】 1 $\dfrac{P_0V_0}{RT_0}$ 　　2 4倍

3

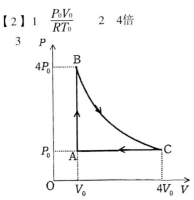

4 (1) $\dfrac{9}{2}P_0V_0$ 　(2) 0 　(3) $\dfrac{15}{2}P_0V_0$ 　5 $\dfrac{4}{19}$

〈解説〉1 求める物質量をnとして状態Aにおいて理想気体の状態方程式を立てると，$P_0V_0=nRT_0$ …① となる。これより，$n=\dfrac{P_0V_0}{RT_0}$である。

2 求める圧力をP_Bとして状態Bにおいて理想気体の状態方程式を立てると，$P_BV_0=4nRT_0$となる。これより$P_B=\dfrac{4nRT_0}{V_0}$である。ここで，① より$P_0=\dfrac{nRT_0}{V_0}$だから，$P_B=4P_0$である。 　3 状態Cにおける圧力P_Cを求める。状態Cにおいて理想気体の状態方程式を立てると，$4P_CV_0=4nRT_0$であり，$P_CV_0=nRT_0$となるから$P_C=\dfrac{nRT_0}{V_0}=P_0$である。A→Bは体積が変化しない定積変化，B→Cは温度が変化しない等温変化，C→Aは圧力が変化しない定圧変化である。PV図において，定積変化と定圧変化は直線になる。理想気体の状態方程式$P=\dfrac{nRT}{V}$より，等温変化では圧力Pは体積Vに反比例するので曲線になる。 　4 (1) 体積が変化しないので，気体は仕事をしないし，されない。気体の内部エネルギーの変化をΔUとすると，熱力学の第一法則より$\Delta U=Q_{AB}$となる。気体の内部エネルギーは$U=\dfrac{3}{2}nRT$で表されるので，$Q_{AB}=\dfrac{3}{2}nR(4T_0-T_0)=\dfrac{9}{2}nRT_0$である。これに①を代入して，$Q_{AB}=\dfrac{9}{2}P_0V_0$となる。 　(2) 気体の内部エネルギーは温度のみに依存する。したがって，等温変化では内部エネルギーは変化しないから0である。

(3)　C→Aは圧力が一定の圧縮過程であり，気体は外部から仕事をされる。熱力学の第一法則より$\frac{3}{2}nR(4T_0-T_0)=Q_{CA}+P_0(4V_0-V_0)$となり，整理して$Q_{CA}=\frac{9}{2}nRT_0+3P_0V_0$となる。①を代入すれば，$Q_{CA}=\frac{9}{2}P_0V_0+3P_0V_0=\frac{15}{2}P_0V_0$である。　５　1サイクルにおいて気体が外部にした仕事をWとする。熱機関の熱効率は，1サイクルの間に気体が吸収した熱と，外部にした仕事の比で表されるから，$\dfrac{W}{Q_{AB}+Q_{BC}}$　…②と表せる。ところで，1サイクルでは温度変化は0になるので，内部エネルギーの変化は0になる。熱力学の第一法則を考えると$0=Q_{吸収}-Q_{放出}-W$である。これより$W=Q_{吸収}-Q_{放出}$となる。よって，②は$\dfrac{Q_{AB}+Q_{BC}-Q_{CA}}{Q_{AB}+Q_{BC}}=1-\dfrac{Q_{CA}}{Q_{AB}+Q_{BC}}$とかける。それぞれ代入して，$1-\dfrac{\frac{15}{2}P_0V_0}{\frac{9}{2}P_0V_0+5P_0V_0}=\dfrac{4}{19}$である。

【3】1　$l\sqrt{\dfrac{k}{m}}$　　　2　$\dfrac{\pi}{2}\sqrt{\dfrac{m}{k}}$　　　3　$\dfrac{\mu\, mg}{k}$　　　4　(1)　$x=-\dfrac{4}{5}d$

(2)　$\pi\sqrt{\dfrac{m}{k}}$　　(3)　$x=\dfrac{2}{5}d$

〈解説〉1　物体の加速度をaとし，位置がxの場所にあるときの運動方程式を立てると，$ma=-kx$である。これより$a=-\dfrac{k}{m}x$となり，$\omega^2=\dfrac{k}{m}$とおくと$a=-\omega^2x$とかける。これは単振動を表す式である。物体が単振動するときの振幅はlだから，物体の単振動は半径l，角速度ωの等速円運動の正射影として考えることができる。物体のはじめの位置が$x=-l$であることを考えると，物体の位置は$x=-l\cos\omega t$　…①　と表すことができる。速度は①を時間で微分すればよいので，$v=l\omega\sin\omega t$である。したがって速さの最大値は$l\omega=l\sqrt{\dfrac{k}{m}}$である。

2　この単振動の周期は$T=\dfrac{2\pi}{\omega}=2\pi\sqrt{\dfrac{m}{k}}$であり，速さが最大になるのは物体が振動中心にあるときである。これは，物体が動きはじめてから$\dfrac{T}{4}$だけ時間が経過したときだから，$\dfrac{T}{4}=\dfrac{\pi}{2}\sqrt{\dfrac{m}{k}}$である。

3 摩擦のある平面上では，物体には摩擦力がはたらく。ばねを押し縮める長さがdのとき，摩擦力は最大静止摩擦力になる。物体が水平面から受ける垂直抗力は重力とつり合っているのでmgである。ばねの弾性力と最大静止摩擦力がつり合う式を立てると，$kd = \mu mg$より，$d = \dfrac{\mu mg}{k}$ …② となる。 4 (1) 物体が動いているとき，物体には水平面から動摩擦力$\dfrac{4}{5}\mu mg$がはたらく。位置がxの場所にあるときの運動方程式を立てると，$ma = -kx - \dfrac{4}{5}\mu mg$である。これより，$a = -\dfrac{k}{m}\left(x + \dfrac{4\mu mg}{5k}\right)$ …③ となる。物体が減速するときは加速度が負になるから，③において$x + \dfrac{4\mu mg}{5k} \geqq 0$であればよい。②を代入して解けば，$x \geqq -\dfrac{4}{5}d$となり，減速に変わる地点は，$x = -\dfrac{4}{5}d$である。

(2) ③から分かるように，物体は単振動をする。摩擦力があっても周期は物体の質量とばね定数のみに依存し，$T = 2\pi\sqrt{\dfrac{m}{k}}$と表せる。物体がはじめて静止するのは，速度が0になり折り返す瞬間だから，それまでの時間は$\dfrac{T}{2} = \pi\sqrt{\dfrac{m}{k}}$である。 (3) 物体がはじめて静止する位置を$x(>0)$とする。動摩擦力がする仕事を考慮してエネルギー保存の式を立てると，$\dfrac{1}{2}k(2d)^2 - \dfrac{4}{5}\mu mg \times (2d+x) = \dfrac{1}{2}kx^2$である。②を代入して整理して，$5x^2 + 8dx - 4d^2 = 0$となる。これは$x$の2次方程式である。これを解くと，$(5x - 2d)(x + 2d) = 0$より，$x = \dfrac{2}{5}d$，$-2d$である。$x > 0$より，$x = \dfrac{2}{5}d$である。

【4】 1 (1) $^{14}_{6}\text{C} \rightarrow ^{14}_{7}\text{N} + \text{e}^-$（$\beta$線） (2) 1.9×10^3〔年〕

2 (1) ア 38 イ 2 (2) 0.199〔u〕 (3) 2.97×10^{-11}〔J〕

(4) 1.9×10^3〔kg〕

〈解説〉1 (1) β崩壊は，原子核の中の中性子が電子を放出して陽子に変わるものである。陽子が増えるので，原子番号は1つ増え原子の種類が変わるが，質量数は変わらない。したがって，$^{14}_{6}\text{C} \rightarrow ^{14}_{7}\text{N} + \text{e}^-$である。 (2) 求める年数を$t$〔年〕，木材に存在したはじめの$^{14}_{6}\text{C}$の量

をAとおく。半減期の式より，$0.8A=A\left(\dfrac{1}{2}\right)^{\frac{t}{5730}}$である。両辺を，底を10とした対数をとって，$\log_{10}\dfrac{8}{10}=\dfrac{t}{5730}\times\log_{10}\dfrac{1}{2}$となる。これを整理して$t=5730\left(\dfrac{1-3\log_{10}2}{\log_{10}2}\right)$である。$\log_{10}2=0.3$として計算すれば，$t=1910=1.9\times10^{3}$〔年〕である。　**2** (1) 核反応式では，左辺と右辺の質量数の和と原子番号の和は等しくなる。よって，質量数からイは2であることが分かる。左辺の原子番号の和は92だから，アは38である。(2) 左辺の質量数は235.044u＋1.009u＝236.053uである。また，右辺の質量は93.915u＋139.921u＋2×1.009u＝235.854uである。差をとると，236.053u－235.854u＝0.199uになる。　(3) 1個のウランが核分裂するとき，(2)の質量欠損がもつエネルギーが放出される。放出される質量エネルギーをΔE〔J〕，光の速さをc〔m/s〕，質量欠損をΔm〔kg〕とすると，$\Delta E=c^{2}\times\Delta m$の関係がある。これより，$\Delta E=(3.00\times10^{8})^{2}\times0.199\times1.66\times10^{-27}=2.97\times10^{-11}$〔J〕である。　(4) ウランの原子核1個あたりの質量は，$235.044\times1.66\times10^{-27}\times10^{3}$〔g〕である。ウラン1gに含まれる原子核の個数は，$1\div(235.044\times1.66\times10^{-27}\times10^{3})=2.5629\times10^{21}$〔個〕である。この原子核がすべて核分裂したときに放出するエネルギーは，(3)より$2.5629\times10^{21}\times2.97\times10^{-11}=7.6118\times10^{10}$〔J〕になる。石油1.0kgが燃焼するときに放出されるエネルギーが4.0×10^{7}Jなので，$7.6118\times10^{10}\div(4.0\times10^{7})=1.9\times10^{3}$〔kg〕である。なお，途中の計算では有効数字を多めにとっている。

【化学】

【1】1　キセロ　2　塩化マグネシウム　3　煮呉を絞る時，熱いため，火傷に注意する。(20字)　4　イ　やす　ウ　親水　エ　塩析　5　(1) チンダル現象　(2) 透析　6　1.0×10^{3}個

〈解説〉1　ゲルが乾燥したものをキセロゲルと呼ぶ。代表例は乾燥させた寒天やシリカゲルである。　2　にがりは，海水から採れる塩化マグネシウムを主成分とする食品添加物である。　3　解答参照。
4　水との親和性が大きい(水和しやすい)コロイドを親水コロイドと呼

び，親和性が小さい(水和しにくい)コロイドを疎水コロイドと呼ぶ。親水コロイドに多量の電解質を加えるとコロイドが沈殿する。この現象を塩析と呼ぶ。これは水和していた水を失うためである。

5 (1) コロイド粒子は，比較的大きい粒子であるため，レーザーポインタを用いて溶液中に光を照射すると，光がコロイド粒子に衝突して散乱する。この現象をチンダル現象という。 (2) セロハンなどの半透膜を用いて，コロイド粒子などの大きな物質と水やイオンなどの小さな物質とを分離する操作を透析という。小さな物質は半透膜を透過するが，大きな物質は透過できない。 6 ファントホッフの法則から，コロイド粒子のモル濃度は，$\Pi V = nRT$ より，$n = \dfrac{\Pi V}{RT} =$

$$\dfrac{(1.24 \times 10^2 \times \frac{100}{1000})}{8.3 \times 10^3 (273 + 27)} \fallingdotseq 4.97 \times 10^{-6} \,[\text{mol/L}]$$

となる。一方，溶液中に存在する鉄(III)イオンのモル濃度は，$0.500 \times \dfrac{10}{1000} = 5.00 \times 10^{-3}\,[\text{mol/L}]$ である。したがって，コロイド粒子1個中に含まれる鉄(III)イオンの数は，$\dfrac{5.00 \times 10^{-3} \times 6.02 \times 10^{23}}{4.97 \times 10^{-6} \times 6.02 \times 10^{23}} \fallingdotseq 1.0 \times 10^3\,[\text{個}]$

【2】1 ① ボーキサイト ② アルミナ 2 (1) 水酸化ナトリウム (2) 符号…オ 慣用名…プロピレン 3 ③ 水素 ④ 大きい 4 不動態 5 (1) テルミット法 (2) $2Al + Fe_2O_3 \rightarrow 2Fe + Al_2O_3$ 6 (1) $1.93 \times 10^{10}C$ (2) ① $x + y = 9.50 \times 10^4$ $(12x + 12y = 1.14 \times 10^6)$ ② $2x + y = 1.00 \times 10^5$ $(9.65 \times 10^4 \times (4x + 2y) = 1.93 \times 10^{10})$ ③ $5.00 \times 10^3 \text{mol}$

〈解説〉1，2 解答参照。 3 電気分解で単体の金属が得られるのは，水素よりもイオン化傾向の小さな元素(銅など)である。例えば，塩化アルミニウムの場合，アルミニウムは水素よりもイオン化傾向が大きい(イオン化しやすい)ので，陰極ではアルミニウムが析出しないで水素が優先的に生成し，陽極では塩素が生成する。 4 金属表面に酸化皮膜が形成された状態を不動態という。この皮膜は酸などに対する

耐食性を有し，金属内部を保護する機能がある。　5　酸化鉄(Ⅲ)とアルミニウム粉末の混合物を点火すると，テルミット法として知られる酸化還元反応が進行し，アルミニウムが酸化され，酸化鉄が還元される。　6　(1)　1.80×10^6〔g〕のアルミニウムの物質量は，$\dfrac{1.80 \times 10^6}{27}$〔mol〕であり，1molのアルミニウムを生成するために電子3molが必要であるため，電気分解で流れた電子の物質量は，$3 \times \dfrac{1.80 \times 10^6}{27} = \dfrac{5.4 \times 10^6}{27}$〔mol〕である。ファラデーの電気分解の法則から，電気量は，$9.65 \times 10^4 \times \dfrac{5.4 \times 10^6}{27} = 1.93 \times 10^{10}$〔C〕となる。　(2)　CO_2に変化したCをx〔mol〕，COに変化したCをy〔mol〕とする。反応式から，1molのCO_2を生成するためにCは1mol必要であり，1molのCOを生成するためにCは1mol必要であり，消費されたCの物質量が$\dfrac{1.14 \times 10^6}{12} = 9.50 \times 10^4$〔mol〕であるため，陽極で減少した物質量と$x$と$y$の関係は，$x + y = 9.50 \times 10^4$　…①　となる。また，(1)から電気量が1.93×10^{10}〔C〕であり，ファラデー定数が9.65×10^4〔C/mol〕であるため，電子の物質量は$\dfrac{1.93 \times 10^{10}}{9.65 \times 10^4} = 2.00 \times 10^5$〔mol〕となる。1molの$CO_2$を生成するために4molの電子が必要であり，1molのCOを生成するためには2molの電子が必要であるため，電気量とxとyの関係は$4x + 2y = 2.00 \times 10^5$　∴　$2x + y = 1.00 \times 10^5$　…②　となる。①と②から，生成したCO_2の物質量x〔mol〕は5.00×10^3〔mol〕となる。

【3】1　①　アセトアニリド　　②　アニリン　　③　ベンゼン　　④　フェノール　　⑤　サリチル酸　　⑥　アセチルサリチル酸　2　無水酢酸　　3　ジアゾ化　　4　ア　B　　イ　対症療法　5　フェノール　　6　1.3g

〈解説〉1　解答参照。　2　アニリンと無水酢酸を反応させる(アセチル化)と，アセトアニリドが生成する。アセトアニリドは，解熱剤としての効能があるが中毒作用が強いため現在はあまり使用されていない。　3　アニリンと塩酸と亜硝酸ナトリウムを反応させると，塩化ベンゼンジアゾニウムが生成する(ジアゾ化)。　4　解答参照。　5　塩化ベ

ンゼンジアゾニウムと電子豊富な芳香族化合物(フェノールなど)とを低温で注意深く反応させるとジアゾ化合物が生成する。反応温度が高いと塩化ベンゼンジアゾニウムが分解し，フェノールと塩酸と窒素を生じる。　6　⑤($C_7H_6O_3$)の分子量は，$12×7+1×6+16×3=138$であり，化合物⑥($C_9H_8O_4$)の分子量は，$12×9+1×8+16×4=180$である。したがって，1gの化合物⑤の物質量は，$\dfrac{1}{138}$〔mol〕であり，反応率が100％と仮定すると，生成する化合物⑥の質量は，$180×\dfrac{1}{138}≒1.30$〔g〕となる。

【4】1　①　ペプチド　　②　α-ヘリックス　　③　β-シート
　　④　ジスルフィド　　⑤　基質特異性　2　①　タンパク質
　　②　プロテアーゼ　　③　変性　3　①　試薬・操作…イ
　　結果…C(B)　　②　試薬・操作…ア　　結果…A　　③　試薬・操作
　　…エ　　結果…B(C)　4　8.3％

〈解説〉1　解答参照。　2　パイナップルにはタンパク質分解酵素(プロテアーゼ)が含まれる。　3　①　ビウレット反応は，タンパク質やポリペプチドの検出に利用される反応のひとつであり，タンパク質の溶液に水酸化ナトリウムと硫酸銅の水溶液を加えると，溶液が赤紫色〜青紫色に呈色する。　②　キサントプロテイン反応は，タンパク質の検出に利用される反応のひとつであり，濃硝酸を加えて加熱すると黄色に呈色し，冷却後，アンモニアを加えると橙黄色を呈する。
③　ニンヒドリン反応は，ニンヒドリンとα-アミノ酸との間の呈色反応であり，赤紫色〜青紫色の色素を生成する。　4　アンモニアの物質量をx〔mol〕とすると，0.050mol/Lの希硫酸20mLが，x〔mol〕のアンモニアと0.100mol/Lの水酸化ナトリウム水溶液10mLと中和したので，$2×0.050×\dfrac{20}{1000}=x+0.100×\dfrac{10}{1000}$　∴　$x=1×10^{-3}$〔mol〕となる。アンモニアが全てタンパク質由来であるため，窒素の物質量は$1×10^{-3}$〔mol〕，その質量は$14×1×10^{-3}=1.4×10^{-2}$〔g〕である。タンパク質中の窒素の割合が16.0％であるため，タンパク質の質量をy〔g〕とする

と，$100 : 16 = y : 1.4 \times 10^{-2}$，$y = \dfrac{1.4}{16} = 0.0875$〔g〕である。し

たがって，食品中のタンパク質の割合は，$\dfrac{0.0875}{1.05} \fallingdotseq 0.083$　∴　8.3%

【生物】

【1】1　(1)　甲状腺刺激ホルモン　　　(2)　e　　　(3)　ウ　　　(4)　イ

2　(1)　①　副交感　　　②　グルカゴン　　　③　アドレナリン

④　副腎皮質刺激ホルモン　　　⑤　糖質コルチコイド　　　(2)　ア

(3)　エ

〈解説〉1　(1)　ホルモンXはチロキシン(甲状腺ホルモン)で，内分泌腺
は甲状腺である。ホルモンYは甲状腺刺激ホルモンで，内分泌腺は脳
下垂体前葉である。　　(2)　正常なラットの場合，Xの分泌量はY(刺激
ホルモン)の刺激により増す。3週間後のXの注射により，Yは甲状腺を
刺激する必要が少なくなり，分泌量が減少して血中濃度が低下した。
Xの注射量を5倍にすると，Yが甲状腺を刺激する必要性がさらに低く
なるので曲線bよりも下のeとなる。　　(3)　ステロイドホルモン，甲状
腺ホルモンは，疎水性があるため，細胞膜を透過し，細胞質あるいは
核にある受容体と結合する。　　(4)　放出ホルモンは，脳下垂体前葉か
ら刺激ホルモンの分泌を促進する働きをする。Xの血中濃度が低いと
きは，放出ホルモンの分泌が増加する。逆にXの血中濃度が正常のと
きは，分泌が減少する。　　2　(1)　血糖量を増加させるのは交感神経
が，低下させるのは副交感神経が関係する。血糖量を増加させるホル
モンは，グルカゴン(ランゲルハンス島A細胞)，アドレナリン(副腎髄
質)，糖質コルチコイド(副腎皮質)などがある。逆に低下させるホルモ
ンは，インスリン(ランゲルハンス島B細胞)だけである。　　(2)　ヒト
の脳下垂体はソラマメ大で約0.7gである。　　(3)　健康なヒトの血糖量
は，血液100mL中に約100mg(約1%)含まれている。食事後は120〜
130mg程度に高くなる。180mgよりも高くなると，腎臓の腎細管での
糖の再吸収がしきれず，尿に糖が出る(糖尿病)。

【2】1 ① 2　② 4　③ オキサロ酢酸　④ FAD　⑤ 10
⑥ 8　2 酵母がより効率のよい好気呼吸を行うようになるから(24
字)　3 (ATP合成量は) 少なくなる　4 0.83　5 82.6〔kg〕
〈解説〉1 細胞質基質における反応経路は, (好気)呼吸も発酵も共通で
あり, 解糖系という。1分子のグルコースが2分子のピルビン酸に分解
される過程で, 2ATP消費するが4ATP合成されるので差し引き2ATP生
じることになる。ピルビン酸はミトコンドリアのマトリックスでアセ
チルCoAを経てクエン酸回路に入る。この過程で脱炭酸されるととも
に, 還元型補酵素のNADH＋H_2が4カ所, $FADH_2$が1カ所でできる。こ
れらは, ミトコンドリア内膜の電子伝達系でエネルギーを放出しATP
を生成する。　2 酵母菌の発酵は, 好気条件下で抑制され, (好気)呼
吸が活発になる。酸素があると好気呼吸をして糖を効率的に消費する
ことができる。1分子のグルコースから生成するATPは, 発酵では2分
子に対して(好気)呼吸では38分子と19倍も多く生成できる。　3 H^+
がミトコンドリアの内膜にあるATP合成酵素を透過する時にATPが合
成される。内膜のH^+の透過性を高めると, ATP合成酵素を透過する
H^+量が少なくなるので, ATP合成量は低下する。　4 バリンの酸素
による酸化分解は次の化学反応式で示される。　$C_5H_{11}O_2N+6O_2\rightarrow$
$5CO_2+4H_2O+NH_3$　呼吸商(RQ)は次の式で求められることができる。
$RQ=\dfrac{CO_2\text{の体積}}{O_2\text{の体積}}=\dfrac{5}{6}=0.83$　(気体の状態方程式より, 気体の体積比
＝気体のmol比)　5 完走までにATP合成に使われた酸素量をA〔L〕
とすると, Aは次の式による計算で求められる。　$A=8.0\times10^{-2}$
〔L〕×0.8×60〔kg〕×1.50×10^2〔分〕＝5.76×10^2〔L〕　Aの酸素の
物質量をBとすると, Bは次の式による計算で求められる。$B=\dfrac{A}{22.4}$
$=\dfrac{5.76\times10^2}{2.24\times10}=\dfrac{5.76\times10}{2.24}$　ところで, 呼吸の化学反応式より吸収酸素
量と合成ATP量には次の量的関係がある。　$6O_2\rightarrow38ATP$　これより,
合成されたATPの物質量をCとすると, Cは次の式による計算で求めら
れる。　$C=\dfrac{B\times38}{6}=\dfrac{5.76\times3.8\times10^2}{2.24\times6}$　求めたATPの物質量CにATPの
分子量5.07×10^{-1}〔kg〕を掛けてATPの質量Dを求める。

$$D = \frac{5.76 \times 3.8 \times 5.07 \times 10}{2.24 \times 6} = 82.56 = 82.6 〔kg〕$$

【3】1　(1)　エ　　(2)　ア　　(3)　モルフォゲン　　2　(1)　①　ニュ
ーコープ　　②　中胚葉　　(2)　ウ　　(3)　幹細胞　　3　①　ホメ
オティック　　②　アンテナペディア　　③　ホメオボックス
④　Hox

〈解説〉1　(1)　ニワトリなどの鳥類は動物極に胚盤ができる盤割をする。
ア　ニワトリの人工ふ化は，37.4～38℃で行う。　イ　受精卵が卵割
をする。　ウ　ニワトリなど鳥類は卵殻のある卵を生むので体内受精
を行う。卵を生んだ後では受精しない。　オ　発生初期では肢芽以外
でも移植可能な部位はある。　(2)　正常な宿主の指の形成位置である
2-3-4の2-3の間で，極性中心であるZPA組織により(2-3)の指が分化して，
2-(3-4)-3-4と分化すると予想できる。組織には極性(方向性)があり，移
植ZAPを逆方向に移植しない限り，［前←2-3-4→後］の極性は維持さ
れる。　(3)　前記の極性現象は，濃度によって発生の結果をもたらす
ような物質により生じる。そのような物質を，形態形成
(morphogenesis)をおこす物質という意味で，モルフォゲン(morphogen)
という。　2　(1)　オランダのニューコープは，胞胚期の動物極側の
領域(アニマルキャップ)，植物極側の領域，その中間領域の3種の組織
の組み合わせによる発生の比較により，発生過程の最初の誘導現象が
胞胚期にみられることを明らかにした。　(2)　アポトーシスは遺伝的
にプログラム化されており，カスパーゼと呼ばれるタンパク質分解酵
素や，DNA分解酵素が連鎖的に活性化される結果，細胞の膜構造は維
持されたまま，DNAが断片化し核が崩壊。細胞全体が断片化して死に
至る。　(3)　自己複製能をもち，さまざまな，あるいは特定の細胞に
分化する能力を持つ細胞を幹細胞という，造血幹細胞，表皮幹細胞，
肝幹細胞など，いろいろある。　3　ショウジョウバエの発生のしく
みでは次のような段階があきらかになっている。まず体節構造の形成
で，母性効果遺伝子により卵の前後軸が決まる。分節遺伝子(ペアルー

ル遺伝子やセグメント・ポラリティー遺伝子)により体が大まかな部分に分けられる。さらにホメオティック遺伝子によりそれぞれの体節が特定の組織へと分化していく。それらの遺伝子はいずれも調節遺伝子として働いている。哺乳類の体軸を決める遺伝子もショウジョウバエとほぼ同じで，その染色体上の配列順序と類似性が高い。それらのホメオティック遺伝子に相同な遺伝子はすべての真核生物にあり，Hox遺伝子群とよばれている。

【4】1 (1) ① 細菌(真正細菌) ② 古細菌 ③ 真核生物
(2) ウ 2 (1) ウ (2) イ (3) エ (4) エ
3 (1) ① ウ ② エ ③ オ (2) 288〔個〕

〈解説〉1 (1) 細菌ドメイン(バクテリア)，古細菌ドメイン(アーキア)，真核生物ドメイン(ユーカリア)。細菌・古細菌ドメインは原核生物である。 (2) 原核生物はrRNAの塩基配列の解析から細菌ドメインと古細菌ドメインに分けられることが明らかになった。さらに，真核生物に近いのは古細菌ドメインであることもわかった。 2 (1) クラゲは有櫛動物で外胚葉と内胚葉からなる二胚葉性の動物である。プラナリアは扁形動物・三胚葉性だが体腔はない。センチュウは線形動物・三胚葉性である。ウニは外胚葉(神経など)・中胚葉(骨片など)・内胚葉(消化管など)の3つの胚葉由来の組織からなる器官からできている。ミミズは環形動物・真体腔をもつ。 (2) ヒトデはウニと同じ棘皮動物であり，成体の口は原口の反対側に新たにできる。アサリ・イカは軟体動物，ゴカイは環形動物，カニは節足動物・甲殻類，にそれぞれ属する。 (3) ナマコはウニと同じ棘皮動物である。サメは軟骨魚，ヤツメウナギは顎口類・無顎類，ナメクジウオとホヤは原索動物，にそれぞれ属する。 (4) カイチュウは線形動物で脱皮して大きくなる。ワムシは輪形動物，タコは軟体動物，サナダムシは扁形動物，ヒルは環形動物，にそれぞれ属する。 3 (1) ハーディ・ワインベルクの法則が成立する条件を問う問題である。個体群について，個体数が十分大きく(遺伝的浮動が起こらない)，移出や移入がなく，突然変

異がなく，自然選択が生じず，自由に交配が起こるというような集団では遺伝子頻度は変化しない。　(2)　この集団の遺伝子と遺伝子頻度は，(0.6A＋0.4a)の式で示すことができる。この集団内で自由交配が行われた場合，次代の遺伝子型とその頻度は，次の式の計算で求めることができる。　$(0.6A＋0.4a)^2＝0.36AA＋0.48Aa＋0.16aa$　　Aa個体の頻度は$\frac{0.48}{1}$であるから，600個の中では，600×0.48＝288の計算で求められる。

2018年度　実施問題

中　高　共　通

解答の際，原子量は次の値を使いなさい。
H＝1.0　　C＝12　　O＝16　　Na＝23　　Mg＝24　　Cu＝64

【1】エンドウの受精とメンデルの法則に関する次の文章を読んで，あと
の問いに答えなさい。

　丸い種子をつくる純系のエンドウの花粉を，しわのある種子をつく
る純系のエンドウの花のめしべの柱頭につけると花粉から(①)が
のび，(①)の中を移動してきた精細胞が，胚珠の中にある卵細胞
の核と合体し(②)ができる。(②)は細胞分裂をくり返して
(③)になり，胚珠全体は発達して種子になる。この種子はすべて
丸い形質であり，これをF₁世代とする。この種子をまいて自家受粉さ
せて育てたところ，次のF₂世代では丸い種子が1200個，しわのある種
子が400個できた。さらに，このF₂世代をそれぞれ自家受粉させてでき
た次のF₃世代では，丸い種子としわのある種子は(④)の割合であ
った。

1　文章中の(①)～(④)に入る適切な語句や比を書きなさい。
2　種子を丸くする遺伝子をR，しわにする遺伝子をrとすると，下線
　部の卵細胞が持つ遺伝子型はどう表されるか，書きなさい。
3　エンドウの種子のRとrのように，互いに対になる形式を決定する
　遺伝子を何というか，書きなさい。
4　F₁世代の個体が生殖細胞をつくるとき，Rとrはお互いに別々の生殖
　細胞に入る。この法則を何というか，書きなさい。
5　F₂世代の種子のうち，F₁世代の種子と同じ遺伝子の組み合わせを持

っているものの数として，最も適切なものを，次のア～オから1つ
選び，その符号を書きなさい。

ア　300　　イ　400　　ウ　600　　エ　800　　オ　1200

(☆☆☆◎◎◎◎)

【2】図は日本付近にみられる低気圧の様子を表している。あとの問いに
答えなさい。

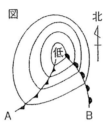

1　図のように，気圧が等しい地点をなめらかな曲線で結んだものを
何というか，書きなさい。

2　図に表される低気圧は，通常，西から東へ移動する。この移動の
原因となる日本上空に吹いている風を何というか，書きなさい。

3　図の前線Aにともなって見られる雲を，次のア～エから1つ選び，
その符号を書きなさい。

ア　乱層雲　　イ　積乱雲　　ウ　高層雲　　エ　巻層雲

4　図の前線Aが前線Bに追いついたときにできる前線を何というか，
書きなさい。また，その前線を表す記号を以下に書きなさい。

————————————

5　夏に発達する気団の影響により，日本は蒸し暑くなり，時には局
地的大雨が生じる。この気団を何というか，書きなさい。

6　ある夏の夕方，雨は降っていなかったが，空は全体の半分程度が
雲に覆われていた。グラウンドの旗は北東にたなびき，風力は3で
あった。これらの観測結果を表す天気図の記号を書きなさい。

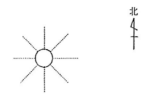

北

(☆☆☆◎◎◎)

【3】銅粉をステンレス皿に広げ，黒くなるまで加熱した後，ステンレス皿上の物質の質量をはかり，さらにじゅうぶんに加熱した後，物質の質量をはかる操作を加熱後の物質の質量が変化しなくなるまで行った。表は，銅粉の質量を変えて実験を行った結果である。あとの問いに答えなさい。

表

加熱する前の 銅粉の質量〔g〕	0.62	0.88	1.40	1.80
加熱後の 物質の質量〔g〕	0.78	1.10	1.74	2.25

1　この実験で銅粉をステンレス皿全体に広げた理由として適切なものを，次のア〜オから1つ選び，その符号を書きなさい。

　ア　気体の発生を妨げないようにするため

　イ　加熱後，物質が冷えやすくするため

　ウ　銅粉が空気と触れやすくするため

　エ　物質の質量をはかりやすくするため

　オ　熱がステンレス皿全体に伝わりやすくするため

2　実験結果からわかる，加熱する前の銅粉の質量aと実験後の物質の質量bの比(a：b)を，最も簡単な整数比で書きなさい。

3　この実験結果から推察される，銅と酸素が化合する反応の化学反応式を書きなさい。

4　3の化学反応式の生成物である黒色物質の名称を，銅の酸化数に注意して書きなさい。

5　銅粉を1.80g使用したときの操作の途中で，ステンレス皿上の物質

の質量をはかったところ2.10gであった。このとき，まだ酸素と化合せずに残っていると考えられる銅粉の質量は何gか，最も適切なものを，次のア〜オから1つ選び，その符号を書きなさい。

　　ア　0.60g　　イ　0.65g　　ウ　0.70g　　エ　0.75g　　オ　0.80g

6　この操作で，銅粉ではなくマグネシウムリボンを使用して，マグネシウムと実験後の物質の質量を測定した。一定量の酸素と化合する銅とマグネシウムの質量比はどのようになると考えられるか。最も簡単な整数比で求めなさい。

(☆☆☆◎◎◎)

【4】水の密度を1.0g/cm³，100gの物体にはたらく重力の大きさを1.0Nとして，あとの問いに答えなさい。

図

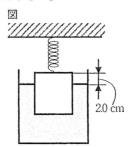

2.0 cm

表

加えた力〔N〕	3.0	6.0	9.0
ばねの伸び〔cm〕	12.0	24.0	36.0

1　水中にある物体にはたらく力について説明した次の文章中の(①)〜(④)に入る適切な語句を書きなさい。

　　水の中ではからだが浮くことから，水中ではからだに上向きの力がはたらいていると考えられる。この力を(①)といい，物体にはたらく(①)の大きさは，その物体の水中部分の体積と同じ体積の(②)にはたらく(③)の大きさに等しい。これを(④)

の原理という。

2　質量1.5kgで1辺が10.0cmの立方体をばねにつるし，図のように，立方体が水面から2.0cmだけ出るようにして水槽に沈めた。表は，このばねに加えた力とばねの伸びの関係を表したものである。また，ばねの質量と体積は無視できるものとする。

(1)　ばねが立方体を引く力は何Nか，有効数字2桁で求めなさい。

(2)　立方体に下向きの力を加えて，ばねをさらに2.0cmだけ伸ばすためには何Nの力を加えればよいか，有効数字2桁で求めなさい。

3　密度0.92g/cm³の氷が水に浮いているとき，水面下の氷の体積は水面上の氷の体積の何倍か，整数値で求めなさい。

(☆☆☆◎◎◎)

中 学 理 科

【1】図1はヒトの目の横断面を，図2は盲斑検出の実験のようすを，図3はヒトの耳の構造をそれぞれ模式的に表したものである，あとの問いに答えなさい。

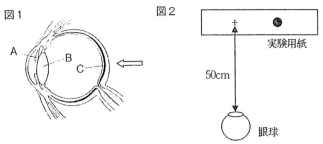

図1

図2

実験用紙

50cm

眼球

図3

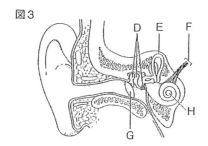

1　図1のA～Cの各部の名称を書きなさい。

2　次の文はヒトの目の近視眼の矯正について書いたものである。(①), (②)に入る言葉の組み合わせとして適切なものを，下のア～エから1つ選び，その符号を書きなさい。

　　近視眼のヒトは遠方の物体の像がCよりも(①)にできるため，(②)レンズで矯正することで，物体の像を鮮明に見ることができる。

ア　① 前　　② 凸　　イ　① 前　　② 凹
ウ　① 後ろ　② 凸　　エ　① 後ろ　② 凹

3　黒板に書いてある「視神経」という文字を見ているときに，Cにできる像を矢印の向きから見たときの図として適切なものを，次のア～エから1つ選び，その符号を書きなさい。

ア　視神経　　イ　視神経　　ウ　視神経　　エ　視神経

4　図1のCには，視神経が束になって出ている盲斑とよばれる部分があるが，ここに結ばれた像は見えない。この理由を以下に合うように書きなさい。

　　盲斑には(　　　)がないから

5　図1のCには，浅いくぼみの黄斑とよばれる部分がある。図2に表される実験用紙を使って盲斑検出の実験を行い，黄斑から盲斑までの距離を求めた。左目を閉じ，右目で真っすぐ『＋』を注視しながら，用紙を遠近の方向に動かすと，用紙と眼球の距離が50cmのとき，

●が見えなくなった。実験用紙の●と＋の距離が10cmで，眼球の直径が2.0cmであるとき，この眼球の黄斑から盲斑までの距離は何cmか，次のア〜エから1つ選び，その符号を書きなさい。

　　ア　0.04cm　　　イ　0.25cm　　　ウ　0.40cm　　　エ　0.50cm

6　図3のD〜Hの各部の名称を書きなさい。

7　図3のD〜Hのうち，次の①〜③のはたらきをする部分を選び，その符号を書きなさい。

　①　空気の振動をとらえて振動する。

　②　からだの回転をとらえる。

　③　内部に満たされた液体で音の刺激を受け取る。

（☆☆☆◎◎◎◎◎）

【2】地層の重なり方に関する，あとの問いに答えなさい。

　　図1は，ある地域の地形を表しており，図2は図1のA〜C点において行ったボーリング調査の結果を，柱状図で表したものである。なお，この地域の地層は一定の傾きで連続して広がっており，地層の上下の逆転や断層は見られない。また，凝灰岩の層は1つしかないことがわかっている。

図1

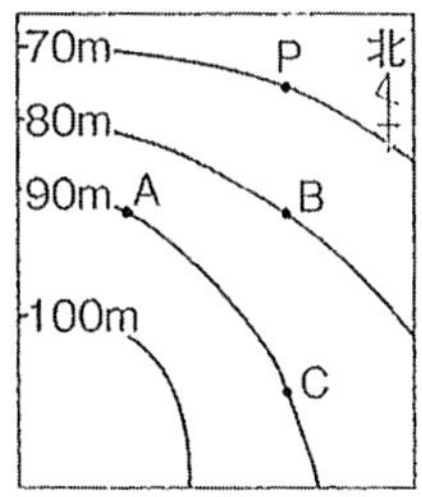

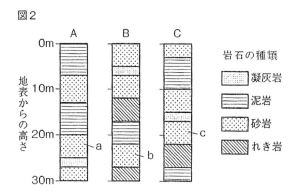

図２

1　凝灰岩は何が堆積してできたものか，次のア～エから1つ選び，符号で書きなさい。

　　ア　火山灰　　イ　貝類の殻　　ウ　マグマ

　　エ　ケイソウの死骸

2　A～C点のように離れた地層の年代を比較するときに手がかりとなる層を一般に何というか，書きなさい。

3　図2のa～cの砂岩の層を堆積した順に並べて，その符号を書きなさい。

4　この地域の地層は，東西南北のどの方角に低くなっているか，書きなさい。

5　図1中のP地点において，地表から深さ5mのところにみられる岩石の種類は何と考えられるか，書きなさい。

6　このような地層では化石が見られることがある。例えばサンゴのように，地層が堆積した当時の環境を知る手がかりになる化石を何というか，書きなさい。

7　古生代に堆積したと考えられる地層に含まれる化石を，次のア～オから2つ選び，その符号を書きなさい。

　　ア　フズリナ　　　　　イ　ナウマンゾウ　　　ウ　ビカリア

　　エ　サンヨウチュウ　　オ　デスモスチルス

8　海岸の崖や河床など，地層や岩石が地表に現れているところを何

というか，書きなさい。

(☆☆☆◎◎◎)

【3】硝酸カリウムKNO_3は火薬に酸化剤として配合する薬品である。現在では，アンモニアから硝酸を経て生産されるが，ハーバー・ボッシュ法とよばれるアンモニア合成法が確立するまでは，天然に析出する結晶や有機物から得ていた。例えば，有機物の分解で生成する硝酸カルシウムの水溶液に，植物を燃やした灰を混ぜることで硝酸カリウム水溶液とし，それを冷やすと硝酸カリウムの結晶を析出させることができる。次の問いに答えなさい。

1　固体の溶解度は，一般に高温ほど大きくなる。この温度による溶解度の差を利用して，固体を得る方法を何というか，書きなさい。

2　表は，硝酸カリウムKNO_3の水に対する溶解度を表したものである。

表

温度	水100 gに対して溶かすことのできる KNO_3 の質量
40℃	64 g
20℃	32 g
10℃	22 g

(1)　40℃で水100gに硝酸カリウムを溶かして飽和させ，その飽和水溶液を10℃に冷却すると何gの硝酸カリウムが得られるか，整数値で求めなさい。

(2)　40℃の硝酸カリウム飽和水溶液820gを10℃に冷却すると，何gの硝酸カリウムが析出するか，整数値で求めなさい。

(3)　40℃で質量パーセント濃度が25％の硝酸カリウム水溶液が210gある。この硝酸カリウム水溶液を，加熱して水を蒸発させた後，再び冷却して，質量パーセント濃度が35％で，40℃の硝酸カリウム水溶液をつくりたい。何gの水を蒸発させればよいか，整数値で求めなさい。

3　硝酸カリウムは，硝酸に対してカリウムを含んだ強塩基を作用させることによっても得られる。この反応の化学反応式を書きなさい。

4　ハーバー・ボッシュ法は，窒素と水素を高圧の条件の下，直接反応させるアンモニアの工業的製法である。この製法において生じている反応を化学反応式で書きなさい。

5　アンモニアの性質として適切なものを，次のア～エから2つ選び，その符号を書きなさい。

ア　水に溶けやすい　　　　　　　　イ　空気より重い
ウ　緑色のBTB溶液を青色に変える　　エ　無色・無臭である

（☆☆☆◎◎◎）

【4】10Vの電圧をかけたとき，0.40Aの電流が流れる電熱線がある。この電熱線の抵抗は常に一定であるとして，次の問いに答えなさい。

1　電熱線の抵抗を，整数値で求めなさい。

2　電熱線2本と10Vの直流電源を用いて，図1及び図2で表される回路をつくり電熱線に電流を流した。それぞれの回路において1本の電熱線に流れる電流の強さを，有効数字2桁で求めなさい。

図1

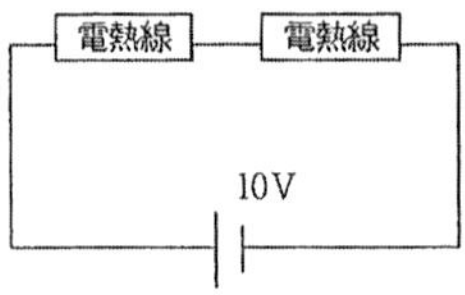

図2

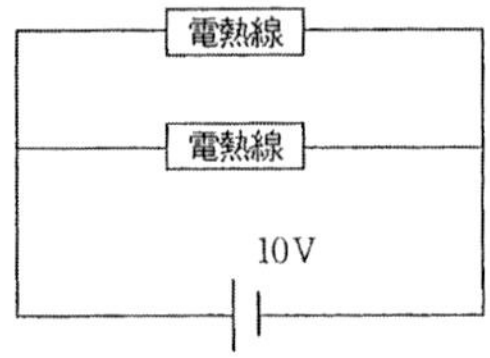

10V

10V

3　図3のように，10Vの直流電源に接続した1本の電熱線を水の中につけて5.0分間電流を流すと，水の温度が3.0℃上昇した。

水の比熱を4.2J/(g・℃)として，次の問いに答えなさい。ただし，図3～図5に示す水槽には同じ量の水が入っており，電波が流れる前の水温は同じである。また，水中の電熱線から発生した熱はすべて水槽の水の温度上昇に使われ，外部に逃げないものとする。

(1)　水槽中の水の質量を，整数値で求めなさい。

(2)　電熱線3本と10Vの直流電源を用いて，図4及び図5で表される回路をつくった。図4の回路では1本の電熱線を，図5の回路では2本の電熱線を水につけて，ともに5.0分間電流を流したとき，水

の温度は何℃上昇するか，有効数字2桁で求めなさい。

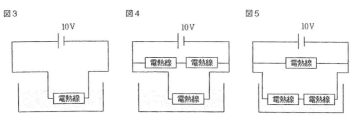

図3　　　　　　　　　　図4　　　　　　　　　　図5

4　図3〜図5の回路を用いて実験を行うときには，水槽にくみ置きの水を入れる。この理由を簡潔に答えなさい。

(☆☆◎◎◎)

高 校 理 科

【物理】

【1】花子先生は，等速円運動する物体について調べる実験を，下の(a)〜(f)の手順で生徒に行わせた。準備物は，ガラス管，釣り糸，ものさし，ゴム栓，おもり，ストップウォッチである。重力加速度の大きさをg，円周率をπとし，空気抵抗や釣り糸とガラス管との摩擦，ゴム栓の大きさ，釣り糸の質量は無視できるとして，あとの問いに答えなさい。

図

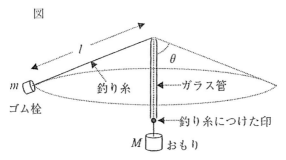

＜手順＞

(a)　ガラス管に通した長さ1mの釣り糸の，一端に質量mのゴム栓を，

もう一端に質量Mのおもりをつける。

(b)　回転している釣り糸の長さlを一定にするための目印として，ガラス管の下端にあわせて釣り糸に印をつける。

(c)　図のように，ガラス管の下端に釣り糸の印がくるようにして，ゴム栓を水平に円運動させる。

(d)　ストップウォッチを用いて，10回転ごとの時間を数回測定し，その平均から円運動の周期Tを求める。

(e)　おもりの質量Mを一定にしたまま，回転している釣り糸の長さlの値を変化させて同様の実験を行い，周期Tを求める。

(f)　回転している釣り糸の長さlを一定にしたまま，おもりの質量Mを変化させて同様の実験を行い，周期Tを求める。

1　円運動の角速度ωを，T，πを用いて書きなさい。

2　等速円運動しているゴム栓に，実際にはたらいている力の名称をすべて書きなさい。

3　花子先生は，この実験について次の文章のように説明した。（　①　）～（　④　）に入る適切な式をそれぞれ書きなさい。ただし，釣り糸と鉛直方向とのなす角をθとする。

　　等速円運動しているゴム栓の回転半径は（　①　）であり，向心力はMを用いて（　②　）と表される。従って，角速度ωを用いて運動方程式は（　③　）と書けるため，（　④　）を測定せずに，回転している釣り糸の長さlや釣り糸の張力を変化させて，角速度ωとの関係を調べていく。

4　手順(e)から得られたデータをグラフ用紙にプロットし，lとωの関係を明らかにしたい。グラフを直線にするためには縦軸，横軸の値はそれぞれ何にすればよいか。lまたはωを用いて書きなさい。

5　手順(f)から得られたデータをグラフ用紙にプロットし，Mgとωの関係を明らかにしたい。グラフを直線にするためには縦軸，横軸の値はそれぞれ何にすればよいか。Mgまたはωを用いて書きなさい。

6　手順(d)で，1回転ではなく複数回転する時間から円運動の周期を求めている。その理由を書きなさい。

(☆☆☆◎◎◎)

【2】ラザフォードは，原子は正電荷をもつ原子核とその周囲を回る電子からなると考えた。そして，この原子模型をもとに，ボーアは量子条件と振動数条件を導入して水素原子についての理論を打ち立てた。クーロンの法則の比例定数をk，プランク定数をh，真空中の光速をc，円周率をπとして，次の問いに答えなさい。

1　水素原子では，質量m，電荷$-e$の電子が速さv，軌道半径aで，電荷$+e$の原子核のまわりを回転していると考える。電子の運動方程式を書きなさい。

2　ラザフォードの原子模型には，原子が安定して存在できない重大な欠点があった。その理由を記述した次の文の（　①　），（　②　）に入る適切な語句をそれぞれ書きなさい。

　　　ラザフォードの原子模型では電子が（　①　）を放射し（　②　）を失うため，原子が安定して存在できない。

3　量子条件は，ド・ブロイの理論によると，電子の軌道の1周の長さが，電子波の波長の整数倍になるとき定常状態になると読み替えることができる。nを正の整数として，電子の速さvをn，h，m，a，πを用いて書きなさい。

4　n番目の定常状態が取り得る電子の軌道半径をn，h，k，m，e，πを用いて書きなさい。

5　この電子が持つ運動エネルギーと静電気力による位置エネルギーの和をn，h，k，m，e，πを用いて書きなさい。ただし，静電気力による位置エネルギーの基準点を無限遠点とする。

6　振動数条件から，電子がn番目の定常状態からn'番目の定常状態へ移るとき放出される光の波長をλとする。このとき，$\dfrac{1}{\lambda}\lambda$を$n$，$n'$，$k$，$m$，$e$，$c$，$h$，$\pi$を用いて書きなさい。ただし，$n'$は正の整数で，$n > n'$とする。

(☆☆☆◎◎◎)

【3】太郎さんは，救急車がサイレンを鳴らして近づくときと遠ざかるときで音の振動数が変わることに興味を持ち，ドップラー効果について

調べ，物理の時間の課題研究で発表した。音速をVとして，次の問い
に答えなさい。

1　まず，太郎さんはドップラー効果がなぜおこるのかを説明した。
その説明を表す次の文章の(①)〜(⑧)に入る適切な式をそ
れぞれ書きなさい。

　　振動数fの音源があり，時刻$t＝0$における音源と観測者との距離を
lとする。

　　図1のように，観測者が静止し音源が観測者に向かって速さv_sで近
づくとき(ただし$v_s＜V$)，時刻$t＝0$に音源を出た音が観測者に到達す
る時刻は(①)，時刻tに音源を出た音が観測者に到達する時刻は
(②)である。(①)の時刻から(②)の時刻の間に観測者は
(③)個の波を受けるので，観測者が聞く音の振動数は(④)で
ある。

図1

音源　　　　　観測者

　　図2のように，音源が静止し観測者が音源から速さv_0で遠ざかると
き(ただし$v_0＜V$)，時刻$t＝0$に音源を出た音が観測者に到達する時刻
は(⑤)，時刻tに音源を出た音が観測者に到達する時刻は(⑥)
である。(⑤)の時刻から(⑥)の時刻の間に観測者は(⑦)
個の波を受けるので，観測者が聞く音の振動数は(⑧)である。

図2

音源　　　　　観測者

2　次に，太郎さんは振動数fのおんさと反射板を使って，良子さんに
直接音と反射音によるうなりを観測してもらった。
(1)　図3のように，反射板に垂直に太郎さんと良子さんが並び，太
郎さんがおんさを鳴らしながら良子さんに一定の速さvで近づい
た。このとき良子さんが観測したうなりの振動数をf'とし，速さv

は音速Vに比べて非常に小さいとして，vを求めなさい。なお，必要であれば，$|x| \ll 1$のとき，$(1+x)^n \fallingdotseq 1+nx$の近似式を用いなさい。

図3

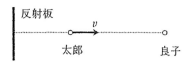

反射板 v 太郎 良子

(2) 図4のように，反射板に垂直に太郎さんと良子さんが並び，太郎さんがおんさを鳴らしている間，反射板を(1)のときと同じ速さvで近づけた。このとき，良子さんが観測したうなりの振動数はf'の何倍か，v，Vを用いて書きなさい。

図4

反射板 v 太郎 良子

(☆☆☆◎◎◎)

【4】 コンデンサーに関する次の問いに答えなさい。

1　図1のように，極板A，B間が真空で間隔がd，電気容量がCの平行板コンデンサーがある。このコンデンサーに，起電力がEで内部抵抗がrの電池と，スイッチSを直列に接続し，スイッチSを閉じ充電を開始した。導線の電気抵抗は無視でき，充電前に極板に電荷は蓄えられていなかったとして，スイッチSを閉じた瞬間の電流の強さを求めなさい。

図1

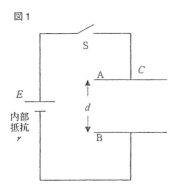

2　回路を流れる電流の値がIのとき，コンデンサーに蓄えられている電気量を求めなさい。

3　次に，スイッチSを閉じたまま，じゅうぶん時間が経過した後，コンデンサーに電荷を蓄えたまま回路から切り離し，図2のように，極板間に極板と同じ面積で厚さが$\dfrac{d}{3}$，比誘電率2の誘電体を，極板と平行かつ2枚の極板からの距離が等しくなるように挿入した。

(1)　誘電体が挿入されたコンデンサー全体の電気容量を求めなさい。

(2)　図2のように，極板A，B間の位置を極板Bからの距離$x(0<x<d)$で表す。

図2

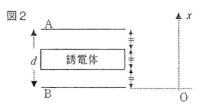

　　このとき，位置xにおける電界の強さと極板Bを基準とした電位を表すグラフを，それぞれかきなさい。

4　さらに外力を加えて，誘電体をコンデンサー内からゆっくりと取り除いた。このとき外力がした仕事を求めなさい。

（☆☆☆☆◎◎◎）

【化学】

【1】次の図は周期表の一部を表したものである。あとの問いに答えなさい。

図

	1	2	3	4	5	6	7	8	9	10	11	12	13	14	15	16	17	18	
1	H																		1
2		イ												オ			キ	ク	2
3																			3
4	ア	ウ				エ							カ						4
5																			5
6																			6
7										ケ									7

1 元素を原子量の順に並べ，周期表を最初につくった化学者は誰か，書きなさい。

2 次の①～④の文にあてはまる領域として適切なものを，図のア～クからそれぞれ1つ選び，その符号を書きなさい。

① 単体は，無色・無臭の気体として空気中にわずかに存在する。価電子の数は0個である。

② 単体は同じ周期の中で最も酸化力が強く，その強さは原子番号が小さいものほど大きい。

③ 単体が常温で液体である金属を含む。

④ 単体は共有結合の結晶をつくり，質量で見た場合，地殻中で2番目に多い元素が属する。

3 イとウのどちらにもあてはまるものを，次のa～dから1つ選び，その符号を書きなさい。

a 水酸化物は強塩基性である。

b 硫酸塩・炭酸塩は水に不溶である。

c 同じ周期のアの元素より一つ上の周期のクと同じ電子配置になったときのイオン半径が小さい。

d 同じ周期のアの元素より，単体の融点が低い。

4 エの元素のうち，第3族に属する元素はウの隣に位置することなどから希土類と呼ばれ，レアメタルの1つに分類される。また，希土類には別の呼称があり，近年ニュースではその呼称がよく使われている。その名称を書きなさい。

5　オの元素のうち，2種の同族元素がつくる化合物で，還元性が強い
　が，強い還元剤に対しては酸化剤としてもはたらき，その水溶液は
　弱酸性を示すものがある。その化合物の化学式を書きなさい。

6　カの元素のうち，ジュラルミンに含まれる元素で，その単体は濃
　硝酸には溶けないものを，元素記号で書きなさい。

7　キの水素化合物の水溶液のうち，ガラスの主成分である二酸化ケ
　イ素を溶かすものがある。その水素化合物と二酸化ケイ素が反応す
　るときの，化学反応式を書きなさい。

8　ケの元素は，理化学研究所のチームがIUPACにより命名権を認め
　られ命名した。この元素の名称と元素記号を書きなさい。

(☆☆☆◎◎◎)

【２】酢酸水溶液と水酸化ナトリウム水溶液を用いた実験に関する次の文
　章について，あとの問いに答えなさい。

　　同じモル濃度，同じ体積の酢酸水溶液と水酸化ナトリウム水溶液を
　混合し，過不足なく反応させたとき，水溶液は（　①　）性になる。こ
　れは，酢酸ナトリウム水溶液中の（　②　）が水とほとんど反応せず，
　（　③　）の一部が水と反応して酢酸と（　④　）が生じるためである。こ
　のような反応を塩の（　⑤　）という。

　　また，酢酸ナトリウム水溶液に酢酸を混合すると，その溶液に少量
　の酸や塩基を加えてもpHはほとんど変化しない。このような溶液を
　（　⑥　）という。この溶液の中では（　⑦　）のような平衡が成立してお
　り，たとえば少量の酸を加えたときは，この平衡が（　⑧　）を生成す
　る方向に移動し，水素イオンが消費され，水素イオン濃度がほぼ一定
　に保たれる。

1　文章中の（　①　）〜（　④　）に入る適切な語句を，次のア〜コから
　それぞれ1つ選び，その符号を書きなさい。

　ア　酸　　　　　　　イ　中
　ウ　塩基　　　　　　エ　水
　オ　酢酸　　　　　　カ　酢酸ナトリウム

キ　ナトリウムイオン　　ク　酢酸イオン

ケ　水素イオン　　　　　コ　水酸化物イオン

2　文章中の(⑤), (⑥)に入る適切な語句をそれぞれ書きなさい。

3　文章中の(⑦)に入るイオン反応式を書きなさい。

4　文章中の(⑧)に入る化学式を書きなさい。

5　0.10mol/Lの酢酸水溶液10mLに, 0.10mol/Lの水酸化ナトリウム水溶液5.0mLを加えた。

酢酸の電離定数K_a＝$2.7×10^{-5}$mol/L, $\log_{10}2.7$＝0.43とする。

(1)　この水溶液の水素イオン濃度は何mol/Lか, 求めなさい。

(2)　この水溶液のpHはいくらか, 小数第1位まで求めなさい。

(☆☆☆◎◎◎◎)

【3】有機化合物に関する次の文章について, あとの問いに答えなさい。

エチレンは, 工業的には(①)(粗製ガソリン)の熱分解によって得られる。実験室では, 160〜170℃に熱した(②)にエタノールを加えると, 分子内で水分子の脱離が起こり, エチレンが生成する。

エチレンの二重結合に関与する炭素原子には, 他の原子や原子団が結びつきやすく, このとき二重結合は単結合になる。たとえば, エチレンに臭素Br_2を反応させると(③)が生じる。(③)の名称では, IUPACの命名法に従って, 臭素原子がどの炭素原子にいくつ結合しているかがわかるように示されている。なおエチレンと臭素Br_2を反応させる実験では, 臭素水の(④)色が消失する。このような現象を利用して, 臭素水は二重結合などの(⑤)結合の確認に利用される。

また, 特定の条件下で, エチレンを連続的に付加反応させるとポリエチレンが生じる。ポリエチレンには, 合成する条件の違いによって, 高密度ポリエチレン(HDPE)と低密度ポリエチレン(LDPE)がある。ポリエチレンは熱分解によってエチレンに戻すことができる。このとき, 不純物としてアルデヒド類などが生じることがある。

1　文章中の(①)〜(⑤)に入る適切な語句を書きなさい。

2　エタノールから水分子を脱離させる実験を行う際に，温度設定を誤って140℃で行ったところ，エチレンではない別の物質が生じてしまった。生じた物質の名称を書きなさい。

3　高密度ポリエチレンの記述として誤っているものを，次のア〜エから1つ選び，符号で書きなさい。

ア　半透明で硬い。

イ　低圧，60℃前後の条件下で合成される。

ウ　ドイツの化学者チーグラーが発見した触媒を用いて合成される。

エ　枝分かれの多い分子構造を持ち，結晶領域が多く密度が高い。

4　ポリエチレンの熱分解によってエチレンを生成し，他の化学物質の原料として再利用することを何というか，次のア〜エから1つ選び，符号で書きなさい。

ア　マテリアルリサイクル　　イ　ケミカルリサイクル

ウ　サーマルリサイクル　　　エ　プロダクトリサイクル

5　ポリエチレンの熱分解の実験装置の一部として，最も適切なものを，次のア〜ウから1つ選び，符号で書きなさい。

ア　　　　　　　イ　　　　　　　ウ

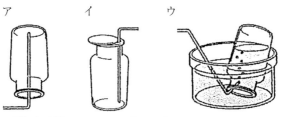

6　平均分子量2.80×10^5のポリエチレン$\left[CH_2{-}CH_2 \right]_n$について，次の問いに答えなさい。

(1)　ポリエチレンの平均重合度nの値はいくらか，有効数字2桁で求めなさい。

(2)　このポリエチレン11.2gを完全燃焼させると，標準状態で何Lの二酸化炭素が発生するか，有効数字2桁で求めなさい。

（☆☆☆◎◎）

【4】セルロースに関する次の文章について，あとの問いに答えなさい。

　　セルロースは多数の（　①　）が縮合重合してできた高分子化合物で，分子式$(C_6H_{10}O_5)_n$で表されるが，（　①　）単位中の3個のヒドロキシ基をわけて（　A　）の示性式で記すことも多い。セルロースは，植物体の（　②　）の主成分で，植物体の重量の30〜50％を占める。セルロースは，セルラーゼなどの酵素を用いることで二糖類を経て，最終的に単糖類が得られる。セルロースに，混酸を反応させると火薬の原料になる（　③　）ができる。セルロースをシュワイツァー試薬に溶かしてコロイド溶液にしたものを希硫酸中に押し出すと（　④　）と呼ばれる（　⑤　）繊維が得られる。また，セルロースに無水酢酸を反応させるとトリアセチルセルロースが生成される。この構造の一部を変化させてアセトンに溶かした後，アセトン溶液を細孔から空気中に押し出すとアセテート繊維と呼ばれる（　⑥　）繊維が得られる。

1　文章中の（　①　）〜（　⑥　）にあてはまる適切な語句を，次のア〜タからそれぞれ1つ選び，符号で書きなさい。

　　ア　α-グルコース　　　　　イ　β-グルコース
　　ウ　α-フルクトース　　　　エ　β-フルクトース
　　オ　核　　　　　　　　　　　カ　細胞膜
　　キ　細胞壁　　　　　　　　　ク　葉緑体
　　ケ　トリニトロセルロース　　コ　ニトログリセリン
　　サ　ナイロン　　　　　　　　シ　レーヨン
　　ス　アクリル　　　　　　　　セ　合成
　　ソ　半合成　　　　　　　　　タ　再生

2　ヒトはセルラーゼをもたないので，セルロースを消化できず栄養にならない。しかし，ヒトがセルロースを摂取したときに消化できないことが，かえって大切なはたらきをしている。そのセルロースのようなはたらきを示す難消化性成分の総称を書きなさい。

3　セルロースと同様の多糖類で，ヒトの肝臓や筋肉に蓄えられている物質の名称を書きなさい。

4　セルロース81.0gを無水酢酸と反応させて，すべてトリアセチルセ

ルロースにした。

(1)　Aの示性式を使って，セルロースと無水酢酸が反応してトリア
　セチルセルロースができるときの化学反応式を書きなさい。

(2)　トリアセチルセルロースは何g生成するか，求めなさい。

(3)　このとき，必要な無水酢酸は理論上何gか，求めなさい。

(☆☆☆◎◎◎)

【生物】

【１】細胞膜に関するあとの問いに答えなさい。

1　細胞膜は主としてリン脂質とタンパク質からできている。リン脂
　質分子には(　①　)性の部分と(　②　)性の部分がある。細胞膜は，
　2層に並んだリン脂質が(　①　)性の部分を外側に，(　②　)性の部
　分を内側にして向かい合っている。

　　リン脂質は，グリセリンにリン酸化合物と(　③　)分子の脂肪酸
　が結合してできている。

　　多細胞生物では，細胞どうし，あるいは細胞と細胞外マトリック
　スが互いに接着しており，多細胞生物の体を維持している。ヒトの
　皮膚の外表面の細胞では，細胞どうしを小さな分子も通れないよう
　にしっかりと結合させる(　④　)結合がみられる。その他，カドヘ
　リンを介して，隣りあう細胞どうしの中間径フィラメントを連結す
　る(　⑤　)などのような構造がみられる。

(1)　文章中の(　①　)～(　⑤　)に入る適切な語句や数字を書きな
　さい。

(2)　細胞膜にあるチャネルの説明として適切なものを，次のア～エ
　から1つ選び，その符号を書きなさい。

　ア　物質輸送の通路となる小孔で，細胞膜の輸送タンパク質によ
　　って形成されている。物質の移動は能動輸送である。

　イ　物質輸送の通路となる小孔で，細胞膜の輸送タンパク質によ
　　って形成されている。物質の移動は受動輸送である。

　ウ　移動する物質が結合すると，構造が変化してその物質を移動

させるタンパク質で，物質の移動は能動輸送である。

　エ　移動する物質が結合すると，構造が変化してその物質を移動
　　させるタンパク質で，物質の移動は受動輸送である。

(3)　細胞膜の厚さとして適切なものを，次のア〜エから1つ選び，
　その符号を書きなさい。

　ア　約0.8nm　　イ　約8nm　　ウ　約80nm　　エ　約800nm

2　図は，ある動物細胞をその生理食塩水，生理食塩水に物質aを加え
たA液，物質bを加えたB液，物質cを加えたC液にそれぞれ浸して，
細胞の体積の変化を調べたものである。

図

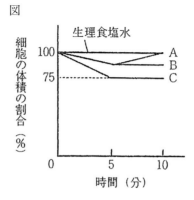

(1)　溶液A，B，Cの浸透圧の大小を，等号および不等号を使って表
　しなさい。

(2)　物質a，b，cの細胞膜の透過性の大小を，等号および不等号を
　使って表しなさい。

(3)　生理食塩水のモル濃度が，物質cの0.3mol/Lに相当するとき，C
　液中の物質cのモル濃度を求めなさい。ただし，細胞内の浸透圧
　は細胞内の溶質濃度に比例するものとする。

3　吸水力が2.2気圧で立方体の形をした植物細胞Dの，限界原形質の
　状態における細胞内の浸透圧を測定したところ，6.0気圧であり，そ
　のときの細胞の各1辺は10%収縮していた。もとの細胞Dの細胞内の
　浸透圧と膨圧は何気圧か，それぞれ有効数字2桁で求めなさい。た

だし，細胞膜は完全な半透性であり，細胞内の浸透圧は細胞内の溶質濃度に比例するものとする。

(☆☆☆◎◎◎◎)

【2】骨格筋の収縮に関する下の問いに答えなさい。

1　骨格筋は，(①)とよばれる細胞が集まって構成されており，その細胞内には多数の(②)が存在する。(②)では，(③)フィラメントと(④)フィラメントという2種類のフィラメントが規則正しく並び，Z膜によって(⑤)という単位に区切られている。(④)に結合するトロポニンとトロポミオシンは，細胞質基質中の(⑥)濃度が低い場合には，2種類のフィラメントの滑り運動を阻害するが，(⑥)濃度が高い場合には，滑り運動が起こり，筋収縮する。神経からの刺激がなくなると，細胞質基質中の(⑥)は能動輸送によって(⑦)に取りこまれ，滑り運動が阻害されて，筋の弛緩が起こる。2種類のフィラメントの相互作用による骨格筋の収縮にはエネルギー源として(⑧)が必要であり，(③)の頭部が(⑨)として働き，エネルギーが供給される。

図1

(④)フィラメント
Z膜　　　　　Z膜
(⑤)
(③)フィラメント

(1)　図1と文章中の(①)～(⑨)に入る適切な語句を書きなさい。

(2)　(④)フィラメントどうしが重なると張力が減少することが知られており，図2は(⑤)の長さと張力の関係を表したものである。(③)フィラメント1本，および(④)フィラメント1本の長

さを，それぞれ求めなさい。

図2

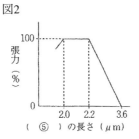

（ ⑤ ）の長さ（μm）

(3) 図2において，張力が75％のときの暗帯の長さを求めなさい。

2 カエルの足のふくらはぎの筋肉とそれにつながる座骨神経を切り離さずに取り出し，座骨神経に1秒間に30回の割合で，刺激を10秒間与え続けたところ，筋肉は刺激を与えている間，完全強縮をし続けた。

このとき，筋肉1g中にクレアチンが0.0655mg増えたとすると，1gの筋肉で消費されたATPは何μmolか，求めなさい。ただし，クレアチンの分子量を131とし，実験開始時と終了時で筋肉中のATP濃度に変化はなく，実験中に解糖は起こらなかったものとする。

(☆☆☆◎◎◎)

【3】免疫に関するあとの問いに答えなさい。

1 抗体は(①)と呼ばれるリンパ球が増殖・分化してつくる免疫グロブリンである。多くの種類があるが，主なものは4本のポリペプチド鎖からなり，長い(②)と短い(③)が対になったものが2組結合して，全体としてY字型の分子構造を持っている。

なお，(①)の細胞膜には受容体タンパク質が存在し，抗原を認識している。このタンパク質は(④)と呼ばれ，体液性免疫において，(①)は(④)によって抗原情報を受容する。

また，脊椎動物のからだをつくる細胞には，個体に固有な膜タンパク質が細胞膜に存在する。このタンパク質を(⑤)という。抗原に反応するT細胞は，T細胞の細胞膜にある受容体タンパク質と

　　(⑤)の反応によって，侵入してきた抗原の自己と非自己を識別している。

(1)　文章中の(①)～(⑤)に入る適切な語句を書きなさい。

(2)　T細胞を成熟させるリンパ器官として適切なものを，次のア～エから1つ選び，その符号を書きなさい。

　　ア　骨髄　　イ　胸腺　　ウ　ひ臓　　エ　リンパ節

(3)　分子量15万の抗体と，この抗体に結合する分子量5万の抗原がある。この抗体0.45mgが結合できる抗原の最大量は何mgか，求めなさい。

(4)　免疫系における免疫グロブリン遺伝子の再構成のしくみについて，(②)には51個のV，27個のD，6個のJという遺伝子の断片があり，(③)には，40個のV，5個のJという遺伝子の断片があると仮定した場合，何種類の抗体をつくることができるか，求めなさい。

2　HIVに感染したヒトでは，まもなくウイルスに対する抗体がつくられるようになり，HIVの増殖が抑えられる。しかし，HIVの感染後約10年を経過すると，エイズが発症することがある。

(1)　エイズを発症する時期には，体内の抗体の量が減っている。その理由として適切なものを，次のア～エから1つ選び，その符号を書きなさい。

　　ア　HIVがT細胞へ侵入し，T細胞がB細胞の増殖を抑制する物質をつくるから。

　　イ　HIVがT細胞へ侵入し，T細胞を破壊するから。

　　ウ　HIVがB細胞へ侵入し，B細胞を破壊するから。

　　エ　HIVが，抗体を破壊するから。

(2)　HIVに感染した状態では，健康なヒトでは通常発症しない病原性の低い病原体に感染・発病することがある。これを何というか，書きなさい。

3　免疫反応を利用して，感染症の予防法や，病気の治療法が実用化されている。予防接種は，人工的に免疫を獲得させる方法で，その

ときに用いられるのがワクチンである。一方，毒ヘビにかまれたときなどには(①)療法が行われる。

このように，免疫は私たちを守っているが，ときに免疫反応が生体に不都合な影響を与えることがある。臓器移植のときに問題となる(②)や，アレルギーが代表的な例である。

(1) 文章中の(①)，(②)に入る適切な語句を書きなさい。

(2) 生ワクチンによって予防される病気として適切なものを，次のア～エから1つ選び，その符号を書きなさい。

ア　麻疹(はしか)　　イ　日本脳炎　　ウ　インフルエンザ

エ　B型肝炎

(3) 急激なアレルギーにより，発疹，呼吸困難，血圧低下などの重篤な症状が起こることがある。このような現象を何というか，書きなさい。

(☆☆☆◎◎◎◎)

【4】生態系に関するあとの問いに答えなさい。

1　地球全体の面積を$510 \times 10^{12} m^2$，炭素量に換算した地球全体の単位面積当たりの植物の純生産量を$0.133 kg/(m^2 \cdot 年)$，大気中にCO_2として含まれる炭素の総量を$750 \times 10^{12} kg$とする。

(1) 植物の総生産量の50％が呼吸で失われた場合，1年間に大気中のCO_2の何％が植物の光合成によって固定されたことになるか，有効数字2桁で求めなさい。

(2) 大気中のCO_2は，生態系の炭素循環を介して平均して何年に1回の割合で入れ替わるか，有効数字2桁で求めなさい。

2　生態系における生産者及び消費者の成長量は，$G = P_1 - (R + x + D)$で表すことができる。

(1) Gは成長量，P_1は総生産量または同化量，Rは呼吸量，Dは枯死量または死亡量である。xは何を表すか書きなさい。

(2) 生産者の純生産量がP_nのとき，P_nをP_1とRを使った式を書きなさい。

(3)　生産者の成長量Gを，P_n，x，Dを使った式で表しなさい。

(4)　消費者における同化量を表す式として適切なものを，次のア～カから1つ選び，その符号を書きなさい。

　　ア　同化量＝成長量＋呼吸量

　　イ　同化量＝成長量－呼吸量

　　ウ　同化量＝摂食量＋不消化排出量

　　エ　同化量＝摂食量－不消化排出量

　　オ　同化量＝摂食量＋呼吸量

　　カ　同化量＝摂食量－呼吸量

(5)　生態系Aの生産者の総生産量が24,400kcal/(m^2・年)，独立栄養生物の呼吸量が9,200kcal/(m^2・年)のとき，生態系Aの従属栄養生物の呼吸量を求めなさい。ただし，生態系Aにおける生産者の総生産量に占める生物群集の純生産量の割合を60%とする。

3　海洋生態系において，生産者の純生産量が大きい場所では，何が物質生産を支配する主な要因となっているか，適切なものを，次のア～エから1つ選び，その符号を書きなさい。

　ア　温度　　　イ　溶存二酸化炭素量　　　ウ　溶存酸素量

　エ　栄養塩類の量

4　次の文章中の(　①　)～(　③　)に入る適切な語句を書きなさい。

　　生態系または地球全体に多様な生物が存在することを，生物の多様性という。生物の多様性には(　①　)の多様性，遺伝的多様性，生態系の多様性の3つのとらえ方がある。

　　生物の多様性に影響を与える要因として，自然現象である噴火や山火事，人間の活動である森林の伐採などがあり，既存の生態系やその一部を外部からの力によって破壊することを(　②　)という。ただし，人為的(　②　)が生物の多様性を高める場合もある。日本の農村に見られる，農地や草原・雑木林などで構成される(　③　)がその例である。

(☆☆◎◎◎)

解答・解説

中 高 共 通

【1】1 ① 花粉管　② 受精卵　③ 胚　④ 5：3　2 *r*
3 対立遺伝子　4 分離の法則　5 エ

〈解説〉1 ①②③ 花粉管は助細胞から放出される誘引物質に誘引され
て2つの助細胞の一方に進入する。ここで花粉管から2個の精細胞が放
出され，1つが卵細胞と合体し，他方の精細胞が中央細胞と合体する。
その後，前者は胚となり後者は胚乳細胞となる。　④ F$_2$の比率は
$RR：Rr：rr$＝1：2：1である。それぞれ自家受粉させると，$RR×RR→$
$4RR$，$2Rr×2Rr→2RR＋4Rr＋2rr$，$rr×rr→4rr$となる。合計すると
$RR：Rr：rr$＝6：4：6となり，丸：しわ＝10：6＝5：3となる。

2 卵細胞は減数分裂により生じる細胞であり，核相はnである。しわ
のある種子に生じた卵細胞だから，遺伝子rを1個もっている。

3 相同染色体(一方は母親由来，他方は父親由来)の共通する遺伝子座
に存在する異なる遺伝子を対立遺伝子という。　4 「配偶子形成の際
に，対立遺伝子はそれぞれ別々の配偶子に分配される」ことを分離の
法則という。優性の法則と独立の法則とあわせてメンデルの法則(1865
年)という。　5 F$_2$の比率は$RR：Rr：rr$＝1：2：1だから，F$_1$と同じ遺
伝子の組合せは，RRとrrである。rrが400個だからRRも400個であり，
合計800個となる。

【2】1 等圧線　2 偏西風　3 イ　4 名称…閉塞前線
記号… ━━▄▲▲▄▆▆▄━━　5 小笠原気団

6

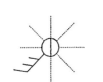

北

〈解説〉1　気圧の等しい地点を結んだ曲線を等圧線といい，ふつう1000hPaを基準として4hPa毎に実線で表示される。　2　中緯度帯上空には，西寄りの風が吹いており，偏西風とよばれる。　3　Aの寒冷前線では寒気が暖気の下に潜り込むことにより，前線面の上へ暖気が強く上昇する。そこで，数十km程度の幅で積乱雲が前線に沿って発達し，強い雨が短時間に降ることが多い。　4　温暖前線より寒冷前線の移動速度が速いため，低気圧に近い所ではやがて2つの前線が接するようになる。このような構造の前線を閉塞前線という。　5　気温や湿度が比較的一定で，大規模な空気の塊を気団という。小笠原気団(太平洋高気圧)は夏に高温多湿の南東の季節風をもたらし，蒸し暑い晴天が続く。　6　観測地点から見渡して空全体を10としたとき，何割くらい雲があるかを示した値を雲量といい，0〜1は快晴，2〜8は晴れ，9〜10はくもりとなる。設問では，降水がなく雲量が5なので，天気は晴れである。風向は風の吹いてくる向きであり，設問では風向は南西である。風力は矢羽根の数で表す。

【3】1　ウ　　2　a：b＝4：5　　3　$2Cu+O_2 \rightarrow 2CuO$　　4　酸化銅(Ⅱ)
　5　ア　　6　銅：マグネシウム＝8：3
〈解説〉1　酸素と未反応の銅を残さないようにする。　2　4回の実験の結果ともに，加熱前後の質量比はおおむね4：5である。　3　銅と酸素の質量比はCu：O＝4：(5−1)＝4：1になる。これを原子量の比で割ると，物質量の比はCu：O＝$\frac{4}{64}：\frac{1}{16}$＝1：1だから，生成物の化学式はCuOになる。　4　この生成物CuOにおける銅の酸化数が＋2だから酸化銅(Ⅱ)である。　5　反応した酸素の質量は2.10−1.80＝0.30gである。反応した銅紛をx〔g〕とすると，上記の銅と酸素の質量比から，4：

1＝x：0.30 よりx＝1.20gになる。よって，未反応の銅紛は1.80－1.20＝0.60〔g〕である。　6　マグネシウムと酸素の化合の反応式は2Mg＋O_2→2MgOだから，酸素O_2の1molについて銅とマグネシウムはともに2mol反応している。よって，Cu：Mg＝64：24＝8：3になる。

【4】1　① 浮力　② 水　③ 重力　④ アルキメデス
　2　(1)　7.0N　(2)　2.5N　3　12倍

〈解説〉1　流体中の物体には，その物体が押しのけた流体の重さ(重力の大きさ)に等しい大きさの浮力がかかる。これをアルキメデスの原理という。　2　(1)　立方体にかかる重力は，1.5kgすなわち15Nである。また，水面下の体積は10.0×10.0×(10.0－2.0)＝800〔cm^3〕だから，押しのけた水の質量は800×1.0＝800〔g〕で，浮力は8.0Nとなる。よって，ばねが物体を引く力は，上向きに15.0－8.0＝7.0〔N〕となる。

(2)　表から，ばねを2.0cm伸ばすのに必要な力は0.5Nである。また，ばねを2.0cm伸ばすと，立方体は完全に水に沈む。水面下の体積の増加分は10.0×10.0×2.0＝200〔cm^3〕だから，押しのけた水の質量は200×1.0＝200〔g〕で，浮力は2.0N増加する。よって，下向きに加えるべき力の大きさは，0.5＋2.0＝2.5〔N〕となる。　3　100cm^3の体積の氷を考える。この氷の質量は100×0.92＝92〔g〕，重さは0.92 Nである。よって氷が水に浮いているとき，氷の重さ＝押しのけた水の重さ(浮力)＝0.92Nでつりあい，そのときの水の質量は92gで，そのときの水の体積は92g÷1.0g/cm^3＝92cm^3である。よって，92cm^3の氷が水面下に沈み，100－92＝8〔cm^3〕が水面上に浮いており，92÷8＝11.5〔倍〕，四捨五入して整数で表すと12倍となる。

中 学 理 科

【1】1　A　虹彩　B　レンズ　C　網膜　2　イ　3　ウ
　4　(盲斑には)視細胞(がないから)　5　ウ　6　D　耳小骨

E　半規管　　F　聴神経　　G　鼓膜　　H　うずまき管

7　① G　　② E　　③ H

〈解説〉1　虹彩(A)は光の入り口である瞳孔を通過する光量を調節している。水晶体(レンズ)(B)は，毛様体という筋肉とチン小帯とによりその厚みを変化させてピントを調節している。網膜(C)上に結像し，視細胞でその刺激を受け取っている。　　2　ふつう，近くのものを見るときには水晶体を厚くし，遠くのものを見るときには水晶体を薄くすることで遠近調節を行っている。近視眼の場合には，この調節を行いづらいため，凹レンズの眼鏡で矯正して網膜上に結像させている。

3　眼に入ってきた光は，網膜上で上下左右が物体とは逆の像を結ぶ。

4　結像する網膜の中心部を黄斑，黄斑よりも鼻側に視細胞が存在していない部分があり，この部分を盲斑という。　　5　盲斑の検出実験である。眼球の黄斑から盲斑の距離をx〔cm〕とすると，図形の相似により，$10:50＝x:2$という比例式が成り立つ。したがって，$x＝0.40$cmとなる。　　6，7　鼓膜(G)は外耳と中耳の間にある薄い膜で，音により振動する。耳小骨(D)は鼓膜の振動を増幅させて，うずまき管(H)に伝える。このうずまき管でリンパ液の振動が音の刺激として聴神経(F)に受け渡される。半規管(E)はからだの回転を感知し，からだの平衡器の役割を果たす。

【2】1　ア　　2　鍵層　　3　b→c→a　　4　西　　5　れき岩

6　示相化石　　7　ア，エ　　8　露頭

〈解説〉1　火山砕屑物が堆積・固結したものを堆積岩のなかでも火山砕屑岩といい，そのうち，堆積物が直径2mm以下である火山灰からなるものを凝灰岩という。イは主成分が$CaCO_3$であり石灰岩，エはチャートになる。ウは堆積岩にならず火成岩になる。　　2　離れた地域にある地層の同時代性を決定することを地層の対比といい，その決め手となる地層を鍵層という。一般に，同時に広範囲に堆積する火山灰や，それによって固結した凝灰岩の層はよい鍵層である。　　3　凝灰岩の層を同時代と考え，a〜cを下位から順に並べるとb→c→凝灰岩→aの順

である，地層の逆転や断層はないので，堆積した順もこの順である。

4　凝灰岩の層の上端の標高を求めると，A：90－25＝65〔m〕，B：80－5＝75〔m〕，C：90－15＝75〔m〕である。走向は標高の等しい直線BCの向きである南北，傾斜の向きはAのある西と判断できる。

5　P地点は直線BC上にある。走向が南北だから，P，B，Cの3地点における地層は同じ標高にある。標高70mのP地点の深さ5mの層は，標高80mのB地点の深さ15m，標高90mのC地点の深さ25mにある層と同じである。　6　その生物が生息していたころの気候や水陸分布などの環境を推定できる化石を示相化石という。環境の適応範囲が狭い生物の方が示相化石には適する。造礁サンゴの化石は温暖で澄んだ浅海の環境を示す。　7　アは古生代石炭紀～ペルム紀，イは新生代第四紀，ウは新生代新第三紀，エは古生代全期間，オは新生代新第三紀の示準化石である。　8　地層が露出していて観察できる場所を露頭という。

【3】1　再結晶　　2　(1)　42g　　(2)　210g　　(3)　60g

3　$HNO_3＋KOH→KNO_3＋H_2O$　　4　$N_2＋3H_2 \rightleftarrows 2NH_3$　　5　ア，ウ

〈解説〉1　固体の混合物の溶液から，温度による溶解度の差を利用して，一方だけを結晶として分離する方法を再結晶という。硝酸カリウムのように温度による溶解度の差が大きい物質ほど再結晶に適する。

2　(1)　40℃と10℃における溶解度の差から，64－22＝42〔g〕である。(2)　飽和溶液の質量と析出量を比較するため，析出する硝酸カリウムの質量をx〔g〕とすると，820：x＝(100＋64)：(64－22)より，x＝210gである。　(3)　25％の硝酸カリウム水溶液210g中の硝酸カリウムは$210×\frac{25}{100}＝52.5$〔g〕である。蒸発させた水の量をx〔g〕とすると，$\frac{52.5}{210－x}×100＝35$より，$x$＝60gである。　3　カリウムを含んだ強塩基は，水酸化カリウムKOHである。　4　ハーバー・ボッシュ法とは，窒素と水素からアンモニアを合成する方法で，温度500～600℃，300気圧の条件下で，Fe_3O_4を主成分とした触媒を用いて合成する。

5　アンモニアは，常温常圧では無色の気体で，特有の強い刺激臭を

持つ有毒な物質である。水にはよく溶けて弱塩基性を示すので，フェ
ノールフタレイン溶液では赤色，BTB溶液では青色を示す。分子量は
NH_3＝17で，空気(平均分子量29程度)より軽い。

【４】1　25Ω　　2　図1…0.20A　　図2…0.40A　　3　(1)　95g

(2)　図4…3.0℃　　図5…1.5℃　　4　水槽の水の温度を，室温と同じ
にしておくため

〈解説〉1　オームの法則から，$\frac{10V}{0.40A}$＝25Ωである。　2　図1は電熱線
を直列に接続しており，合成抵抗は25×2＝50Ωである。両方の抵抗
に流れる電流は$\frac{10V}{50Ω}$＝0.20Aである。図2は電熱線を並列に接続してお
り，いずれの電熱線にも同じ電圧10Vがかかっている。したがって，1
本の電熱線に流れる電流は0.40Aである。　3　(1)　図3で，5.0分間に
発生する熱量は，0.40×10×5.0×60＝1200〔J〕となる。この熱量で水
の温度が3.0℃上昇したので，水の質量をm〔g〕とすると4.2×m×
3.0＝1200より，m＝95.2≒95〔g〕となる。　(2)　図4では，水中の1
本の電熱線にかかる電圧，流れる電流とも，図3の場合と同じなので
水温の上昇は同じ3.0℃となる。図5で水中の電熱線に流れる電流は図3
の場合の半分になる。よって発生する熱量も半分になるので，水温の
上昇は1.5℃となる。　4　用いる水の温度が室温との差があるほど室
温からの影響を受けてしまう。実験で用いる水をあらかじめ室温と同
じ温度にしておくことでその影響をなくすことができる。

高 校 理 科

【物理】

【１】1　$\frac{2\pi}{T}$　　2　重力，張力　　3　①　$l\sin\theta$　　②　$Mg\sin\theta$

③　$ml\omega^2＝Mg$　　④　θ　　4　縦軸…$\frac{1}{\omega^2}$　　横軸…1

5　縦軸…ω^2　　横軸…Mg　　6　周期の測定誤差を小さくするため

〈解説〉1　周期Tとは物体が1周2π〔rad〕回転するのにかかる時間であ

る。また，角速度 ω とは単位時間に回転する角度である。よって，$\omega = \dfrac{2\pi}{T}$ である。　2　ゴム栓に実際にはたらいている力は，鉛直下方への重力 mg と，糸の張力だけである。なお，糸の張力の大きさは，おもりにはたらく重力 Mg に等しい。　3　等速円運動の回転半径は $l\sin\theta$ であり，加速度は $(l\sin\theta)\omega^2$ である。また，向心力は，糸の張力の水平方向の成分 $Mg\sin\theta$ である。よって，運動方程式は $m(l\sin\theta)\omega^2 = Mg\sin\theta$ となり，両辺から θ を消去して $ml\omega^2 = Mg$ となる。すなわち角 θ に関わらずに互いの関係を調べることができる。　4　$y=ax$ の一次関数の形に変形するとグラフが直線になる。$ml\omega^2 = Mg$ から，M を一定にして l と ω の関係を調べるのだから，この式を $\dfrac{1}{\omega^2} = \dfrac{m}{Mg} \times l$ と変形して，l を変化させ独立変数として横軸に，$\dfrac{1}{\omega^2}$ を従属変数として縦軸にプロットする。　5　4と同様に，$ml\omega^2 = Mg$ から，l を一定にして Mg と ω の関係を調べるのだから，この式を $\omega^2 = \dfrac{1}{ml} \times Mg$ と変形して，Mg を変化させ独立変数として横軸に，ω^2 を従属変数として縦軸にプロットする。　6　1回転する時間だけのデータでは誤差が大きい。10回転など，複数回転に要した時間から周期を求めると誤差が小さくなる。

【2】　1　$m\dfrac{v^2}{a} = k\dfrac{e^2}{a^2}$　　2　① 電磁波　　② エネルギー

3　$\dfrac{nh}{2\pi ma}$　　4　$\dfrac{n^2 h^2}{4\pi^2 kme^2}$　　5　$-\dfrac{2\pi^2 k^2 me^4}{n^2 h^2}$

6　$\dfrac{2\pi^2 k^2 me^4}{ch^3}\left(\dfrac{1}{n'^2} - \dfrac{1}{n^2}\right)$

〈解説〉1　クーロン力 $k\dfrac{e^2}{a^2}$ が，質量 m の電子に中心向きの加速度 $\dfrac{v^2}{a}$ を生じさせることから，運動方程式は，$m\dfrac{v^2}{a} = k\dfrac{e^2}{a^2}$ となる。　2　荷電粒子が円運動をすると，そこには電磁波が発生する。ラザフォードの原子模型では電子がエネルギーを失いやがて核に吸収されてしまう，という問題があった。そこでボーアが電子は粒子性と波動性を持つという

量子仮説を適用しこの問題を解決した。　3　質量m，速さvで運動する粒子の持つ物質波の波長λは，$\lambda = \dfrac{h}{mv}$と表される。電子の軌道一周の長さがこの波長の整数倍になるとすれば，$2\pi a = n\lambda$の関係が成り立つ。よって，$2\pi a = n\dfrac{h}{mv}$より，$v = \dfrac{nh}{2\pi ma}$と表される。

4　問3の結果を，問1の結果に代入すると，$a = \dfrac{n^2 h^2}{4\pi^2 kme^2}$となる。

5　電子の運動エネルギーは$\dfrac{1}{2}mv^2$である。一方，静電気力による位置エネルギーは，無限遠をその基準点とすると$-k\dfrac{e^2}{a}$である。それらの和$\dfrac{1}{2}mv^2 - k\dfrac{e^2}{a}$に，問3，問4の結果を代入すると，$-\dfrac{2\pi^2 k^2 me^4}{n^2 h^2}$となる。

6　n番目とn'番目の定常状態の電子の持つエネルギーの差は，

$\dfrac{2\pi^2 k^2 me^4}{h^2} \times \left(\dfrac{1}{n'^2} - \dfrac{1}{n^2}\right)$である。このエネルギーが，アインシュタインの光量子説による$h\nu = \dfrac{hc}{\lambda}$にあたるので，$\dfrac{1}{\lambda} = \dfrac{2\pi^2 k^2 me^4}{ch^3}\left(\dfrac{1}{n'^2} - \dfrac{1}{n^2}\right)$となる。

【3】1　①　$\dfrac{l}{V}$　　②　$\dfrac{l - v_s t}{V} + t$　　③　ft　　④　$\dfrac{V}{V - v_s}f$

　　⑤　$\dfrac{l}{V - v_0}$　　⑥　$\dfrac{l + v_0 t}{V - v_0} + t$　　⑦　ft　　⑧　$\dfrac{V - v_0}{V}f$

2　(1)　$\dfrac{f'V}{2f}$　　(2)　$1 + \dfrac{v}{V}$

〈解説〉1　①　lの距離を速度Vで伝わるので，その時間は$\dfrac{l}{V}$となる。

　②　時刻tで距離は$l - v_s t$となるので，伝わる時間は$\dfrac{l - v_s t}{V}$であり，時刻は$\dfrac{l - v_s t}{V} + t$である。　③　時間tの間に音源から出た音の波の数はftである。　④　①と②の時刻の差は，$\dfrac{l - v_s t}{V} + t - \dfrac{l}{V} = \dfrac{V}{Vt - v_s t}$である。観測者の受け取る振動数は，受け取る波の数$ft$の波の数を時間差で割って，$ft \times \dfrac{V}{Vt - v_s t} = \dfrac{V}{V - v_s}f$と求められる。　⑤　時刻を$t_s$とすると，

$l+v_0t_5$ の距離を速度 V で伝わるので，$t_5=\dfrac{l+v_0t_5}{V}$ であり，$t_5=\dfrac{l}{V-v_0}$ となる。　⑥　時刻を t_6 とすると，$l+v_0t_6$ の距離を速度 V で伝わるので，$t_6=t+\dfrac{l+v_0t_6}{V}$ であり，$t_6=\dfrac{Vt+l}{V-v_0}=\dfrac{l+v_0t}{V-v_0}+t$ となる。　⑦　時間 t の間に音源から出た音の波の数は ft である。　⑧　⑤と⑥の時刻の差は，$\dfrac{Vt+l}{V-v_0}-\dfrac{l}{V-v_0}=\dfrac{Vt}{V-v_0}$ である。観測者の受け取る振動数は，受け取る波の数 ft の波の数を時間差で割って，$ft\times\dfrac{V-v_0}{Vt}=\dfrac{V-v_0}{V}f$ と求められる。　2　(1)　良子さんが音源から直接聞く音の振動数は $\dfrac{V}{V-v}f$ であり，反射板から反射して聞く音の振動数は $\dfrac{V}{V+v}f$ だから，うなりの振動数は，$f'=\dfrac{V}{V-v}f-\dfrac{V}{V+v}f=\dfrac{2Vv}{V^2-v^2}f$ となる。この結果の分母分子を V^2 で割って，$\left(\dfrac{v}{V}\right)^2\fallingdotseq0$ とみなすと，$f'=\left(\dfrac{2v}{V}\right)f$ となり，$v=\dfrac{f'V}{2f}$ となる。　(2)　良子さんに音源から直接届く音の振動数は f である。反射板が受け取る音の振動数は，$\dfrac{V+v}{V}f$ だから，良子さんが反射板から受け取る音の振動数は $\dfrac{V}{V-v}\times\dfrac{V+v}{V}f=\dfrac{V+v}{V-v}f$ となる。うなりの振動数は，$\dfrac{V+v}{V-v}f-f=\dfrac{2v}{V-v}f$ となる。これを，f' と比較すると，$\dfrac{2v}{V-v}f\div\dfrac{2Vv}{V^2-v^2}f=\dfrac{V+v}{V}$ 〔倍〕となる。

【4】1　$\dfrac{E}{r}$　　2　$C(E-Ir)$　　3　(1)　$\dfrac{6}{5}C$

(2)

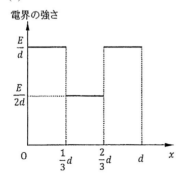

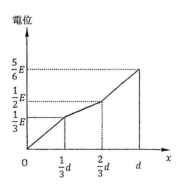

4　$\dfrac{1}{12}CE^2$

〈解説〉1　スイッチSを閉じた瞬間はコンデンサーには電荷が蓄えられていないので，コンデンサーには電圧はかかっていない。電流は$\dfrac{E}{r}$となる。　2　コンデンサーにかかる電圧は$E-Ir$だから，蓄えられている電気量は$C(E-Ir)$である。　3　(1)　電気容量は誘電率に比例し，極板間距離に反比例する。よって，図2は極板間距離を$\dfrac{1}{3}$倍にした容量$3C$のコンデンサー2個と，極板間距離が$\dfrac{1}{3}$倍で誘電率が2倍にした容量$6C$のコンデンサーを直列につないだものと考えることができる。よってその合成容量は，$\dfrac{1}{3}C+\dfrac{1}{3}C+\dfrac{1}{6}C=\dfrac{5}{6}C$より，$\dfrac{6}{5}C$である。

(2)　コンデンサーに蓄えられている電気量は変わらず，容量$\dfrac{6}{5}C$になっているので，両端の電圧は$\dfrac{5}{6}E$になっている。容量$3C$，$6C$，$3C$のコンデンサーが直列につながっていると考えると，どれにも同じだけの電気量が蓄えられていることから，それぞれの電圧は容量に反比例し，$\dfrac{1}{3}E$，$\dfrac{1}{6}E$，$\dfrac{1}{3}E$となる。これを踏まえて電位のグラフが描ける。また，電界の強さは，上記の電圧をそれぞれの極板間距離$\dfrac{1}{3}d$で割って，$\dfrac{E}{d}$，$\dfrac{E}{2d}$，$\dfrac{E}{d}$となり，各領域内で一定である。　4　誘電体の入っていない時の静電エネルギーは$\dfrac{1}{2}CE^2$である。誘電体が入っていた時

の静電エネルギーは$\frac{1}{2}\times\frac{6}{5}C\times\left(\frac{5}{6}E\right)^2=\frac{5}{12}CE^2$である。この差が，誘電体を取り出すとき外力により為された仕事になる。

【化学】

【1】 1 メンデレーエフ　2 ① ク　② キ　③ カ　④ オ
3 c　4 レアアース　5 SO_2　6 Al　7 $SiO_2+6HF\rightarrow$
$H_2SiF_6+2H_2O$　8 元素名…ニホニウム　元素記号…Nh

〈解説〉1 メンデレーエフはロシアの化学者であり，1869年に原子量の順に配列した元素の性質に周期性を発見し周期律を発表した。現在の周期表は，元素を原子番号の順に並べたものである。　2 ① 18族の希ガス元素は，価電子が0個，常温で気体，空気中に微量，化学的に不活発，他の元素と容易に化合しない。　② 17族のハロゲン元素は酸化力が強く，原子番号が小さいほど電子を引きつけやすく，$F_2>$ $Cl_2>Br_2>I_2$の順に酸化力が大きい。　③ 水銀は常温で液体であり，典型金属元素の12族に属する。　④ ケイ素は地殻中で酸素(約47%)に次いで2番目に多く(約28%)存在し，単体は共有結合をする。炭素Cとともに14族の非金属元素に属する。　3 イはBe，Mgであり，ウはアルカリ土類金属Ca，Sr，Baである。　a イは水に難溶で弱塩基性であるが，ウは水によく溶け強塩基性を示す。　b イの硫酸塩と炭酸塩は水によく溶けるが，ウの硫酸塩と炭酸塩は水に溶け難い。
c 同周期でみれば，陽子が多いほど電子を引く力が強いので，イオン半径は小さい。イとウは，アより陽子が1個多いため，イオン半径は小さい。　d 同じ周期のアの元素よりイとウの元素の方が単体の融点は高い。　4 レアメタルとは，希少性の高い金属元素をいう。そのうちのレアアースとは3族の第4周期のSc，第5周期のY，第6周期のランタノイド(LaからLuまでの15種類)の合計17種類をいい，周期表でアルカリ土類金属の横にあることなどから希土類とも呼ばれる。
5 16族の酸素と硫黄の化合物である二酸化硫黄SO_2は，還元剤として$SO_2+I_2+2H_2O\rightarrow2HI+H_2SO_4$など，酸化剤として$SO_2+2H_2S\rightarrow2H_2O+3S$

などの反応をする。　6　ジュラルミンは，アルミニウム，銅，マグネシウムなどの合金である。アルミニウム，鉄，ニッケルを濃硝酸に入れると，金属表面に酸化被膜をつくり不動態となり内部を保護する。よってアルミニウムAlである。　7　ハロゲン化水素のうち，フッ化水素は，ガラスの主成分SiO_2を溶かす。　8　ニホニウムNhは，自然界には存在しない超ウラン元素の1つで，亜鉛を加速させてビスマスに衝突させることによってできる原子である。原子番号は，亜鉛の原子番号30とビスマスの原子番号83を合計した113である。

【2】1　①　ウ　　②　キ　　③　ク　　④　コ　　2　⑤　加水分解
⑥　緩衝液　　3　$CH_3COOH \rightleftarrows CH_3COO^- + H^+$　　4　CH_3COOH
5　(1)　2.7×10^{-5}mol/L　　(2)　4.6

〈解説〉1　酢酸と水酸化ナトリウムの反応式は$CH_3COOH + NaOH \rightarrow CH_3COONa + H_2O$で，水溶液中では$CH_3COONa \rightarrow CH_3COO^- + Na^+$に完全に電離し，水と反応して$CH_3COO^- + Na^+ + H_2O \rightarrow CH_3COOH + Na^+ + OH^-$になっている。よって，アルカリ性を示す。　2　⑤　加水分解とは，化合物が水と反応して起こす分解反応をいう。　⑥　酸や塩基を加えても，水溶液中のpHが変化しにくい溶液を緩衝液という。一般に，弱酸とその強塩基塩の混合溶液，または，弱塩基とその強酸との塩の混合溶液をいう。　3　酢酸の電離平衡である。　4　$CH_3COOH \rightleftarrows CH_3COO^- + H^+$と$CH_3COONa \rightarrow CH_3COO^- + Na^+$の溶液に酸($H^+$)を加えると，水溶液中に多量に存在する$CH_3COO^-$と結合して$CH_3COOH$になる。そのため，$H^+$はあまり増加しない。　5　(1)　酢酸の半分が中和されたので，混合液中の酢酸の濃度と酢酸ナトリウムの濃度は等しいと考えられる。つまり，$[CH_3COOH] = [CH_3COO^-]$である。
$K_a = \dfrac{[H^+][CH_3COO^-]}{[CH_3COOH]}$より，$[H^+] = K_a \times \dfrac{[CH_3COOH]}{[CH_3COO^-]} = K_a = 2.7 \times 10^{-5}$mol/Lである。　(2)　$pH = -\log_{10}[H^+] = -\log_{10}(2.7 \times 10^{-5}) = 5 - 0.43 = 4.57$より，pH＝4.6である。

【3】1 ① ナフサ ② 濃硫酸 ③ 1，2－ジブロモエタン
④ 赤褐(色) ⑤ 不飽和 2 ジエチルエーテル 3 エ
4 イ 5 ウ 6 (1) 1.0×10^4 (2) 18L

〈解説〉1 ① ナフサとは，原油を分留して得られる，沸点が30〜180℃
程度のものをいう。 ② エチレンは，エタノールと濃硫酸を160〜
170℃で加熱すると脱水反応が起こり，$C_2H_5OH \rightarrow C_2H_4 + H_2O$の反応によ
り生成する(分子内脱水)。 ③，④，⑤ $C_2H_4 + Br_2 \rightarrow CH_2BrCH_2Br$の付
加反応により，エチレンの二重結合(不飽和結合)がなくなり臭素の赤
褐色が消える。炭素鎖$-C_1-C_2-$の番号に合わせて呼称する。
2 130〜140℃の濃硫酸で反応させると，エタノール2分子から水1分
子がとれて(分子間脱水)，$2C_2H_4OH \rightarrow C_2H_4OC_2H_4 + H_2O$により，ジエチ
ルエーテルが生成する。 3 ア 半透明で硬い，引っ張り強さに優
れ薄いフィルムができる。 イ 低圧，60〜100℃程度で重合する。
低圧法ポリエチレンということもある。 ウ チーグラー触媒ともい
う。 エ 分子中に枝分かれがほとんどない直鎖状で結晶領域が多く
密度が高い。 4 ア 材料としての再資源化。 イ 化学製品の原
料としての再資源化。 ウ 熱やエネルギーとしての有効利用。
エ 以前と同じ用途での再利用。 5 ポリエチレンの熱分解では，
メタン，エタン，プロパンなど，水に溶けにくい気体が発生する。よ
って，水上置換で捕集する。 6 (1) 与えられた原子量の値C＝12，
H＝1.0より，エチレンの分子量は28.0だから，重合度は，$\dfrac{2.80 \times 10^5}{28.0}$
$= 1.0 \times 10^4$である。 (2) $C_2H_4 + 3O_2 \rightarrow 2CO_2 + 2H_2O$より，ポリエチレ
ン28.0gから二酸化炭素は22.4×2＝44.8〔L〕発生する。ポリエチレン
11.2gからは，$44.8 \times \dfrac{11.2}{28.0} = 17.9 \fallingdotseq 18$〔L〕発生する。

【4】1 ① イ ② キ ③ ケ ④ シ ⑤ タ ⑥ ソ
2 食物繊維 3 グリコーゲン 4 (1) $[C_6H_7O_2(OH)_3]_n +$
$3n(CH_3CO)_2O \rightarrow [C_6H_7O_2(OCOCH_3)_3]_n + 3nCH_3COOH$ (2) 144g
(3) 153g

〈解説〉1 ① セルロースは，多数のβ-グルコースがグリコシド結合に

より直鎖状に縮合重合した天然高分子で，分子式は$(C_6H_{10}O_5)_n$または$[C_6H_7O_2(OH)_3]_n$で表される多糖類である。　②　セルロースは，植物細胞の細胞壁の主成分で，地球上で最も多く存在する炭水化物である。　③　$[C_6H_7O_2(OH)_3]_n + 3nHNO_3 \rightarrow [C_6H_7O_2(ONO_2)_3]_n + 3nH_2O$の反応により，トリニトロセルロース$[C_6H_7O_2(ONO_2)_3]_n$が生成する。　④，⑤　天然のセルロースなどを，一度溶かして繊維に再生したレーヨンやキュプラなどを再生繊維という。セルロースをシュバイツァー試薬に溶かして生成する銅アンモニアレーヨンは再生繊維である。　⑥　セルロースのような天然の原料に，化学薬品を反応させて作った繊維を半合成繊維という。　2　セルロースは，人間の消化液では消化できないが，食物繊維として消化管内ではたらいている。　3　多糖類としてはデンプン，セルロース，グリコーゲンがある。グリコーゲンはブドウ糖を体内に貯蔵しやすい形に変換したもので，筋肉と肝臓に蓄えられている。　4　(1)　示性式Aは$C_6H_7O_2(OH)_3$であり，3個のOHをOCOCH$_3$に置き換える。　(2)　$C_6H_7O_2(OH)_3 = 162$，$C_6H_7O_2(OCOCH_3)_3 = 288$から，トリアセチルセルロースは$81.0 \times \dfrac{288}{162} = 144$〔g〕である。　(3)　セルロースの単位分子1mol当たり無水酢酸は3mol反応するので，$(CH_3CO)_2O = 102$から，必要な無水酢酸は$81.0 \times 102 \times \dfrac{3}{162} = 153$〔g〕である。

【生物】

【1】1　(1)　①　親水　②　疎水　③　2　④　密着　⑤　デスモソーム　(2)　イ　(3)　イ　2　(1)　A＝B＜C
(2)　a＞b＝c　(3)　0.1mol/L　3　細胞内の浸透圧…4.4気圧　膨圧…2.2気圧
〈解説〉1　(1)　①，②　生体膜はリン脂質の親水性の部分を外側に疎水性の部分を内側に向けた二重層構造である。その間にタンパク質がモザイク状に存在しており，比較的自由に動くことができる。　③　リン脂質1分子は，グリセリンにリン酸化合物が結合して頭部(親水性)，グリセリンに2分子の脂肪酸が結合して尾部(疎水性)を形成している。

④，⑤　細胞接着には，密着結合，固定結合，ギャップ結合がある。密着結合は，細胞どうしを隙間なく密着させる。固定結合には，接着タンパク質のカドヘリンが部分的に集まってとなりあう細胞どうしをボタン状に強固に結合するデスモソームによる結合などがある。ギャップ結合は，膜を貫通する中空のタンパク質(コネクソン)による結合で，小さな分子を細胞間で通している。　(2)　細胞膜にあるチャネルは，刺激によって開閉し特定の物質を通過させる構造で，物質は濃度勾配にしたがった受動輸送で移動する。　(3)　細胞膜をはじめとする核膜，ミトコンドリアの膜などの生体膜の厚さは4〜10nmである。

2　(1)　時間の経過にしたがって，Cの場合に細胞の体積が最も収縮することから，最も高張であると判断できる。AとBは5分経過の時点までは同じような体積の収縮が見られることから同じ濃度であると推定できる。したがって，A＝B＜Cとなる。　(2)　Cでは時間とともに細胞が収縮して一定の体積となり，復帰も見られないことから，透過性の低い物質が含まれていると考えられる。Bも同様である。しかし，Aでは生理食塩水と同様の体積に細胞が復帰することから，透過性の高い物質が含まれていることが推察できる。したがって，a＞b＝cとなる。　(3)　細胞の体積と細胞内の浸透圧は反比例の関係にある。C液に浸した細胞の体積は元の細胞の75％で平衡になったことから，浸透圧は$\frac{1}{0.75}=\frac{4}{3}$〔倍〕になっている。よって，液のモル濃度は，$0.30 \times \frac{4}{3}=0.40$〔mol/L〕である。このうち，もとの生理食塩水が0.30 mol/Lに相当するので，加えた物質cのモル濃度は，$0.40-0.30=0.10$〔mol/L〕である。　3　限界原形質分離のときの細胞Dの体積は，各1辺が10％収縮したのだから元の体積の0.9^3倍である。したがって，元の細胞Dの浸透圧は，体積に反比例することから，$6.0 \times 0.9^3 = 4.4$〔気圧〕となる。膨圧は浸透圧と吸水力の差で求められるから，$4.4-2.2=2.2$〔気圧〕となる。

【2】1　(1)　①　筋繊維　　②　筋原繊維　　③　ミオシン　　④　アクチン　　⑤　サルコメア　　⑥　Ca^{2+}　　⑦　筋小胞体

⑧　ATP　　⑨　ATPアーゼ　　(2)　(　③　)フィラメント…1.6μm
(　④　)フィラメント…1.0μm　　(3)　1.6μm　　2　0.5μmol
〈解説〉1　(1)　・筋肉に刺激が与えられると，筋小胞体からCa²⁺が放出
される。　・Ca²⁺がアクチンフィラメントのトロポニンと結合し，ト
ロポミオシンの働きを阻害することにより，アクチンフィラメントと
ミオシンフィラメントのミオシン頭部が結合できるようになる。
・ミオシン頭部のATPアーゼのはたらきが活性化する。　・ATPが分
解され，そのエネルギーによりミオシン頭部がアクチンフィラメント
により引き寄せられ，筋肉が収縮する。　(2)　サルコメアの長さが3.6
μmのとき，張力は0なので，2種類のフィラメントは重なっていない。
2.0μmで完全に重なるから，アクチンフィラメント1本の長さは2.0÷
2＝1.0〔μm〕となる。したがって，ミオシンフィラメントは3.6－
1.0×2＝1.6〔μm〕となる。　(3)　筋肉が収縮してもミオシンフィラ
メントの長さは変化しないので，張力がいくらであれ，暗帯の長さは
変わらず1.6μmである。　2　クレアチンが0.0655mg増加したのは，
筋収縮で利用されたADPにクレアチンリン酸のリン酸を供給してATP
が生産された結果である。したがって，消費されたATPは増加したク
レアチンと同モル数であるから，$\dfrac{0.0655 \times 10^{-3}}{131} = 0.500 \times 10^{-6}$〔mol〕
となる。

【3】1　(1)　①　B細胞　　②　H鎖　　③　L鎖　　④　B細胞レセプ
ター　　⑤　MHC　　(2)　イ　　(3)　0.3mg　　(4)　1,652,400種類
2　(1)　イ　　(2)　日和見感染　　3　(1)　①　血清　　②　拒絶反
応　　(2)　ア　　(3)　アナフィラキシー
〈解説〉1　(1)　①②③④　B細胞による抗原の認識は，細胞膜にあるB細
胞レセプターによって行われている。抗原を認識したB細胞は抗体産
生細胞へと分化し抗体を産生する。抗体は免疫グロブリンというタン
パク質で，長いポリペプチド鎖であるH鎖2本と，短いポリペプチド鎖
であるL鎖2本でできており，Y字型をしている。抗原に対してY字型
に開いた先の部分(可変部)で結合し，抗原抗体反応を起こす。

⑤　脊椎動物が自己と非自己の識別を行う際に利用されるタンパク質は，細胞膜に存在する主要組織適合抗原MHCである。　(2)　免疫に関する細胞はすべて骨髄の造血幹細胞に由来し，脾臓やリンパ節で分化・増殖するが，T細胞だけは胸腺分化する。　(3)　抗体1分子は，可変部2か所で抗原と結合できるので，抗原の量をx〔mg〕とすると，15万：(5万×2)＝0.45：xより，x＝0.30mgとなる。　(4)　H鎖を構成する遺伝子の組み合わせは51×27×6＝8262通りある。同様にL鎖の組み合わせは40×5＝200通りである。したがって，抗体をつくる遺伝子の組合せは8262×200＝1652400通りとなる。　2　エイズ(AIDS，後天性免疫不全症候群)の原因となるのがHIV(ヒト免疫不全ウイルス)というウイルスである。HIVはヘルパーT細胞に感染して増殖し，破壊してしまう。そのため免疫機能が極端に低下し，日和見感染が発生することがある。　3　(1)　①　血清療法では，ヒト以外の哺乳動物にあらかじめ抗体をつくらせておき，その抗体を含む血清を注射して抗原抗体反応を起こし毒素を取り除いていく。　②　拒絶反応は，T細胞がMHC抗原の違いを見分けて，移植された臓器など，自分のものでないMHC抗原をもつ細胞に対して起こす免疫反応である。　(2)　生ワクチンとは，生きたウイルスや細菌の病原性を，症状が出ないように極力抑えて，免疫力がつくれるぎりぎりまで弱めた製剤のことである。

(3)　外界からの異物に対する免疫反応が過敏になり，生体に不利益をもたらすことをアレルギーという。血圧低下など生命にかかわる症状をアナフィラキシーショックという。

【4】1　(1)　18％　　　(2)　5.5年　　　2　(1)　被食量　　　(2)　$P_n＝P_1－R$　　　(3)　$G＝P_n－(x＋D)$　　　(4)　エ　　　(5)　560kcal/(m²・年)

3　エ　　4　①　種　　②　かく乱　　③　里山

〈解説〉1　(1)　地球全体での年間の植物の純生産量は，炭素換算で0.133×510×10¹²×1＝67.83×10¹²〔kg〕である。総生産量の50％が呼吸で失われるから，総生産量は135.66×10¹²kgである。大気中のCO_2中の炭素に占める割合は，$(135.66×10^{12})÷(750×10^{12})＝0.1808$となる。

(2)　1年間で18.08％の炭素が入れ替わると考えれば，100％が入れ替わるのに要する時間は$100 \div 18.08 = 5.53$〔年〕となる。

2　(1)(2)(3)　光合成で生産した有機物の総量を総生産量P_1という。ここから生産者の呼吸量Rを差し引いたものが純生産量P_nである。純生産量P_nから枯死量Dと被食量xを差し引いた残りが成長量Gである。

(4)　下位の栄養段階を食べた量が摂食量で，この値から不消化排出量を差し引いたものが同化量P_iで生産者の総生産量に相当する。同化量から呼吸量Rを差し引いたものが生産量P_nで生産者の純生産量に相当する。この生産量から死亡量Dと被食量xを差し引いたものが成長量Gである。　(5)　生物群集の純生産量が生産者の総生産量の60％を占めるので，全生物の呼吸量は40％で，$24400 \times 0.4 = 9760$〔kcal/(m^2・年)〕である。このうち，独立栄養生物の呼吸量は9200kcal/(m^2・年)なので，従属栄養生物の呼吸量は$9760 - 9200 = 560$〔kcal/(m^2・年)〕となる。

3　海洋生態系で，純生産量の大きいところでは，光エネルギー，二酸化炭素，水温条件は充足されており，残る要因としては栄養塩類の多少が考えられる。　4　生物の多様性には，遺伝的多様性，種多様性，生態系多様性がある。植生の遷移の過程で，火山の噴火や台風などにより生態系が破壊されることがあり，かく乱という。一般的には，生態系における復元力によりバランスは維持されている。この復元力を利用して人為的に生態系に手を加え，生物の多様性を維持するのが日本の農村地帯の里山である。

●書籍内容の訂正等について

　弊社では教員採用試験対策シリーズ（参考書，過去問，全国まるごと過去問題集），公務員試験対策シリーズ，公立幼稚園・保育士試験対策シリーズ，会社別就職試験対策シリーズについて，正誤表をホームページ（https://www.kyodo-s.jp）に掲載いたします。内容に訂正等，疑問点がございましたら，まずホームページをご確認ください。もし，正誤表に掲載されていない訂正等，疑問点がございましたら，下記項目をご記入の上，以下の送付先までお送りいただくようお願いいたします。

> ① **書籍名，都道府県（学校）名，年度**
> 　（例：教員採用試験過去問シリーズ　小学校教諭 過去問　2025 年度版）
> ② **ページ数**（書籍に記載されているページ数をご記入ください。）
> ③ **訂正等，疑問点**（内容は具体的にご記入ください。）
> 　（例：問題文では"ア～オの中から選べ"とあるが，選択肢はエまでしかない）

〔ご注意〕
○ 電話での質問や相談等につきましては，受付けておりません。ご注意ください。
○ 正誤表の更新は適宜行います。
○ いただいた疑問点につきましては，当社編集制作部で検討の上，正誤表への反映を決定させていただきます（個別回答は，原則行いませんのであしからずご了承ください）。

●情報提供のお願い

　協同教育研究会では，これから教員採用試験を受験される方々に，より正確な問題を，より多くご提供できるよう情報の収集を行っております。つきましては，教員採用試験に関する次の項目の情報を，以下の送付先までお送りいただけますと幸いでございます。お送りいただきました方には謝礼を差し上げます。

（情報量があまりに少ない場合は，謝礼をご用意できかねる場合があります）。

◆あなたの受験された面接試験，論作文試験の実施方法や質問内容

◆教員採用試験の受験体験記

- -

送付先	○電子メール：edit@kyodo-s.jp
	○FAX：03-3233-1233（協同出版株式会社　編集制作部 行）
	○郵送：〒101-0054　東京都千代田区神田錦町 2-5
	協同出版株式会社　編集制作部 行
	○HP：https://kyodo-s.jp/provision（右記のQRコードからもアクセスできます）

　※謝礼をお送りする関係から，いずれの方法でお送りいただく際にも，「お名前」「ご住所」は，必ず明記いただきますよう，よろしくお願い申し上げます。

教員採用試験「過去問」シリーズ

兵庫県の
理科 過去問

編　集	© 協同教育研究会
発　行	令和6年2月25日
発行者	小貫　輝雄
発行所	協同出版株式会社
	〒101-0054　東京都千代田区神田錦町2‐5
	電話　03－3295－1341
	振替　東京00190－4－94061
印刷所	協同出版・POD工場

落丁・乱丁はお取り替えいたします。
